JN410847

詩가 있는 에세이

분재나무와 분재인간

詩가 있는 에세이
분재나무와 분재인간

1쇄 찍음 / 2006년 7월 5일
1쇄 펴냄 / 2006년 7월 10일

지은이 / 양남하
펴낸이 / 김태봉
편　집 / 황은진, 김주영, 정종해
영　업 / 박상필, 김미란, 이준혁
등　록 / 제5-213호
펴낸곳 / 한솜미디어
주소 / (우143-200) 서울시 광진구 구의동 243-22
전화 / (02)454-0492, 팩시밀리 (02)454-0493
HomePage http://hansom.co.kr
E-mail hansom@hansom.co.kr
값 12,000원

ISBN 89-5959-048-7 03810

詩가 있는 에세이

분재나무와 분재인간

양남하 지음

한솜미디어

▣ 저자의 말

끓어오르는 기분을 주체할 수 없었다.

"미련한 놈 잡아들이라 하면 가난한 놈 잡아들인다"란 말이 '오죽했으면 우리 사회에서 공감하는 속담으로 자리를 잡았을까!' 하는 생각이 든다. 이는 돈이 없으면 잘난 이도 못난이 대접밖에는 못 받는다는 뜻으로, 배금주의에 젖은 세상인심을 비꼬는 말이리라.

환갑 3년 반을 남겨놓은 2002년 겨울 어느 날, 거울에 비친 내 자신을 보다가, "그대는 무슨 생각을 하고 있는가? 어디서 와서 어디로 가는 인생인가?"라고 환청이 말하는 것이었다. 할 말을 잃고 멍할 수밖엔…….

환청이 떠난 다음 살펴보니, 사회 구석구석마다 조폭두목처럼 대접받는데 익숙한 이리떼들이 도처에 득실거리고 있었다. 선의의 경쟁을 통한 상호발전보다는 상대방을 견제 또는 매장시키면서 복지부동정신으로 무장한 밥그릇만 챙기는 얼간이들이, 묵묵히 책임을 다하는 선량한 분들을 괴롭히고 있음도 더욱 크게 다가왔다.

끓어오르는 기분을 주체할 수 없었다. 이리떼와 팔푼이들의 행태를 풍자하고 선량한 사람들의 아름다운 삶의 향기를 글로 담고 싶었다. 멋지게 살지는 못했지만 부족한 나에게마저 이들의 협박과 방해의 손길이 뻗쳤던 경험을 갖고 있었기에 더욱 그랬으리라!

"나의 실제 체험과 관찰한 사실을 내 삶의 철학이나 조각들과 함께 사랑과 자비의 그릇에 담아 수필 맛을 숙성하려고 하였다. 한 잔의 빼어난 술이나 기름과 같은 시(詩)의 힘까지 빌려 그 맛을 색다르게 하려고 시도하였다. 나로 인해 내가 태어나기 전보다 세상을 조금이라도 살기 좋은 곳으로 만드는 데 기여되길 희망하면서, 한때 나 자신이 이곳에 살았음으로 해서 단 한 사람이라도 보다 더 행복해질 수 있으면 좋겠다"는 마음으로 이 글들을 썼다.

하지만 매번 산뜻하고 신선한 글을 쓴다는 것은 피를 말리는 작업이다. 나에겐 불후의 명작을 남긴다는 것은 한낱 그림의 떡으로 보이고 "Immature artists imitate. Mature artists steal(미숙한 문인들은 모방을 하지만, 성숙한 문인들은 낯설기를 한다)"이란 격언에 위안을 받는 것은 나의 근본적인 한계가 노출된 것이리라!

졸고들을 수필집으로 발간하여 환갑기념선물로 헌정해 준 나의 딸들과 사위들이 자랑스럽고 고맙다.

또한 어쭙잖은 필자를 격려하면서 이끌어주신 문인들과 독자께 감사한다. 변함없는 지도편달과 하느님 은총이 충만하길 염원하며 두 손을 모은다.

병술년 환갑과 무렵(2006년 7월 7일)

삼청동 연구실에서 양남하

Contents

제3부. 곱게 늙어갈 수만 있다면

제4부. 분재나무와 분재인간

Contents

第5부. 여행과 등산

第6부. 백목련과 어머님

제1부
고맙다 친구야

많은 사람들이 당신의 삶을 스쳐지나갑니다.
그러나 진정한 친구들만이 당신의 마음속에
발자국을 남기지요.
돈을 잃은 자는 많은 것을 잃은 것이며,
친구를 잃은 자는 더 많은 것을 잃은 것이며,
의를 잃은 자는 모든 것을 잃은 것입니다.
아름다운 젊음은 우연한 자연의 현상이지만
아름다운 노년은 예술작품입니다.
어제는 역사이고,
내일은 미스테리이며,
오늘은 선물입니다.

-루즈벨트 대통령 부인 '에레나' 여사

고맙다 친구야!

『"굉장히 쾌활한 분이신 것 같군요. 제가 함께 길을 걸어도 될까요?" // 그의 정중한 물음에 나는 기분이 좋아졌다. / 그는 내 팔을 가볍게 잡았다. / 우리는 함께 천천히 길을 건너면서 날씨에 대해 이야기를 나누었다. // 이처럼 아름다운 날씨를 즐길 수 있어 얼마나 좋으냐는 얘기도 나누었다. / 길을 거의 다 건넜을 때쯤 자동차 경적이 사방에서 울리기 시작했다. / 신호가 바뀐 모양이었다. // 우리는 간신히 길을 건널 수 있었다 / 이제 감사 인사를 할 참이었다. / 그런데 내가 말하기 전에 그가 먼저 입을 열었다. / 사실 그것은 내가 꼭 하고 싶은 말이었다. // "부인께선 제가 얼마나 감사한지 모르실 겁니다. / 저 같은 장님을 도와 길을 건너 수셔서 정말 고맙습니다."』

'아름다운 생각' 사이트에 소개된 〈아름다운 착각〉이란 글이다. 육조 혜능선사는 "선도 생각 말고 악도 생각 말라(不思善不思惡)"고 심오한 말씀을 하셨다지만, 범인(凡人)들에겐 그림의 떡인가 보다. 부인은 그 남자가 자기한테 먼저 말을 걸었기에 관심 있는 줄로 착각하고 기분 좋아진 것이다.

이렇게 착각(錯覺, illusion)이란 단순한 지각상의 실수이기보다는 부정확한 지각을 유발하는 특징을 가지고 있다. 착각은 이런 점에서 외부의 지각 자극에서 발생한다는 점에서 환각과는 다른 개념이지만, 누구나 크고 작은 착각의 늪에서 헤매고 있을 가능성이 있다.

지난(2005년) 11월 5일경에 전화가 걸려왔다. 그는 ○○관리공사에서 계약직으로 근무하고 있는, 한때 잘 나가던 대형은행에서 본점 부장급 지점장으로 명성을 날리던, 조병선이란 옛 직장동료이다. 오는 11월 12일 기흥 소재 홍국생명연수원에서 직원 워크숍을 하는데, 강연을 해달라는 전화였다. 약간 난감했다. 왜냐면 그날은 흩어져 살고 있는 가족들이 전부 모여 외식을 하기로 한 날이었기 때문이다. 또한 나는 강연전문도 아니거니와 한 시간 강연을 위해 하루를 낭비한다는 것은 내 사전엔 일찍이 없었던 일이기 때문이다.

그 벗은 곤란한 부탁을 하는 친구가 아니다. 그렇기 때문에 이번에 그의 부탁을 거절하면 평생 그로부터 부탁받을 기회가 없을 것 같아서 물어봤다. 강연제목은 무엇이냐고.

그런데 제목은 내가 편리한 대로 정하란다. 그 쪽에선 몇 년 전 직원연수 강의와 채용시험 출제 및 승진시험 출제위원이기도 했던 내 강연을 듣고 싶어 한다는 풍선까지 달았지만, 왠지 선뜻 내키지 않는다.

순간 그 벗의 계약직 만료기한이 오는 연말쯤 될 것이라는 생각이 스친다. 전에 비슷한 얘기를 들은 것 같다. 생각이 이쯤에 이르자, 나의 생각이 확 달라지려 한다. 어쩜 이번 강연이 그 친구에게 도움을 줄 수 있는 마지막 기회가 될 것 같았기 때문이다. 계약직엔 정년이 없다. 그래서 강연 중에 이 친구의 성실성과 숨겨진 잠재능력을 잠깐 잠깐씩 자연스럽게 노출시키는 것도 내 할 일이란 생각에까지 미친다. 내가 친구를 위해 무엇인가 해줄 수 있다는 사실에 엔돌핀이 쏙 쏙 솟는다. 집안 행사는 다음으로 미루기로 하고 강연제목이나 정해달라고 했다. 그러면서 "너 얼굴 보려고 가는 것이니 강연료는 공짜다."

'공짜강연'을 옵션으로 달았다.

그런데 강연 이틀 전에 행정실무상 필요하니 통장번호와 약력을 알려달라고 떼를 쓴다. 강연제목도 "고객을 만족시키기 위한 바람직한 마음자세"에 맞춰주면 좋겠다는 이야기도 덧붙이면서….

무엇을 얘기할까? 개인적인 체험 중심으로 구성할 수밖엔 없을 것 같다. 첫째, '내가 나를 만족 못 시키면 고객만족도 못 시킨다'와 둘째, '고객만족을 실천해 나갈 수 있는 조직문화 개선'이라는 근본적인 두 축으로 압축하면 무난할 것 같다. 며칠 전에 전윤철 감사원장은 "공공부문은 아직도 정신을 못 차리고 있다"며 "역사적 임무를 마친 공기업의 기능은 중단돼야 한다"고 밝혔듯이 조직구성원인 개인도 마찬가지이기 때문이다. 특히 우리나라 공무원소식이나 공기업조직의 공통적인 질병은 동맥경화증에다 복지부동증이며, 이는 감사원의 감사문화경직성에 기인하는 바도 크다는 사실을 바탕에 깔고 사례로 곁들여 구체화해 나가면 그럭저럭 될 것 같다.

'고객을 만족시키기 위한 기본 마음자세'라는 제목은 '이타적(利他的)인 삶의 자세'로 바꿀 수도 있다. 같은 의미이기 때문이다. 이타적인 삶은 알고 보면 진정으로는 나를 위한 삶이며, 이것은 곧 조직의 생명을 유지하는 길이다.

다산 정약용 선생은 목민심서의 '청심(淸心)'조항에서 "청렴은 천하의 큰 장사다. 진짜 욕심쟁이는 반드시 청렴하려 한다. 청렴하지 못한 사람은 그 지혜가 짧기 때문이다(廉者 天下之大賈也 故大貪必廉 人之所以不廉者 其智短也)"라고 하고 있다. 국회의원도 지내고 장관도 지내고 나면 대권에의 꿈도 꾸기 마련이다. 그러려면 끝까지 청렴을 바탕으로 한 고객을 만족시키기 위한 기본마음으로 생활해야지, 조그마한 뇌물에 유혹되면 끝장이 나는 것 아닌가? 그래서 '청렴하지 못한 사람을 지혜가 짧은 사람'이라고 한 것이다.

우리나라 평균 수명이 78.2세라고 한다. 우리는 지금도 젊다. 고객만족의 마음의 자세는 나의 만족한 삶의 자세요, 나중에 '그 때 조금 더 성실한 삶을 살 걸' 하면서 "껄껄껄"후회하는 소지를 미리 미리 줄이는 삶이다.

옛날 '빠삐용'이라는 영화는 빠삐용이 살인의 누명을 쓰고 무고한 옥살이 끝에 지옥의 감옥에서 탈출하는 스토리로 당시 많은 사람들의 사랑을 받았다. 그는 무죄를 주장하며 떳떳하게 항변을 하나, 재판관은 한 마디로 잘라 말한다.

"법은 어기지 않았을지 모르나 너에게는 인생을 낭비한 죄가 있다."

인생을 낭비한 죄, 분명히 법에는 없는 죄목이다. 자유와 권리를 상실하고 난 후에 '빠삐용'은 이렇게 절규한다. "열심히 살았다면 인생을 낭비한 죄는 면할 수 있었을 텐데……."

우리는 사람답게 살아야 한다. 중요한 것은 '지금까지'가 아니라 '지금부터'이다. 선택은 당신이 하는 것이다. 영양가도 없는 걱정과 핑계의 삶을 죽을 때까지 유지할 것인지, 아니면 이 생명 다할 때까지 후회 없는 삶을 살다 갈 것인지를…….

우레와 같은 박수소리 늪에 파묻혀 기분이 한결 좋아졌다. 친구가 새로 뽑은 뉴-그랜저의 첫손님으로 나를 태워준 것도 고맙지만, 오랜만에 둘이서 드라이브하는 기분도 좋다.

사업얘기 등 이런 저런 얘기를 하다가 내년 2월 말로 회사를 떠난다는 것이었다. 나이도 그렇고 돌봐야 할 사업에 전념하고 싶다고 하면서 명함을 꺼낸다. 하나는 대표이사 명함이고, 또 하나는 고문이라는 직함의 명함이다. 뒤통수 맞는 기분이다. 나는 지금까지 행복한 착각의 늪속에 있었다는 얘기가 된다.

알고 보니, 그 친구는 내가 퇴직한 후에 나의 소일거리를 만들어 줄 요량으로 미리 초청강사 대상명단에 등록을 시키기 위해서 그랬던 것이었다. 통장엔 세종대왕이 먼저 와 웃고 있었다. 루즈벨트 대통령 부인 '에레나' 여사의 말씀이 주마등처럼 스쳐간다.

『많은 사람들이 / 당신의 삶을 스쳐 지나갑니다. / 그러나 진정한 친구들만이 / 당신의 마음속에 발자국을 남기지요. // …… // 돈을 잃은 자는 많은 것을 잃은 것이며, / 친구를 잃은 자는 더 많은 것을 잃은 것이며, / 의를 잃은 자는 모든 것을 잃은 것입니다. // 아름다운 젊음은 우연한 자연의 현상이지만 / 아름다운 노년은 예술작품입니다. / 어제는 역사이고, 내일은 미스터리이며, 오늘은 선물입니다.』

노후를 생각해 주는 친구가 있어 나는 행복하다. 눈이 눈에게 침묵으로 말한다. 며칠간의 착각이었지만 영원한 추억으로 영글어 갈 것이다. 잡은 손을 놓아야 할 땐가 보다. 양재역에서 일산행 전철신세를 진다.

고맙다 친구야!

(월간 『문학의 창』, 2006년 2월호)

있을 때 잘해. 흔들리지 말고…

통계청의 〔통계로 본 2005 사회지표〕에 의하면 한 해 동안 31만 쌍 이상 결혼을 했고, 14만 쌍이 이혼을 했다. 매년 대략 비슷한 수준이다. 또 경제적인 이유와 폭력 등으로 해체되는 가정이 늘면서 청소년의 사회문제가 심각해지고 황혼이혼이란 신생어가 탄생하기도 하였다.

지난 어느 날엔가 허영섭 신부는 주보에서 오래 전에 선배 신부님으로부터 들은 우스갯소리라며, 〈결혼은 끊임없는 대화〉라는 제목 하에 이런 글을 실었었다.

『결혼 한 지 얼마 안 된 신혼부부가 혼인성사를 해 준 신부님을 찾아와, 흥분하며 둘이 한 목소리로 이야기했습니다.

"신부님, 우리 부부는 아무리 노력해도 성격이 너무 맞지 않아 이혼하려고합니다. 신부님께서 혼인성사를 주셨으니 이혼도 해 주세요."

난감해진 신부님이 이혼은 안 된다고 하자 부부는 막무가내로 생떼를 썼습니다. 그러자 신부님은 조용히 입을 떼었습니다.

"한 가지 방법이 있기는 합니다. 그런데 조금 어려운 방법이라…."

"무엇이든지 이혼만 할 수 있으면 하겠습니다."

그래서 신부님과 부부는 함께 성당으로 올라갔습니다. 두 부부를 혼인식 때처럼 제대 앞에 서게 했습니다. 갑자기 신부님은 쇠로 만든 성수채를 들어서 남편과 아내의 머리를 번갈아 세게 후려쳤습니다.

"아이고! 신부님 왜 때리십니까?"

그러자 신부님 왈,

"천주교의 혼인법에 따르면 한 사람이 죽어야 비로소 혼인이 풀리거든요. 그런데 두 분이 그렇게도 이혼을 원하니 이 방법 밖에 없어서…."』

최근 들어 선진국은 이혼이 줄어드는 반면에 우리나라는 가치관의 변화와 경제 문제로 갈라서는 부부가 점점 늘어나는 추세이다. 자랑스럽게도(?) 이혼율이 경제개발협력기구(OECD) 회원국 중 2위로 올라섰다. 통계청 발표에 의하면 40~50대 부부의 이혼이 부쩍 늘고 있는 추세이며, 특히 이혼의 요구를 아내가 하는 경우가 급격히 증가하고 있다고 한다. '산다는 것이 무엇인가'에 대해 생각해 보게 한다. 산다는 것은 숨 쉰다는 것이요, 숨 쉰다는 것은 내 몸 안의 공기를 외부로 내보내고 또 외기를 내 몸 안으로 받아들임을 되풀이하는 과정이 아니던가. 삶은 이와 더불어 나와 타인 간에 의사와 감정이 가고 오며 주고받음의 연속인 것이다. 행복과 불행도 사랑을 서로 주고받음의 되풀이가 원만 한가 아닌가에 달려있다는 것이 결혼생활 33년 동안에 터득한 결론이다.

철학자 니체도 "결혼은 끊임없는 대화이다. 그러므로 자주 참을성이 필요하다"고 말한 것을 보면, 이혼이란 결국 부부 서로의 욕구의 부족 때문에 나타나는 현상으로 보인다.

부부싸움은 내적 욕구의 표현이라 할 수 있다. 싸움을 할 때, 부부는 모든 언어를 동원해서 자신의 욕구를 표현한다. 싸움을 통하여 부부는 서로 참아 왔던 것이 무엇이며, 무엇을 원하고 있는지, 또한 어떻게 마음이 상해 왔고, 상대가 책임을 느껴야 하는 부분은 무엇인지 서로 알게 된다. 그러나 여기에서 반드시 생각해 둘 점은 부부는 결코 승패를 가려야 하는 적수가 아니라는 것이다. 또한 앞으로도 늘 사랑해야만 할 상대라는 것을 잊어서는 안 된다. 부부 싸움은 칼로 물 베기라 한다. 부부 싸움을 잘 할 수만 있다면, 이것이야말로 부부 생활에 있어서 꼭 필요한 하나의 대화 수단이며 서로의 간격을 줄이는 최상의 방법이라 하겠다.

인류의 역사가 존재하는 이상 가정도 존재된다. 가정의 중심은 부부이며 부부가 우선이 되어야 한다. 사랑은 서로 표현해야 한다. 사랑의 표현은 겉으로 드러나야 한다. 시인 하만스타인은 "울리지 않는 종은 종이 아니며, 부르지 않는 노래는 노래가 아니고, 표현하지 않는 사랑은 사랑이 아니다"라고 말했다. 표현되지 않는 사랑은 감추어진 보화일 뿐이라는 이야기이다.

이혼까지 생각해 본 경험이 있었던 사람들에 의하면, "내가 당신과 결혼하게 되다니!"라는 말을 평생 세 번 사용한다고 한다.

신혼 첫날 기쁨의 목소리로 내뱉는 것이 그 첫 번째이고, 두 번째와 세 번째는 3년과 10년 후 한숨 섞인 목소리로 내뱉는 것이라 한다.

그리고 남편이 외도했을 때, 아내는 두 가지를 동시에 느낀다고 한다. 첫째는 '이 사람과 헤어지면 도대체 난 뭘 먹고 사나' 하는 것이고, 둘째는 '아무리 그래도 그렇지 내가 이런 수모를 당하면서까지 이 남자에게 붙어 있어야 하나' 하는 생각이다.

이러한 지경에까지 이르지 않게 하기 위해서는 "결혼생활은 행복을 목표로 하루하루 쌓아 올려야 하는 하나의 큰 사업이다"라는 생각을 가질 필요가 있다고 생각한다. 노력하지 않고 사업에 성공하는 사람을 발견하기란 연예인 중에서 숫총각과 숫처녀를 발견하는 것보다도 더 어려운 것이 사실이다. 애쓰지 않고 행복한 가정을 이룰 수는 도저히 없다. 이 세상에서 개인의 생활에 즐거움을 주는 곳으로서 자기 가정만한 곳이 또 어디에 있겠는가?

필자는 남들보다 모범적으로는 살고 있지는 않은 것 같다. 그러나 이혼 따위를 생각해 본 적은 없다. 자식들한테 존경까지는 바라지 않더라도 열린 가정경영으로 각자의 할 일을 스스로 찾아서 생각하며 행동하는 습관을 갖기를 희망하며 소시민적으로 사는 편이다. 부모나 장모님께 매월 용돈 보내는 것과 좋은 일이나 심지어 나쁜 일에 이르기까지도 모든 문제는 식구들이 식탁에 모이거나 거실에 모일 기회가 있을 때 공개적으로 하게 된다. 가정형편에 대한 대략적인 결산이나 필자의 사후 일까지도 자식들에게 자연스럽게 이야기도 한다. 그러니까 우리 가정의 평범함 속에 굳이 특생(特生)을 하나 꼽으라면 부부나 부모와 자식 간에 비밀이 거의 없는 편이라는 것이다.

친구들로부터 봉급생활자치고는 해외여행도 제법 다닌다는 평을 듣고 있었다. 그러나 3년 전에는 셋째와 넷째 딸 해외여행과 둘째 혼사비용지출 등으로, 연래행사였던 해외여행계획은 취소하기로 집사람과 합의돼 있었다.

그런데 아내가 그 해 9월에 접어들면서 오장육부까지 뒤틀어놓고서야 직성을 푸는 기침을 동반한 감기증세와 식욕도 계속 떨어지면서 머리를 이고 걷기조차 힘들 정도로 몽롱해 했었다. 수십 가지의 약을 시간을 번갈아 가며 먹어야 하는 신세라서 약물후유증이 아닐까하는 의심이 갔다. '혹시 식겁(食怯)할 병이라도?'하는 생각에까지 미치자 가만히 있을 수가 없었다. 대한민국에서 가장 선호하는 S대학병원에 특진을 신청하여 그간에 모아두었던 약 처방전을 함께 제시하였다. 그 결과 지금까지 다니던 대학병원에서 지어준 혈압 약 처방전에 체질에 안 맞는 약(tritace tab)으로 바꿔서 조제하는 바람에 생긴 것이라는 처방이 내려졌다. 그래도 마누라의 병은 호전되지 않았다.

갑자기 한창 유행하던 "있을 때 잘해, 후회하지 말고"라는 노래가사가 머리를 스쳐간다. 이어서 불길한 생각도 뒤따라온다. 만약에 마누라가 잘못되기라도 하면 후회해 본들!

갑자기 마누라한테 가까운 일본에나 다녀오자고 제안을 했다. 최악의 경우를 대비해서 가능한 한 후회를 최소한도로 줄여야겠다는 얄팍한 심산에서였다. 마침 해외여행을 반기는 성격이어서 어렵지 않게 10월 2일부터 5일까지 「대판 → 나라 → 교토 → 별부(벳부)」를 다녀올 수 있었다. 그 곳에서 그녀가 주연하는 일거일동을 캠코더 위주로 담아냈다.

이번 여행 중에 특히 눈길이 머무는 곳은, 우리나라의 역적 풍신수길을 기념하는 신사당(神祠堂) 부근에 자리 잡은, 청수각(清水閣) 외곽의 푸른 공원 잔디 위의 파란텐트 속 거지들의 행동이었다. 이들은 자국국민이나 외국관광객들의 눈에 가급적 띄지 않도록 스스로 배려를 하면서 행동한다고 한다. 그러니까 자신들 때문에 불쾌감을 느끼지 않도록 조심하는 것이 이들 거지들의 기본적인 직업윤리라는 것이다. 이들은 매일 호텔이나 요정 등에서 손님접대하다 남은 음식을 늦은 밤이

나 새벽에 밖으로 내놓으면 이것을 주식으로 삼아서 연명하고 있단다.

"진정한 여행이란 새로운 풍경을 찾는 것이 아니라, 새로운 눈을 가지는 것"이란 마르셀 프루스트의 말이 떠오른다.

거지들도 지켜야할 도리를 생각하고 지키는데, 그보다 모든 면에서 좋은 조건을 가지고 있는 우리 부부간에도 지켜야할 일정한 도리가 있어야 하지 않을까 생각한다. 결혼은 부족하고 나약한 두 사람이 한 몸이 되어 서로 부족한 점을 채우고 완전하게 되려고 노력하는 인생의 과정이기에….

그러나 이런 생각은 쉽게 잊어버리는가 보다. 3년도 채 지나지 않았는데도, 오늘도 아내와 고성을 잠시 교환했다. 퇴직을 몇 개월 앞둔 시점에서 막내의 의학전문대학원 합격에 따른 노후생활계획 차질에서 비롯된 것이다.

약간의 냉기류가 3일째 흐른다. 허나 어쩌겠는가!

오늘 따라 왠지 잘 부르지도 못하는 "있을 때 잘해, 후회하지 말고"라는 유행가를 흥얼거리고 싶다.

『있을 때 잘해 후회하지 말고 / (있을 때 잘해 후회하지 말고) / 있을 때 잘해 흔들리지 말고 / (있을 때 잘해 흔들리지 말고) / 가까이 있을 때 붙잡지 그랬어 / 있을 때 잘해 그러니까 잘해 / (있을 때 잘해 그러니까 잘해) / 이번이 마지막 마지막 기회야.』

(2006. 1. 18)

독도, 너는 누가 뭐래도 우리 식구이니라

『울릉도 동남쪽 뱃길 따라 이백리 / 외로운 섬 하나 새들의 고향 / 누가 아무리 자기네 땅이라고 우겨도 / 독도는 우리 땅』

우리나라 국민들의 입에서 흥얼거리는 박인호님이 작사한 〈독도는 우리 땅〉이라는 유행가의 일절이다.

이처럼 독도는 우리 국민들 가슴속에 살아 숨쉬고 있다. 그럼에도 불구하고, 일본은 지난 50여 년간 해외 제3국을 대상으로 동해의 '독도'를 일본해의 '다케시마'로 세뇌되도록 집요한 홍보를 해왔다. 그것도 모자라 금년 3월 16일에는 시마네현 의회를 앞세워 '다케시마의 날'을 제정하였고, 2006년도용 '중학교 교과서'에 그 내용을 게재하는 등 공세적인 독도영토주권 침탈행위를 한층 강화하고 있다.

독도는 울릉도 동남쪽 87.4km, 일본의 오끼섬에서 북서쪽 157.5km 떨어진 거리에 위치하고 있어서, 울릉도에서는 조망이 가능한 반면 일본 오끼섬에서는 불가능할 뿐만 아니라, 서기 512년(지증왕 13년) 신라장군 이사부에 의하여 신라에 복속된 이후 지금까지 엄연한 우리 영토임을 일본이 모를 리 없다. 그럼에도 일본은 100년 전 을사늑약(乙巳勒約)을 통해 스스로를 지킬 힘이 없는 그들의 피보호국이 됐었던 대한제국 때 독도를 자기네 영토로 살짝 편입해 놓고서는, 그때는 항의를 않다가 이제 와서 딴소리하는 우리나라를 이해할 수 없다는 가소로운 주장을 펴고 있다.

그것은 한마디로 생존권을 지키기 위한 일본의 발악적인 몸부림이다. 이는 북한이 생존권차원에서 서해의 국경선인 NLL(북방한계선)의 존재를 인정치 않고 수시로 침범했던 의도와 비슷하다. 일본은 러일전쟁 당시에 독도에서 수집된 정보를 바탕으로 세계 최강이던 러시아의 극동함대를 대파해 러일전쟁을 승리할 수 있었던 추억을 잊을 수 없을 것이기 때문이다. 그래서 1995년 러시아가 극동함대에서 퇴역한 항공모함 민스크를 한국에 고철로 판매하려고 하자, 일본이 펄쩍 뛰면서 반대로비를 벌였던 것이다. 이는 한국이 그것을 분해하는 과정에서 얻어진 노하우가 해군력 증강으로 이어질 것을 크게 경계했기 때문이다. 이어서 1998년에는 우리 정부의 비전문관료들이 해양수산부를 장악하고 있던 때를 이용하여 불평등 어업협정과 EEZ(배타적 경제수역) 협약체결로 독도를 중간수역에 포함시켜 독도분쟁 논리부족을 보강해 왔던 것이다.

독도는 황금어장이다. 독도 주변은 한류와 난류가 교차하는 지역으로 플랑크톤이 풍부해 각종 어류와 해삼, 전복이 지천으로 널려 있는 어장이다. 이러한 수자원 가치 때문에 독도 영유권에 대한 일본의 야욕을 시마네현을 앞세워 불태우고 있는 것이다.

또한 독도주변 해역에는 차세대에 화석연료를 대체할 수 있는 엄청난 매장량의 고열량의 에너지원인 '하이드레이트'라는 천연 가스층이 있기 때문이다. 이것은 단순한 추정이 아니고 하이드레이트의 상업적 생산에 성공한 러시아의 비밀자료에 나와 있는 사실을 누구보다 잘 알고 있는 일본은, 독도영유권분쟁을 일으켜도 손해 볼 것이 없기 때문에 막강 외교력을 믿고 국제분쟁을 유발하고 있는 것이다.

그럼 우리는 어떻게 해야 하는가?

속상하고 답답하더라도, 그들의 그릇된 인식을 변화시켜야 한다. 그들의 생각을 바꾸기 위해서는 우리 국민과 정부의 단호한 결의가 우선 필요하지만, 중·장기적으로는 일본에 불리한 국제여론을 만들어가야 한다. 나쁜 국제여론이 국제정치의 중심 국가로 도약하려는 일본의 발목을 확실히 잡을 때, 그들은 오도된 입장을 바꿀 수 있을 것이기 때문이다.

또한 일본은 100년 전부터 독도를 자기네 영토라고 하지만, 그보다 훨씬 오랜 1,500년 전부터 우리 대한민국의 엄연한 영토일 뿐만 아니라, 영공권마저도 계속 우리의 실효적 지배 아래 놓여 있는 땅이다. 그래서 독도의 영토권문제는 더 이상 왈가왈부할 대상도 아니며, 일본은 그럴 권리도 없다는 사실을 알고 현명하게 포기하도록 유도하는 수밖에 없다.

독도주민 김성도 씨가 "독도는 도저히 일본 땅이 될 수 없다"고 한 말은, 지난 65년 한일 국교정상화 협정의 골간이 된 '김-오히라회담' 직전인 62년 11월 9일에, 당시 한국측 교섭수석대표와 주일대표부 참사관은 스기 미치스케 등 일측 교섭대표들에게 "한국에서 민정이양이 되면 국회가 생겨 시끄러워질 것이다. 회담타결을 위해서는 지금이 가장 좋은 기회다. 박 의장도 그러한 생각이다"라는 무리한 발언을 한 정부 관료들과 그와 유사한 한심한 팔푼이들에 대한 피맺힌 성토로 들림은 내 귀에만 맴도는 환청일까?

우리 국민은 대동단결로 어려움을 극복해야 한다. 그러기 위해서는 건전한 독서량부터 늘려 나가야 되지 않을까 한다. 2003년 유엔 조사에서 한국인의 한 달 독서량은 0.8권으로 세계 166위라고 발표한 사실은 극히 우려되는 점이다.

'하루라도 책을 읽지 않으면 입에 가시가 돋는다'고 한 안중근 의사의 경구가 아니더라도, 독서를 경시하고는 정신적으로 충실한 교양인이 되거나 지적 수준이 높아질 수 없고 나라의 국력도 커질 수 없기 때문이다.

독도야 너무 걱정하지 말라. 너는 누가 뭐래도 우리 식구이니라.

우리 국민은 일천 번에 가까운 외침을 받고도 나라를 지켜낸 저력과 경험을 가지고 있는 민족이다. 지난 IMF 경제위기 때도 가지고 있던 금붙이까지 흔쾌히 기부할 정도로 나라를 위하는 일에는 기꺼이 개인희생도 감수하는 순박한 이웃들이란다.

너의 모습에서도 선조들의 슬기로움이 살아 숨쉬고 있음이 자랑스럽구나. 국토의 막내둥이로 동해에 홀로 있으면서도 의연한 자태를 잃지 않고 있기에, 너는 홀로 있어 외로운 섬이 아니라, 홀로 있어 더욱 더 아름답구나.

우리에겐 너를 지킬 역량이 충분하단다. 우리 국민 심중에 너의 숨결이 있고 네 안에 우리국민 숨결이 있으니, 너를 사랑하지 않는 국민은 아무것도 사랑할 수 없느니라. 무궁화는 우리 꽃이요, 동해가 우리 바다이듯이, 너는 누가 뭐래도 우리 식구이니라.

(『독도사화집』, 글숲출판사, 2005년)

태극기는 우리들의 표상

『휘날리는 태극기는 우리들의 표상이다. 유구하고 청사 깊은 반만년의 무궁화꽃. 숭고한 금수강산 자손만대 계승하자. 나가자 겨레야 국토통일에. 힘차게 울리어라 평화의 종을 우리는 백의민족 단군의 자손』

이 노래가사는 필자의 아버지세대가 애국의 노래로 많이 불렀었고, 필자 또한 많이 듣고 따라 불렀던 정동주님의 〈휘날리는 태극기〉라는 노래가사이다.

그 후 평화를 되찾고 안정이 되자, 국민 누구나 쉽고 가볍게 부를 수 있는 '태극기가 바람에 펄럭입니다. 하늘높이 아름답게 펄럭입니다'라는 노래가 초등학교 1학년 음악교과서에 수록됐었다.

작금에 와서는 우리나라 국기인 태극기에 대한 우리국민들의 경건한 마음이 많이 식어 있는 듯하다. 주요 국경일에 태극기를 집 밖에 내건 한 동(棟)의 아파트 세대수는 열 손가락이 남을 정도가 되어버렸고, 〈미디어 Daum〉이 금년 7월 4일부터 마련한 '핫이슈 토론'코너에서 '다시 태어나면 어디에서 살겠느냐'는 질문에 전체 응답자 11만 6,621명 중 무려 76.3%가 한국에는 희망이 없어 외국에서 살겠다고 답하기에 이르렀다. 즉, 10명 중 2명만 다시 태어나도 한국에 살고 싶다는 뜻을 밝혔다는 얘기다. 이 수치는 3년 전 한 월간지에서 같은 질문 내용으로 설문 조사를 벌였을 때, 35.1%가 한국에서 살겠다고 답한 것보다 상당히 떨어진 수치다.

그러나 17년이란 짧지 않은 세월을 한국에 머무르게 된 오벌린(William.c.Oberlin) 주한미국상공회의소 회장에 의하면 "외국인들은 한국을 아시아의 아일랜드라고 한다"고 했다. 왜냐하면 한국이 그랬던 것처럼 아일랜드도 초고속 경제성장을 이룩한 민족이기 때문이다. 외국인들은 한국인을 상냥하고 친절하며, 근검하고, 손재주가 좋고, 감수성이 풍부한 사람이라고 평가한다.

한국에는 외국에서 찾아보기 어려운 '호랑이는 죽어서 가죽을 남기고 사람은 죽어서 이름을 남긴다'는 말도 있고, 많은 사람들이 이 말을 인생의 좌우명의 기본으로 삼고 있다. 단순한 서류에 집착하기보다는 자신의 이름을 걸고 약속을 하고, 그 약속을 지킨다는 한국인들의 기상이 얼마나 멋지고 희망적인가?

여행을 다니다 보면 묻지도 않았는데, 자신의 나라 국기가 어떤 의미를 지니고 있는지 열띤 어조로 설명해 주는 사람들을 만나게 된다. 열심히 설명을 하다가 이렇게 묻는다. "And you?"

태극기는 '태극원'이라고 불리는 둥근원을 나선형으로 나누어 한쪽은 빨강색, 다른 한쪽은 파랑색으로 칠하고, 그 중 빨강색 부분을 양, 파란색 부분을 음이라 한다. 음은 어둡고 차가운 것을 말하며, 양은 밝고 뜨거운 것을 대표하는 동양의 음양사상에서 출발하였다. 몇 천 년 전 중국의 고서 주역에서 말하기를 세상의 모든 물체와 사건들이 음양의 운동에 의해 표현된다고 하였다. 예를 들면 달은 음이고 태양은 양이며, 땅은 음이고 하늘은 양이며, 밤은 음이고 낮은 양이며, 겨울은 음이고 여름은 양이라 하였다. 음과 양은 서로 상반된 것이며 서로 조화를 잘 이루기 위해 몸부림치는 것이다. 음과 양의 조화가 잘 이뤄진 그것을 태극이라 부르며, 이것을 응용하여 만든 국기를 태극기라 한다.

태극기는 태극원과 그 사방구석에 일정한 크기의 막대를 세줄, 네줄, 다섯줄, 여섯줄로 배열한 '괘'가 어우러진 모양을 말한다. 예를 들면 왼쪽 윗부분의 3개의 막대기로 구성되어 있는 '괘'는 하늘・봄・동을 의미하는 '건(乾)'이라 부르고, 왼쪽 밑 부분의 '이(離)'는 해와 가을 및 남쪽을 의미한다. 오른쪽 윗부분의 '감(坎)'은 달과 겨울 그리고 북쪽을 의미하며, 그리고 오른쪽 밑 부분의 '곤(坤)'은 땅과 여름 및 서쪽을 의미하여, 각기 다른 운동 상황을 상징하는 것이다. 또 흰색의 배경은 흰색의 옷을 입기를 좋아하는 한국인의 평화와 청순함을 표현한 것으로, 그 결과 한국 사람들은 백의민족이라 불리고 있다.

태극기를 우리나라 국기로 처음 사용한 것은 1882년 박영효가 일본 수신사로 갔을 때의 일로 알려지고 있다. 이듬해인 1883년에 고종 임금이 태극 4괘가 그려진 기를 국기로 사용한다고 왕명으로 공포함으로써 태극마크가 우리나라 국기로 확정지어졌다.

태극의 음양과 4괘는 천지운행의 진리를 표현하는 것이다. 그리고 천지운행의 진리는 거짓말을 하지 않는다. 개인이나 국가의 운명도 큰 변화가 있을 때는 반드시 징조가 먼저 나타나듯이, 국기가 위・아래로 나뉠 때 이미 국토가 남북으로 두 동강 날 것임이 예고되었던 것이라고 한다. 실제로 한반도가 38선에서 남북으로 갈라질 것이라고 예언한 우리나라 전래의 비결서(秘訣書)들도 있다. 1300년 전의 《원효결서》나 400년 전 《격암유록이》 그것이다. 특히 '동양의 노스트라다무스'라 칭송받는 격암(格菴) 남사고(南師古, 1509~1571년)가 남긴 《격암유록》에는 '삼팔가(三八歌)'라는 제목이 등장하면서 3・8선에 판문점이 생길 것도 미리 파자(破字)로 예언되어 있으니 이 얼마나 놀라운가? 그 삼팔가의 원문은 다음과 같다.

『십선반팔삼팔(十線反八三八)이요, 양호역시삼팔(兩戶亦是三八)이며 무주주점삼팔(無酒酒店三八)이네, 삼자각팔삼팔(三字各八三八)이라.』

해석하면 십(十)자에 반(反)자와 팔(八)자를 합하니 널빤지 판(板)이요, 호(戶)자 둘을 좌우로 합하니 문(門)자이며, 주점(酒店)에서 주(酒)자를 떼어내면 가게 점(店)이다. 즉 파자의 이치 속에 판문점(板門店)이란 세 글자가 나오며, 3글자가 각각 8획이니(실제로 판문점 3글자는 각기 8획임) 3・8(三八)이 되는 것이다. 이를 달리 말하면 한반도의 분단은 천의(天意)에 의하여 천리(天理)적으로 정해졌다는 의미도 된다.

그러면 한반도가 분단된 천리(天理)란 과연 무엇일까?

역리적(易理的)으로 보면 지구의 지기(地氣)는 남극과 북극을 중심으로 사방으로 기운을 뿌려가면서 지구상의 생명체를 키워왔다. 즉 남극의 화(火) 기운과 북극의 수(水) 기운에 의해 지구 생명체가 지금까지 성장해왔다는 뜻이다. 그런데 불과 물은 그 성질이 서로 상극(相剋)

하는 작용(水克火)이기 때문에 지구 생명체들도 화합과 조화보다는 분열과 대립으로 성장해 왔다.

그러다가 지금으로부터 100여 년 전부터 전 지구의 기운이 한반도로 집중됨에 따라, 한반도는 지구의 단전(丹田)과 같은 곳이 되었다. 한반도가 전(全) 지구기운이 모이는 곳이라는 얘기는 《주역》에도 나와 있다고 한다. 공자(BC 51년~BC479년)는 이미 2500년 전에 《주역》의 〈설괘전(說卦傳)〉에서 이렇게 말했다.

『간(艮)은 동북방을 상징하는 괘이니 만물이 열매를 맺어 종지부를 찍음과 동시에 시작과 새 출발이 이루어지는 곳이다. 따라서 조물주의 창조의 이상 섭리가 간방에서 이루어진다(艮東北之卦也 萬物之所成終而所成始也 故曰成言乎艮).』

역학에서 간(艮)괘는 방향으로는 동북방향, 국가로는 한국, 나무로는 열매를 상징한다. 공자의 말씀은 간(艮)방으로 인류 문화의 모든 진액이 모여들어 세계의 중심지가 된다는 의미다.

이는 일찍이 탁월한 예언으로 이름을 높인 탄허 스님도 밝힌 바 있다. 어떻든 오랫동안 물 기운과 불기운의 대립과 분열로 사분오열되었던 지기(地氣)들이 원시반본(原始返本, Returning to the Origin)하여 남·북극의 제자리로 몰려오게 됐다. 남극의 지기인 화기(火氣)는 한반도의 남쪽 부분으로, 북극의 지기인 수기(水氣)는 한반도의 북쪽 부분으로 뭉쳐 있게 된 것이다.

오늘도 한반도의 영원한 평화를 정착시키기 위해, 한국과 북한 그리고 중국·미국·일본·소련 6개국 대표들이 모여 머리를 맞대고 있다.

우리 문제를 우리 스스로 해결하지 못함에 못내 아쉽지만, 그래도 "대~한민국, 짝짝짝짝짝!"

1964년 박 전 대통령이 차관도입 차 독일을 방문했을 때, 손에 손잡고 태극기를 흔들며 환영을 나온 수백 명의 우리 광원과 간호사들은 "우리는 언제 잘 살 수 있습니까?"라고 물었었다. 박 전 대통령은 이들과 함께 가난 때문에 당해야하는 서러움이 북받쳐 닭똥 같은 눈물을 뚝뚝 흘리면서, "모두 다 나라를 위해 최선을 다한다면 반드시 잘 살 수 있다"고 대답했던 모습이 주마등처럼 눈앞을 스쳐간다. 독일 정부는 이 장면에 강한 인상을 받고 차관을 제공하기로 결정하게 되었다는 후담은 많은 시사점을 던져주고 있다.

1997년 말에 이 나라에서 있었던 외환위기 때문에 온 국민이 고생했고 지금도 그 영향에서 헤어나지 못하고 있다. 그러나 책임지는 사람은 한 사람도 나타나지 않고 있는 실정이다. 나라꼴이야 어떻게 되든 매관매직과 치부로 이리떼 근성을 보이면서도 나라에 대한 불평불만을 술안주로 삼는 분들이여, 그대들은 과연 국경일에 자발적으로 태극기를 달아본 적은 언제였던가? 조국의 미래를 위해 걱정해본 적은 있는가?

우리 모두 '대~한 민국'의 외침으로 가슴 벅차 올랐던 2002 한일 월드컵을 치른 지 벌써 몇 해가 지났다. 우리나라가 월드컵 4강 신화를 이룬 감격스러운 순간이 다시 떠오르는 듯한데, '과연 우리는 죽어서 낳고 자란 이 조국에 각자 무엇을 남길 것인가'를 생각해볼 일이다.

(2003. 8. 15)

헌년은 보내고 새년과 함께

이제 헌년은 보내고 새년을 맞게 되었습니다. 그간 다사다난했던 묵은해를 보낼 때마다 새해에 더 밝고 풍성한 희망을 기대해봤지만, 지나고 보니 그 년이 그 년이었던 경험도 더러는 있었을 것입니다.

하지만, 피천득 선생의 〈송년〉이란 수필 첫머리의 말과 같이, 정은 늙어가는 사람일수록 더 진하게 느껴지나 봅니다. 새색시가 김장 삼십번만 담그면 늙고 마는 인생, 우리가 언제까지나 살 수 있다면 시간의 흐름은 그다지 애석하게 여겨지지 않을지도 모르겠습니다.

청화 스님께서

『이 세상 저 세상 / 오고 감을 상관치 않으나 / 은혜 입은 것이 대천계(大千界)만큼 큰데 / 은혜를 갚는 것은 작은 시내 같음을 한스러워 할 뿐이다』

라는 가르침을 남기셨듯이 '인생은 유한한 것이 아니니 헌년에게서 못다한 정을 애석해 하지 말라'는 덕분에 세월의 한탄스러움을 털고 새해에 소중한 소망을 품어봅니다. 가나모리 우라코의 〈참으로 마음이 행복해지는 책〉의 한 구절처럼!

『꿈이란 건 크지 않아도 됩니다.
작아도 멋진 꿈은 얼마든지 있습니다.
꿈은 많아도 좋습니다.
욕심꾸러기처럼 꿈을 여러 개나 갖고 있다면
그건 당신이 건강하다는 증거일 겁니다.
먼 꿈도 멋지지만, 가까이 있는 꿈도 소중합니다.
오늘의 꿈, 내일의 꿈, 내년의 꿈….
끝없이 거듭된다면 살아가는 하루하루가 얼마나 설렘으로 가득 차겠습니까.』

격동의 지난해에 저에게 보내주신 따뜻한 사랑과 격려, 가슴 깊이 소중하게 간직하겠습니다.

새해에 복 많이 받으시고 뜻하시는 모든 소원 성취하시길 기원 드립니다.

(2006. 1. 27)

향우회원 여러분 고맙습니다

-총무 3년을 마치면서

『내 고향집 뒤뜰에 해바라기 울타리에 기대어 자고 / 담 넘어 논둑길로 황소마차 덜컹거리며 지나가고 / 음, 무너진 장독대 틈 사이로 난쟁이 채송화 피우려 / 푸석한 스레트 지붕 위로 햇살이 비쳐 오겠지.』

이 노래는 정태춘 씨의 〈고향집 가세〉라는 노래 1절 가사내용이다. 고향 하면, 반가운 친척들과 고향냄새는 늘 한결같은 곳이다. 객지로 일찍 떠나온 어른들은 한결같음 속에 어머님의 빈 자리만 더욱 크게 느껴지는 곳이기도 하다.

나에게도 고향이 있다. 내가 태어나서 초등학교를 졸업할 때까지 살던 고향은 제주도 제주시 서쪽경계선에 위치한 외도동에서 한라산 쪽으로 약 2km 정도 떨어진 곳, 도평동이라는 농촌마을이다. 도평이란 명칭은 '남쪽에 한라산과 북쪽에 넘실대는 푸른바다를 병풍삼고, 서쪽으로 무수천과 장군천이 있고, 동쪽으로 하운천이 있어 양쪽으로 냇가의 중간에 자리 잡아 있으면서 지형이 평평하다'고 하여 붙여진 이름이다.

이곳은 제주 4·3사건 때 경찰로부터 동민들이 몰살되는 바람에 같은 날에 제사지내는 집이 많기로 유명한 동네이다. 관혼상제 땐, 나이 많으신 동네 어른들께 음식을 골고루 챙겨드리고, 정초에는 찾아가서 세배를 드린다. 대문도 없이 돌담으로 울타리를 두르고, 돌담이 받쳐진 초가지붕이 옹기종기 모여 사는 곳으로 선조들의 전통을 지키며 살던 전통적인 농촌마을이다.

또 어머니들은 '장맛을 보면 그 집안을 알 수 있다'는 말을 경외하며, 자식들이 커 가는 것을 뿌듯해 하듯이 장이 익어 가는 모습을 보며 행복감을 느끼시던 그런 곳이다. "꼬끼오" 하는 새벽닭 울음으로 기지개를 켜며 일어나서 밭을 갈거나 김을 매러 들로 나가고, 저녁이 되면 꼴을 베어 등에다 짊어지고 다니던 순수하고 목가적인 곳, 내 고향 도평. 생각만 해도 가슴이 찡하며 아련한 그리움을 샘솟게 한다.

재경도평향우회는 이 동네에서 나고 자라면서 60년대 보릿고개를 슬기롭게 극복한 경험 등 인생의 여러 역경을 슬기롭게 활용하는 지혜가 풍부한 고향 분들이 모인 친목단체이다. 회원 중 먼저 세상을 떠났거나 귀향 또는 해외로 이주한 분들을 제외하면, 현재는 13쌍의 부부로 구성되어 있다. 이 친목회에 총무직을 3년째 맡고 있는 필자의 나이가 지천명의 나이 후반이지만 이 친목회에서는 두세 번째 젊은 회원에 속한다.

어느 모임이나 다 그렇겠지만 우리 향우회원들의 나이는 물론 가치관, 종교도 각각 다르다. 그러니 이런 저런 것을 모두 고려한, 회원각자가 100% 만족하는 의사결정을 하기는 상당히 어려운 구조를 가지고 있다.

그러나 작년 4월 18일(금요일) 저녁 오류역 부근에 위치한 ○○회관에서 가졌던 상반기 향우회회의에서는 기적이 이루어졌다. 100%참석을 하여 그간의 여러 정다운 이야기꽃을 피운 뜻 깊은 역사적인 날이었다. 왜냐하면, 전원참석이란 기적은 어려운 복병 속에서도 이루어졌기 때문이다. 예수부활주일인 4월 20일은 그리스도교의 존재 근거가 되는 날로, 예수를 믿고 따르는 회원 중 여러 신자들에게는 일년 중에서 가장 중요한 날이고, 17일~19일 3일간은 성(聖)3일이라고 하여 성스럽고 거룩하게 지내는 날들의 범주에 포함되는 날이기 때문이었다.

그럼에도 불구하고 고향이 같은 분들의 모임인 향우회의 이름 앞에서는 큰 장애가 될 수 없었다. 이렇게 고향이라는 이름은 어려움도 따뜻하게 보듬고 녹여주는 포근한 역할을 한다는 것을 알게 된 점은 향우회 총무로서의 소중한 경험으로 기억될 것이다.

물론 몇 년 만에 고향에 들어서면 낯선 생각이 들 때도 있다. 낯선 얼굴들이 많아지면서 예전에는 없었던 대문도 보이고, 친구들도 대부분 도시로 떠나고 없다. 동네 어른들을 찾아뵙고 인사를 드리면 반가워하면서도, "집에 무슨 일이 있냐?"며 놀라시는 분들도 있다.

고향은 집안에 큰일이 있을 때나 찾아가는 곳인가? 아니면, 인심이 바뀐 것일까라는 생각이 들 때도 있다. 그래도 마음을 포근히 감싸주는 곳으로는 고향만한 곳이 없다. 내 마음에, 내 영혼에 피와 살을 적당하게 양육하여 나를 만들고 "외외(먹을 것을 달라는 의미였다고 함), 도독개파앙(사람이 다녀갔다거나 보인다는 의미로 사용하였다고 함)"이라는 두 마디밖에 구사할 수 없었던 필자를 초등학교에 다닐 수 있을 정도로 많은 말을 일깨워 준 고향은, 도시의 공허한 삶에 꺼지지 않는 등불 역할을 하는 나의 위대한 스승이기 때문이리라.

나이가 들면서 "사람은 나이가 들어 죽을 때가 되면 고향 쪽으로 머리를 둔다는 말이나, 석가도 늙어서는 고향으로 가는 길 위에서 죽었다"는 말도 이해할 수 있을 것 같다. 그래서 향우회 회원들은 사장, 교수, 직업장교, 일반봉급자 등 각계각층에서 특별히 두드러지게 활동하지는 않았지만 그들보다 더 소박하고 더 맑은 심성을 지녔는지도 모른다. 이 회원들은 꽃이나 시, 노래와는 직접적인 관계가 없다고 하더라도 영혼에 즐거움을 줄 수 있는 사람들이라서 참 포근한 느낌을 주는 사람들이다.

최근에 어떤 친목모임에서 친목회원 간에 서로를 비방하는 것을 보고 가슴 아팠던 일이 있다. 한때 같은 목적으로 만나 모임을 만들고 뜻을 함께 했던 사람들이 어느 틈엔가 아주 사소한 엇갈림 하나로 쉽게 틀어지고 말았으니 말이다.

이 모습을 보면서 향우회원들을 위하여 심부름을 하는 총무로서 경솔하게 회원들을 대했던 것은 아닌지 반성해본다. 그러면서 배운 것이 하나 더 있다. '회원들을 너무 가깝게도 너무 멀게도 있지 말자'이다. 이 말은 곧 너무 사랑하지도 말고, 너무 미워하지도 말자는 중용의 의미이다. 너무 사랑하여 상대방의 모든 것을 관여하고 소유하려 하지 말고, 또 너무 미워하여 쉽게 돌이킬 수 없는 인간관계로 만들지도 않는 것이 고슴도치의 사랑법이리라.

총무 3년 동안 많은 넉넉한 마음으로 아껴주시고, 〈꿈엔들 잊을 수 없는 내 고향 도평〉을 깨우쳐주신 향우회원 여러분께 머리 숙여 감사의 마음을 표한다.

『아침에 꼬끼오 / 낮에는 꼬끼오～꼬 / 수탉노래 들으며 자라던 곳, // 으～음매 망아지 부름에 / 메～ㅁ 멤 매미가 응답하며 어울리던 / 대문(大門) 없는 내 고향 제주도. // 별보고 밭에 나가 / 땀 냄새 묻혀 달 보며 와도 / 반갑다고 꼬리치는 강아지와 함께 살던 곳, // 잠자리가 / 앞마당 꽃밭에서 너울대면 / 곤충채집 악동이 활동하며, // 뱀 밟지 않으려 / 잡초를 뽑으면서도 / 순간순간 내 삶을 들여다보던 제주시 도평. // 남쪽에 한라산과 북쪽에 넘실대는 푸른바다를 병풍삼아 / 동서 양쪽의 맑은 냇가에서 새우 게와 더불어 멱 감으며 / '청산은 나를 보고 말없이 살라한다' 노래하던 곳, // 수박서리 참외서리 닭서리 추억이 주렁주렁 영글어 / 꿈엔들 잊을 수 없는 내 고향 도평. / 그대는 망각의 경계선에서 너울대는 추억의 동산이어라.』

(2004. 4. 20)

이런 친구 한 사람만 더 있으면

직장 따라 서울로 올라오게 된 지는 둘째 딸 애란이를 낳고 채 한 달이 되기 전이었으니까, 벌써 어언 30년이나 된다. 그간 고등학교동창에서부터 대학원동창생들은 1년에 한번 이상은 만났지만, 웬 일인지 중학교 동창생들만은 한번도 따로 만나보지를 못한 것 같다. 이는 서로 바빴다는 이유도 있겠으나, 중학교동창생과 고등학교동창생은 상당수가 같은 사람이기 때문이기도 하다.

당초 이번 모임은 중학교 동창 중에서 석철은 제외하고 광수 등과 종로에서 만나 저녁을 오붓이 하기로 되어 있었다. 석철이가 사업과 교회관계 때문에 시간 맞추기가 대단히 어려우므로 그 사정을 배려하기로 했기 때문이다. 그런데 석철이가 긴급한 제안을 하기에 이른다. '오는 6월 4일 저녁 7시에 종로에서 만나는 모임을 하루 연기하여 선능역에 위치한 샹젤리제뷔페로 장소를 정하면, 모든 비용을 부담' 하기로 하여 이루어지게 된 것이다. 경우가 바르고 리더십도 다분히 있는 현직 사장인 석철이는 사람을 포용하는 범위가 봉급쟁이보다는 넓은 것 같아서 흐뭇하기도 하다.

지천명의 중반을 훌쩍 넘긴 나이가 다되어 40여년 만에 제주에 살고 있다는 K·P·K의 전화와 몇 분을 직접 만나보니 얼른 보아서는 누가 누군지 분별할 수 없을 정도로 많이 변모한 친구가 있는가 하면, 착하디착했던 중학생동창의 옛 모습은 읽을 수도 없고, 그저 추억 속에서 더듬어야 하는 친구도 있었다. "그래도 늙어서 대접을 받으려면 돈이 최고야. 요즘은 자식들에게도 미리 재산을 주면 안 된다"는 복잡한 그 무엇이 대신 자리 잡고 있었으나, 어딘지 씁쓸한 생각은 지워버릴 수 없다. 자본주의 사회에서는 늙을수록 품위를 지키는데 돈이 필수조건일 수밖에 없다는 생각이 틀린 것이 아님은 분명한데도, 뭔가 다른 것이 있을 것 같다는 생각이 든다. 이는 어쩌면 내가 갖지 못한 것에 대한 보상심리로 다른 것을 찾으려고 애쓰는 나의 심리적 이중성 때문인지도 모른다. 그러나 이 모두가 필수 불가분의 원칙에 놓여 있다는 건 틀림없는 사실인 것 같다.

한때는 같은 생각을 했고, 똑같은 유니폼을 입으며 영원히 이렇게 살 것처럼 재잘대며 학창시절을 보냈었는데, 세월과 삶의 환경이 주는 간격이 이렇게 클 줄이야…. 이젠 자주 만나고 먹고 마시면서 웃고 떠든다고 해도 그 옛날로 돌아갈 수 없을 것만 같은 낯섦은 나 혼자만의 생각일까? 서로 공유할 수 없을 만큼 너무 견고하게 만들어 놓은 울타리가 이질감으로 느껴짐은 왜일까?

친구라고 하면 모두 같은 뜻은 아닐 것이다. 친구 중에는 좋은 친구도 있고, 비정(非情)한 친구도 있다. 옛말에 '인생 여정에 있어서, 정말 절친한 친구 한 사람만 있어도 그 사람은 성공한 사람'이란 말이 있다. 그만큼 그냥 친구라고 하는 사람은 우리 주변에 많거나 적을 수 있지만, 정작 참된 친구가 있는 사람은 아주 드물다는 뜻이리라.

나는 서울에 살고 있는 중학교동창 중 죽마고우로 지내는 김광수라는 중견회사 전무와 성공적으로 회사를 경영하고 있는 장석철이라는 벗이 있어 외롭지 않다.

광수는 고향에서 토목업을 하고 있는 근우와 셋이서 함께 같은 이불속에서 자기도 하고, 이웃에 사는 어여쁜 여학생을 대상으로 선의의 경쟁적인 장난도 치면서 서로를 골려주던 막역한 사이다. 또한 중학교 3학년 때, 제주 오현고등학교에서 실시하는 전도장학생경진대회에서 상을 받으러 가야 하는데 입을 만한 교복이 없음을 눈치 채고, 학교 교실로 무작정 뛰어가서 가장 치수가 비슷하고 깨끗한 학생복을 막무가내로 벗겨 와서 입혀주었던 근우의 우정은 평생 잊을 수 없는 고마운 추억으로 남는다.

석철이는 ROTC장교로 제대를 한 후 서울에서의 첫 직장인 모 생명보험회사에 입사했을 때, 보험권유목표액을 달성하는데 도움이 될 줄로 알고, 박봉을 축내어서 보험계약만 겨우 해놓고 계속 불입을 못해 미안한 생각을 갖게 한 친구이다.

이 친구와는 여러 해 동안 같이 붙어서 살았다. 처음 청파동 13평 시립아파트를 같이 사서 살면서 셋째를 낳았고, 필자가 인사이동으로 인해 지방에 1년간 내려가 있는 동안에, 조카 서명숙이라는 고대생(2003년 4월까지 모 유명 저널편집장을 지냈음) 철부지가 연탄재로 부엌 하수구멍이 막히도록 내버려두면, 이것을 손수 뚫어주면서 우리 집 철부지들의 생활교육을 전담했던 친구이다. 특히 그의 아내 이정애 씨는 은행원 출신으로 똑똑하고 경우가 바르며 정이 많은 분이다. 당시에 나의 가정생활이 쪼들리는 것을 눈치 채고 있었던 그녀는, 한 달에 한 번씩 갚아야만 하는 가계당좌대출을 기일에 맞추어서 꼬박 꼬박 막아주던 분이고, 우리 집에서 필요한 돈은 꾸어서라도 공급해주던 분이다. 또 그녀의 큰아들 요한이와 둘째 요성이의 목욕은 경험이 많은 내 아내가 도맡아서 해주곤 하던 정에 흠뻑 젖은 사이이다.

잊을 수 없는 또 하나의 추억은 사당동 달동네 바로 옆 부지에 신축하고 있었던 '남성아파트'라는 20평짜리 미분양아파트 청약사건이다. '남성'이라는 이름은 우리 부부이름의 가운데 글자를 합성한 것과 같아서 더욱 친밀감을 느끼는 이름이었다. 필자와 석철이는 이 미분양아파트를 선착순으로 분양받기 위하여 이 아파트와 거리가 가장 가까운 인근 여관에 투숙하며 1시간에 한 번씩 깨어나는 그날 밤의 정성으로 분양을 받는 데는 성공했으나, 나중에 알고 보니 부실아파트였음을 알고는 피식 웃고 말았던 일이며, 이 집에서 워킹 다이아몬드라는 별명이 붙여진 막내 미란이를 얻은 일이다.

인생에 있어서 친구라는 공은 유리공과 같아서 한번 떨어뜨리게 되면 닳고 긁히고 깨져, 다시는 전과 같이 될 수 없는 공의 성질을 가지고 있다. 우정을 얻는 가장 빠른 길은 사랑을 주는 것이고, 우정을 잃는 가장 빠른 길은 사랑을 너무 꽉 쥐고 놓지 않는 것이라고 한다. 그러나 나에게 있어서 이들은 평생 잊을 수 없고, 눈앞에 보이거나 보이지 않거나, 변하지 않을 참 좋은 친구들이다.

사람들은 멋있는 사람을 좋아한다. 또한 멋있어지고 싶어한다. 멋있어지려고 노력하지 않는 사람들은 인생을 다 살아버린 사람들이라고 흔히들 말한다. 압구정동에 나가보면 머리끝에서부터 발끝까지 명품으로 치장한 여성들이 눈에 많이 띈다. 힘의 상징인 권력과 돈을 많이 갖고 있는 사람이 더 멋있어 보이기도 한다.

하지만 이 모든 멋에는 한계가 있다. 유명브랜드는 패션이 바뀌면 진부해지고, 돈과 권력의 멋은 어느 날 갑자기 그것을 잃는 순간 사람을 추하게 만든다. 그러므로 이런 것을 진정한 멋이라고 하기에는 인생이 가련해 보인다. 진정한 멋은 결과물이 아니라 과정인 것 같다. 멋은 무엇을 얼마만큼 소유하고 몸을 어떻게 치장하느냐가 아니라, 무엇을 위해 어떻게 살고 있는가를 기준으로 봐야 하지 않을까 한다.

용혜원 목사님의 〈친구〉라는 사랑의 편지에서 '어떤 사람을 친구라고 할 수 있을까?'하고 묻고는 사람마다 그 대답이 모두 다르다는 전제하에 수천이나 되는 응모엽서 중 이런 것들이 선발되었다.

『"기쁨은 곱해주고 고통은 나눠 갖는 사람."
"우리의 침묵을 이해하는 사람."
"언제나 정확한 시간을 가리켜주고 멈추지 않는 시계."
"많은 동정을 베풀어서 그 동정의 옷을 입고 있는 사람."
하지만 1등은 다음의 글이었습니다.
"친구란 온 세상 사람이 다 내 곁을 떠났을 때,

나를 찾아오는 그 사람이다."』

진정 멋있는 친구는 그저 바라보고만 있어도 기분을 좋게 한다. 우리 주변에 이런 멋있는 사람들이 많이 있으면 좋겠다. 오늘은 우리나라 민주화에 일생을 바치신 고 함석헌 옹의 〈그런 사람 그대는 가졌는가?〉라는 시가 더욱 진하게 다가온다.

『만리 길 나서는 길 / 처자를 내맡기며 맘 놓고 갈 만한 사람 / 그 사람을 그대는 가졌는가? // 온 세상이 나를 버려 마음이 외로울 때에도 / "저 맘이야"하고 믿어지는 / 그 사람을 그대는 가졌는가? // 탔던 배 꺼지는 순간 구명대 서로 사양하며 / "너 만은 제발 살아다오" 할 / 그런 사람을 그대는 가졌는가? // 불의의 사형장에서 / "다 죽어도 너의 세상 빛을 위해 저만은 살려두거라" / 일러줄 그런 사람을 그대는 가졌는가? // 잊지 못할 이 세상을 놓고 떠나려 할 때 / "저 하나 있으니" 하며 빙긋이 눈을 감을 / 그 사람을 그대는 가졌는가? // 온 세상의 찬성보다도 / "아니" 하고 가만히 머리 흔들 그 한 얼굴 생각에 / 알뜰한 유혹 물리치게 되는 그 사람을 / 그대는 가졌는가?』

(2003. 6. 5)

노후문제를 일깨워준 박 선배

집사람과 함께 수영을 시작한 지도 이 달로써 24개월이 된다. 이 수영장에서는 전문코치를 배정하여 지도하는데, 6개월마다 코치를 교체한다. 이달 말로 우리 반을 지도하던 예쁜 처녀코치를 남자로 교체하게 되었다. 오늘은 우리 반 터줏대감인 박 선배의 주선으로 코치에 대한 그간의 노고와 감사드림을 겸해서, 동료들 간의 우의를 다지기 위한 조촐한 맥주파티를 올림픽스포츠센터에서 그리 멀지 않은 OB호프집에서 갖는 날이다.

우리부부는 술은 못하지만, 나잇값을 생각해서라도 공동보조를 적극 취하고 모임분위기를 망치는 일이 없도록 협력한다는 것이 생활원칙이다. 20여 명 정도 참석으로 성황을 이뤘으나, 정작 주인공인 코치는 선약이 있다는 이유로 참석하지 못했다. 이런 저런 이야기를 나누다가 가장 연장자이신 박 선배께서, 노후가 되어서 당할 수 있는 문제를 젊은 이들이 참고하여도 좋을 듯하게 경험담처럼 일깨워주신다.

"678세대인 아버지가 그간 자식 3남매를 결혼시키면서 축의금을 받았던 친구의 자식의 결혼식 청첩장을 받고는 모르는 척 할 수가 없다. 또 그리해서도 안 되는 일이었기에, 최소한 5만원이 필요하나 수중엔 돈 한 푼 없다. 자식들과 식사하면서 청첩장을 꺼냈다가 집어넣기를 몇 번, 외출복을 입고 딸 아들 앞을 오가면서 똥가루도 날려보지만 별 효과가 보이지 않는다. 퇴직금을 은행에 맡긴 줄 알고 있는 아들이 '사업상 필요하니, 이자가 거의 없는 은행에 놔두느니 차라리 이 아들이 쓰고 은행이자의 2배 이상을 돌려드리겠다'고 약속해 놓고는, 사업이 어렵다는 말 한마디와 함께 잊어버린 지 꽤 오래되었다. 그렇다고 한집에 살면서 싸울 수도 없고…."

요즈음 국민연금 개혁안이 우리 사회의 세대 간 갈등이라는 '판도라의 상자'를 열었다. 여기서 말하는 세대의 구분은 지금의 영유아와 10대, 20대를 '012세대'라고 하고, 이미 연금보험료를 납부하는 30~50대를 '345세대'라고 할 때, 은퇴했지만 연금을 제대로 못 받거나 전혀 못 받고 있는 60~80대를 '678세대'로 편의상 붙인 명칭이다.

"한국 근대사에서 678세대가 가장 불행하다. 왜냐하면, 이 세대는 1960~70년대에 '잘 살아보자'고 피땀을 흘렸지만, 막상 노인이 된 이후 국민연금을 거의 한 푼도 받지 못하고 있다. 678세대는 그 이전 부모 세대의 부양을 책임졌고, 마찬가지로 자신들의 노후는 지금의 345세대들이 책임져 줄 것으로 생각했다. 그런데 현재 대부분의 678세대는 안타깝게도 자식들의 눈치만 보고 있다. 그러니 자식에게 의지하지 말고 부부가 독립적으로 생을 꾸려나갈 궁리를 미리부터 하는 게 때늦은 후회를 줄이는 길이다"라는 말을 듣고는 남의 일같이 들리지 않는다.

시간은 오후 4시를 가리키고 있다. 갑자기 큰 외손자가 보고 싶어진다. 외할머니가 10여 회에 걸쳐 딸과 사위의 휴대폰, 그리고 집으로 전화를 했으나, 어느 전화도 받기지 않는다.

문득 '할머니 할아버지의 방문을 회피하기 위한 젊은 작전을 펴는 것이 아닌가?' 라는 데까지 생각이 미치자 섭섭한 생각도 든다. 집으로 발길을 돌리고 도착했더니 큰딸로부터 전화가 걸려왔다. 엄마는 섭섭한 감정의 일단을 내비친다.

딸은 이러쿵저러쿵 변명을 늘어놓는 모양이다. 뒷날 아침 큰사위에게서도 본의 아니게 불효를 저질렀다는 전화가 연구실로 걸려왔다. 그래도 자식인데 이 정도에 마음이 뒤틀리지는 않겠지만, 힘이 빠질수록, 노인이 될 수록, 마음이 쉽게 상할 수 있다는 가능성을 체험한 것은 큰 소득이었다.

나이가 들어가면서 마음을 비우고 베푸는 일을 할 수만 있다면, 늙어가는 모습이 더욱 아름답겠다는 생각이 든다.

"제가 줄 수 있는 것을 주는 것뿐인데…"라며, 자신의 신장을 신부전증을 앓고 있는 10대 소녀에게 기증한 변길자(2003. 8. 20 현재 61세) 여사의 베푸는 행위가 아름다운 것은 이 때문이리라. 변 여사는 "장기를 남에게 떼어 줄 수 있다는 것을 몰랐었는데, 그것을 알고 난 후에는 내가 가진 것을 남에게 줄 수 있다는 사실이 기뻤다"며, "신장이나 간뿐만 아니라 다른 장기를 기증할 수 있다면 기꺼이 기증할 것"이라고 하신다. 이해인 수녀님의 〈어머니께 드리는 노래〉가 생각나는 것을 보면, 노후문제를 일깨워준 박 선배와 변 여사님께 다시 감사드려야겠다.

『어디에 계시든지 사랑으로 흘러 / 우리에겐 고향의 강이 되는 푸른 어머니. / 제 앞길만 가리며 바삐 사는 자식들에게 / 더러는 잊혀지면서도 보이지 않게 함께 있는 바람처럼 / 끝없는 용서로 우리를 감싸 안은 어머니. // 당신의 고통 속에 생명을 받아 / 이만큼 자라 온 날들을 깊이 감사할 줄 모르는 / 우리의 무례함을 용서하십시오. // 기쁨보다는 근심이 / 만남보다는 이별이 더 많은 어머니의 언덕길에선 / 하얗게 머리 푼 억새풀처럼 / 흔들리는 슬픔도 모두 기도가 됩니다. // 삶이 고단하고 괴로울 때 / 눈물 속에서 불러보는 / 가장 따뜻한 이름, 어머니… // 집은 있어도 사랑이 없어 울고 있는 / 이 시대의 방황하는 자식들에게 / 영원한 그리움으로 다시 오십시오. 어머니. // 아름답게 열려 있는 사랑을 하고 싶지만 / 번번이 실패했던 어제의 기억을 묻고 / 우리도 이제는 어머니처럼 살아있는 강이 되겠습니다. // 목마른 누군가에게 꼭 필요한 / 푸른 어머니가 되겠습니다.』

(2003. 8. 25)

나의 첫 결혼주례사 이야기

결혼주례 부탁을 처음으로 받아본 것은 1997년 IMF사태로 인해 구조조정 분위기가 한창 무르익을 무렵인 1998년 초여름, 한국금융연수원에서 전화교환원으로 근무하던 Miss 홍이라는 아가씨로 기억된다. 그녀는 비록 정식직원은 아니었지만 필자만 보면 그녀의 아버지의 모습을 연상하게 된다고 했다. 그래서 이번 결혼식 주례를 맡아주셨으면 고맙겠다는 요지의 말이었다.

그 부탁을 받는 순간 흐뭇하면서도, 일에 파묻혀 나이를 잊고 살아온 나에게 벌써 결혼주례를 맡을 나이가 되었다는 사실을 새삼 깨닫게 됨과 동시에, 지금까지 한번도 주례를 해본 경험이 없기 때문에 당황하지 않을 수 없었다. 한편 교수로서 격에 맞지 않은 주례사로 인해 인품이 훌륭하신 동료교수님들의 명예에 누가 되지 않을까 하는 염려도 있었다.

그래서 지금은 구조조정으로 직장에서 명예퇴직이라는 이름으로 퇴출을 무자비하게 실시하는 시기이니, 전략적인 차원에서 신랑소속 직장의 사장님이나 지체 높으신 어른이나 선배를 주례로 모셔보는 것이

어떠냐고 역 제의를 하였다. 물론 그 노력이 성사가 아니 될 때에는 내가 주례를 맡아주겠다는 점을 재차 안심시켜 아슬아슬하게 그 위기를 넘긴 일은 잊을 수가 없다.

그 후 몇 건의 주례부탁도 잘 마무리해 왔었는데, 금년 3월 10일, 전에 필자와 같은 직장, 같은 아파트단지에 여러 해 동안 같이 살면서 대부(代父)와 대자(代子)인연을 맺은 이비오 씨가 찾아와서, 오는 5월 10일(토) 제일은행 강당에서 큰 딸 경희의 결혼식을 치르게 되었으니 주례를 맡아주시면 영광이겠다는 부탁을 받게 되었던 것이다. '(속으로 이번에는) 딱 걸렸구나!' 하는 생각이 번개같이 스쳐간다. 일단 수락하면서 몇 년 전에 Miss 홍 등에게서 성공을 거둔 바 있는 권고방식도 잊지 않고 있었다.

그러나 이번에는 그 마법에 녹이 쓸었나 보다. 이왕에 수락할 것이라면 하면서, 4월 21일 아침에 있었던 3차 요청을 고맙다는 인사로 수락하기에 이르고 말았다.

그러고 났더니, 두 가지 문제가 대두되었다. 첫째는 내가 주례자격이 있느냐는 점과 주례로서 무엇을 당부할 것인가 하는 내용의 문제였다.

첫 번째의 문제는 우선 신부 부모님이 간절히 부탁하고 있다는 점과, 어쩌면 외도나 술주정 그리고 노름까지도 할 줄 모르는 진국이 주례를 서는 것 자체가, 흠결 없는 결혼을 하는 신랑신부에게는 오히려 복이 될 수도 있겠다는 일방적인 가치부여로 넘어갈 수가 있었다.

그리고 두 번째 문제를 해결하기 위하여 결혼식장에서 주례선생들의 주례사에 관심을 가지고 들어보기로 하였다. 그런데 그 주례사의 대부분은 '부부 일심동체이니, 검은머리가 백발이 될 때까지 서로 사랑하라' 등 덕담위주의 환상적인 내용이었다. 왜 환상으로 느끼느냐하면, 내 주위에서는 부부간에 사이가 좋지 않아서 별거 중인 부부들이 예상 외로 많이 발견되고 있었기 때문이다. 통계청의 통계에 따르면 작년(2002년) 하루 평균 398쌍이 이혼하고 있는 것으로 나타났다. 이혼부부를 결혼기간별로 구분하면 4년 이하가 전체의 26.9%로 가장 많았고, 5~9년 23.2%, 10~14년 19.4%, 15~19년 14.7% 등이었다. 그러니까 15년까지만 지혜롭게 넘기면 백년해로 할 가능성이 70%이상으로 매우 높아지는 것으로 밝혀졌다. 그렇다면 주례사의 내용을 보다 현실적이면서 조금은 구체적인 내용으로 하되, 오늘까지 몇 십 년 동안 무난하게 성공적인 가정을 꾸리고 행복한 결혼생활을 계속하고 있는 어느 부부를 모델로 해서 생각을 정리하는 것이 낫겠다는 생각을 했다.

오늘 여기에 계신 신부의 부모님을 비롯하여 금슬(琴瑟)이 좋은 내 주위의 부부들을 관찰해보니, 그 공통점은 "여보, 사랑해. 당신이 최고야!"라는 생각이 가슴속에 녹아있도록 '부부간의 사랑을 최우선 순위로 삼고서 희망의 끈을 꼭 잡고 있는 부부'들이었다. 그런가 하면, 그런 말이 있는지조차 모르는 가정은 이혼 또는 불행한 가정이었다.

그러니 지금부터 본 주례가 하는 말을 신랑신부뿐만 아니라 여기에 오신 하객여러분 중에서도 행복하게 살고 싶은 사람들은 잘 들어두시면 복 받을 것이다.

첫째가 남편은 아내를, 아내는 남편을 최우선적으로 사랑한다.

이혼한 부부나 화목하지 못한 부부의 공통점을 살펴보았더니, 하나는 신랑신부를 고를 때부터 서로 '어떻게 하면 상대편으로부터 덕을 많이 볼 수 있을까?' 하는 생각을 가지고 짝을 서로 고른 부부들이었다.

왜냐하면, 서로 손해 볼 마음이 없는 상태에서, 아내는 남편에게 덕을 보고자하고 남편은 아내에게 덕 보겠다는 마음으로 살다보면 다투지 않을 수 없기 때문이다. 아내는 20% 주고 80% 덕 보자고 하고, 남편도 자기가 한 20% 주고 80% 덕을 보려고 하니, 둘이 같이 살면서 80%를 받으려고 하는데 실제로는 20%밖에 못 받으니까 살다보면 결혼을 괜히 했나, 속았나 하는 생각을 십중팔구는 하게 될 때부터 불행과 이혼의 씨앗이 무럭무럭 자라게 된다는 점이다.

또 하나는 부부 당사자보다 보모나 자식에게 최우선적으로 관심을 둔 결과 남편 또는 아내 자신이 찬밥신세로 전락했음을 느끼고 좌절하고 있는 가정이었다. 이런 가정 안에 따뜻한 공기가 돌기를 바라는 것은 쓰레기통에서 장미꽃 피기를 바라는 것과 같을 것이다.

그러므로 서로 덕을 보려는 마음을 갖는 대신에 '내가 저분을 좀 도와줘야지, 저분 건강이 안 좋으니까 내가 평생 보살펴 줘야겠다. 저분 경제가 어려우니 내가 뒷바라지 해줘야겠다. 아이고 저분은 나 하나를 믿고 자기 일생을 투자한 이 세상에서 가장 친한 친구인데 내가 사랑해주지 않으면 안 되지!' 하는 마음으로 사랑을 베풀어 줘야겠다는 진솔한 마음으로 결혼을 하면 길 가는 사람 아무하고 결혼해도 별 문제가 없습니다. 따라서 부모나 자식에 대한 사랑보다 부부간의 사랑을 최우선 순위에 두고 살아가시기 바란다.

둘째, 부모에 대한 사랑을 자기자식에 대한 사랑보다 우선순위에 둔다.

남편이나 아내보다도 부모에 대한 사랑을 우선시하는 것은 옛날이야기이다. 일단 아내와 남편의 사랑을 최우선시 한 다음에는 부모를 두 번째로 우선시하기 바란다.

그리고 나서 세 번째 순위로 자식을 사랑한다.

왜냐하면 이렇게 해야 행복도 자식교육도 제대로 되기 때문에 망나니 막가파와 같은 버러지만도 못한 자식은 생겨날 수 없게 되는 것이다.

마지막으로는 사회에도 기여를 하여야한다.

우리는 혼자서는 살 수 없고, 더불어서 살아가야 한다. 그러므로 어떠한 형식으로든지 이 사회에도 일정한 봉사를 해야 사람다운 사람으로 살아갈 수 있는 것이다.

이렇게 우선순위를 정해 두어야 집안이 편안해진다. 그러면 돈이 없어도 재미가 있고, 비가 새는 집에 살아도 재미가 있고, 나물 먹고 물 마셔도 인생이 즐거워진다. 즐겁자고 사는 거지 괴롭자고 사는 것이 아니니까, 두 부부는 이것을 중심에 놓고 살아야한다. 그래야 남편이 밖에 가서 사업을 해도 사업이 잘되고, 뭐든지 잘되는 것이다.

그러나 아무리 훌륭한 사람이라도 신이 아닌 이상 살다보면 부족한 점도 많고 또한 실수도 있기 마련이다. 같이 자란 형제간에도 부모와 자식 사이에도 의견 충돌이 없을 수 없는데, 하물며 이제까지 서로 다른 환경에서 자란 신랑과 신부가 앞으로 함께 가정을 꾸려가는 과정에서 적지 않은 의견충돌이 있게 됨은 당연한 일이 아니겠는가? 이것은 부부가 적응해 가는 과정이며 모든 부부들이 통과해야만 하는 과정인 것이다. 부부싸움은 도에 지나치면 전혀 다른 결과를 가져올 수도 있겠지만, 적당한 싸움은 청량음료처럼 사랑을 깊게 하는데 필요하기도 하다. 따라서 본 주례는 결혼선배로서 살아온 경험을 바탕으로 부부싸움을 긍정적인 방향으로 이끌기 위해서 규칙내용 몇 가지를 조언하고자 한다.

첫째, 둘이서만 핵심문제에 국한시켜 토론한다.

'제3자 개입금지'원칙을 세우는 것이다. 양가의 부모 등 다른 사람을 싸움에 끌어들이면 과장과 오해가 커지기 때문에 수습하기 어렵게 되는 경우가 많다. 또 아이들 앞에서 싸우면 아이는 '나 때문에 싸우는 게 아닐까'라는 불안감과 공포감을 느끼게 된다.

둘째, 부부는 상대방의 잘한 것을 인정하면서 토론한다.

상대의 잘한 것을 칭찬하는 것은 결국 가족의 칭찬이고 부부의 칭찬이라는 것을 알아야 한다. 그런데 부부간에 공부 잘하는 아이는 자기를 닮았다 하고, 못하는 아이는 남편 닮았다고 한다면, 이는 부부간에 반감을 가지게 되며 자녀에게도 큰 상처를 안겨주게 된다. 그러므로 상대방의 잘한 것을 인정하다 보면 싸울 일도 줄어들 것이다.

셋째, 비폭력 · 비복수적으로 다툰다.

폭력은 범죄이다. 신체적인 폭력이나 언어폭력이나 마찬가지이다. 욕을 하거나 외모나 성적인 능력을 비하하는 말, 시댁이나 처가를 헐뜯는 말을 하지 말아야 한다. 학력이나 나이를 언급하는 것도 피해야한다. 싸움 중에 "이혼하자"는 말도 금물임은 물론이다. 또 '복수'를 해서도 아니된다. 왜냐하면 상대방의 늦은 귀가 때문에 싸웠는데 다음날 더 늦게 들어가는 방식으로 되갚음 하거나, 늘 차려주던 밥을 차려주지 않는 것 등의 형식의 복수는 문제를 더 복잡하게 만들 가능성이 크기 때문이다.

넷째, 남의 가정과 비교하지 않는다.

다른 가족이나 다른 사람과 비교하는 것은 즉각적인 부부싸움의 발단이 된다. 가능하면 있는 현실을 그대로 인정하고 부풀어진 소문이나 짐작으로 부러워하거나 비교하지 않는 것이 좋다. 각 가정마다 그 나름대로의 장점이 있고 특성이 있기 마련이므로, 이러한 특성을 살려나가면 진정한 부부의 행복을 만들 수 있는 것이다.

다섯째, 싸우더라도 잠은 같은 방에서 잔다는 원칙을 세운다.

감정이 격해지면 '타임아웃 ○분'을 걸어보기 바란다. '울컥'하는 순간만 넘기면 차분히 얘기할 수 있다. 잠시 집 밖에 나가 감정을 가라앉히는 것은 좋지만, 아무 얘기 없이 집을 나가는 것은 좋지 않다. 다시 말해서 싸우더라도 싸운 후에는 가능한 부부가 등을 돌려서 자더라도 같은 방에서 잔다는 원칙을 세워야하는 것이다.

마지막으로, 양가의 부모들이 도와주어야 한다.

설령, 자식과 며느리, 또는 딸과 사위가 서로 싸운 사실을 알더라도 섣불리 끼어들지 말고 스스로 해결할 수 있도록 도와주어야 한다. 일방적으로 내 아들, 내 딸 편을 들어서는 아니 되며, 그럴 바에는 오히려 그와 반대의 편을 들어주는 것이 나을 것이다.

제일 중요한 것은 오늘 이 순간부터는 덕을 보겠다는 생각을 버려야 한다. '내가 아내에게, 내가 남편에게 무얼 해줄 수 있을까, 내가 그래도 저분하고 살면서, 저분이 나하고 살면서 그래도 좀 덕 봤다는 생각이 들도록 해줘야 않겠는가!'라고 생각하고 실천만 하면 사는데 아무 지장이 없다. 누가 뭐라고 하던 '나는 아내에게 도움이 되는 남편이 되어야겠다. 나는 남편에게 도움이 되는 아내가 되겠다는 마음을 이 순간 딱 굳혀야 한다.'

내가 처음으로 주례를 맡은 오늘 결혼식에서 새 부부가 된 신랑 백승우 군과 신부 이경희 양에게 다시 한번 진심으로 축복을 드리며 이 글을 마친다.

(2003. 5. 10)

나의 첫 문학상 수상식 축사 이야기

필자는 지난 8월 하순경에 모 월간지 발행자로부터 오는 9월 4일(일) 예술의 전당 서예관 4층 큰 홀에서 오후 1시부터 오후 5시까지 예정되어 있는 제7회 작가총회 및 문학상시상과 축사를 해달라는 전화부탁을 받았다.

"감사합니다. 그렇지만 그날은 짬을 내기가 어려워 어쩌면 좋지요?" 하며 몇 가지 이유를 열거했더니, "고문님, 고문님께서 6개월 만에 갖는 중요한 행사에도 빠지시면 우린 어떡합니까?" 라는 항의(?) 섞인 말을 듣고 낭황하지 않을 수 없었다. 왜냐하면, 필자의 불참사유는 대체가 어느 정도 가능한 사안에 속하지만, 그 분의 입장에서 보면, 일정이 미리 공고된 전국적인 큰 행사는 대체하기 어려운 공적인 일에 가까운 일이기 때문에 당연한 요청이란 생각도 든다. '명색이 고문(顧問)인데…, 처음 청탁받는 축사인데…' 하는 데까지 생각이 미치자 수락하지 않을 수 없었다.

축사를 수락하면서 인간적으로 가장 괴로웠던 것은 10여 년간을 이웃에서 형제와 다름없이 상당히 가까이 지내던 전 직장 선배의 장남 결혼식이 그날 오후 2시 반부터 넓은 호텔에서 있는 날이기 때문이다. 이미 2개월 전에 전화로 꼭 참석해 달라는 요청에 이어, 두 주 전에는 청첩장까지 받아놓고 참석하기로 약속한 상태였기에 더욱 그랬다. 할 수 없이 혼주에게는 나중에 자초지종을 말씀드리는 것이 좋겠다는 생각에서, 아내와 둘째 딸을 대신 참석시키기로 하였다. 물론 헌정하려고 보관해 두었던 필자의 시집과 월간지도 축의금과 함께 전달해드리는 최소한의 성의는 잊지 않기로 해서 마무리 할 수 있었다.

그런데 예상치도 않고 있던 또 다른 문제가 필자 앞에 다가선다. 대중 앞에 서는 것에 큰 부담은 없다는 단순한 자만심이 축사문제를 쉽게 생각하고 잊도록 하고 있었던 것이다. 이 달(9월) 2일 오후에 e-mail을 열어봤더니, 제7회 ○○○○○○작가 총회 및 문학상 시상식 초청장이 와 있었다. 그 때 잠간 잊었던 축사(祝辭) 건이 생각나는 것이 아닌가. 조금씩 불안한 생각이 더해 가는 것은 어인 일일까?

그 곳에는 30여 년 전에 등단하신 선배문인이신 국제펜클럽 이사님도 오시고, 현역 문인이신 대학교수님들과 칼 입을 달고 다닌다는 평론가들은 물론, 각 분야에서 둘째라면 서러워할 기백으로 똘똘 다져진 별종 문인들도 참석하는 행사장이기에 더욱 그랬나 보다.

또 며칠 전에 어느 문단에서 '대도시의 대형서점 몇 곳을 제외한 전국 대부분의 서점에서는 시집코너를 없애고, 그 곳에 흥미위주의 상업성 책을 진열한 서점이 많아 시를 계속 써야하는지 모르겠다는 한탄의 글'이 게재되는가 하면, 이승하 님의 〈한국문단의 4대 비극〉이란 제하에 문인들을 비판하는 글도 많은 문인들과 독자들에 의해 읽혀지고 있는 실정이기 때문이다. 즉, 너도나도 쉽게 시인이 되다 보니 독자에게 무엇을 말해주고자 시를 쓰는 것이 아니라 독백에 가까운, 자기 고백적인, 혹은 쓸데없는 난해한 유아독존적 · 자가당착적인 시들이 난무하여, 고급독자층이 무너지고 아마추어 수준의 시인들이 시인 행세를 하고 있지는 않느냐는 취지의 이유 있는 비판의 글 등이 필자가 '축사' 내용을 구상하는데 어렵게 작용하고 있었다.

그렇다면 나는 오늘 신인문학상을 수상하시는 신인문인들에게 '무엇을, 왜' 축하해야 하는가? 아무리 생각해봐도 그 이유가 쉽게 떠오르지 않는다. 필자도 그들과 대동소이한 이유에서 크게 자유스럽지 않은 입장도 한 몫 하고 있는지도 모른다. 일단 위에서 제기된 문제점들을 가지고 낯설기를 시도해 보기로 했다.

첫째, 전국에 시인이 약 1만여 명과 기타 문인들 약 1만 명을 합한 2만이라는 숫자는 큰 규모인가?

"아니다"라는 결론에 쉽게 도달된다. 왜냐하면, 남한인구와 재외동포를 합한 5천여만 명 인구 중에 1~2만이라는 숫자규모는 극히 미미한 비중이기 때문이다. 지금까지 필자가 태어나서 자란 동네의 사람들과 고등학교 동창 중에서 중앙문단에서 문인으로 등단한 사람은 필자 혼자인 것을 미루어 보아도 그렇다는 생각이 든다.

둘째, '시의 정의'는 정착되어 있는가?

고대 그리스에서는 시란 집을 짓고 불을 붙이고 농사를 짓는 일과 동등한 일로 보았으며, 시인이란 논밭을 갈아서 일하는 대신에 주문을 외어 비를 내리게 하고 수확의 감사를 노래하는 데 전력을 다한 사람이었다고 한다. 그동안 시란 무엇인가에 대해서 동서고금을 막론하고 수없이 논의되어 왔다. 그러나 엘리엇의 "시에 대한 정의의 역사는 오류의 역사"라는 말이 잘 대변해 주듯이, 시란 무엇인가라는 정의는 시대에 따라서, 시인에 따라서, 시의 종류에 따라서 시를 보는 안목이 모두 다를 수밖에 없다는 데까지 생각이 미친다.

셋째, 문인들은 모두 일류 프로여야만 하는가?

이 세상 모든 사람들이 천재이거나 성악을 지망하는 여자들이 모두 조수미같이 노래를 잘 부르고, 박주영과 같이 축구를 모두 잘하는 사람들뿐이라면 이 세상이 어떻게 되겠는가? 음악 콩쿠르나 축구경기 자체가 성립되지 않을 것이 아닌가. 마찬가지로 조금은 미숙한 문인도 끼어있어야 프로문인들의 명성이 더욱 빛날 것이 아닌가? 그렇지도 못한 것이 현실이라면, 기존 프로문인들 능력이 문제가 되리라.

다만, 시의 근원은 우주자연의 본바탕 위에 있고 그 본질은 자연 존재의 생명에 있는 것이기에 "한국 詩는 기교나 수사학적 측면에서는 어느 나라 수준에 진입하기는 했지만, 글이 마땅히 품고 있어야 할 '인생에 대한 통찰'에서는 여전히 얕은 수준에 머무르고 있기에 국제적인 좋은 작품이 거의 없는 실정이다"라는 김춘수 선배 시인님의 말씀엔 귀를 크게 기울이고 싶은 심정이다.

이렇게 정리를 하고나니 축사에 참여하고 싶다는 내용들이 줄을 다투어 선다. 빨리 축사내용을 마무리 짓는 것이 좋을 성싶다.

『축하합니다. 오늘 월간 ○○○○을 통하여 등단하시는 문인여러분께 진심으로 축하드립니다. 그리고 이들을 환영하기 위해서 참여해주신 가족과 친지 그리고 모든 작가님들에게도 감사의 말씀을 드립니다.

우리 사회는 시인이나 수필가 또는 소설가를 생업으로 삼아 중산층수준의 경제적인 삶을 꾸리기에는 거의 불가능한 환경입니다. 돈벌기는커녕 그 반대의 경우가 많을지도 모르겠습니다. 그럼에도 불구하고 등단선배의 입장에서 왜 "등단되심을 축하합니다"라는 말씀을 드리는가 하면, 첫째, 여러분이 그리도 소원하던 등단이란 관문을 드디어 통과했기 때문이고, 둘째, 문학을 통해 무(無)에서 유(有)의 가치를 창조하여 독자들로 하여금 새로운 삶의 가치를 깨닫게 하는 짜릿한 즐거움을 주는 역할을 자임했기 때문이고, 셋째, 맑은 글을 쓰려면 맑은 생각과 바른 행동을 의식적 무의식적으로 하게 되기 때문에 내 자신 타락의 유혹을 억제하는 역할도 수행하게 되기 때문입니다.

마지막으로는 옛말에 "호랑이는 죽어서 가죽을 남기고 사람은 죽어 이름을 남긴다"는 말이 있습니다. 인간이 살아생전에 아무리 많은 재산을 쌓아 둔들 무슨 소용이 있겠습니까? 또 국회의원이나 장관을 지낸들 무슨 소용이 있겠습니까? 그러나 독자들 가슴에 남는 글 한 편이라도 남긴 문인들은 영원히 살기 때문입니다.

따라서 문인여러분들은 이름을 후세에 남길 씨앗을 품고서 가치창조리더 관문을 통과하셨기 때문에, 여러 사람들로부터 축하를 받을 자격이 충분히 있습니다.

"나는 내일 세상에 종말이 온다 해도, 오늘 한 그루 사과나무를 심겠다"는 희망으로 살아가실 문인여러분! 여러분들께서 정성들여 일궈낸 작품들이 민들레 홀씨처럼 많은 독자들 가슴에 내려 앉아 풍성한 열매 맺기를 기원합니다. 신인상수상자 여러분, 다시 한번 축하드립니다.

2005. 9. 4. ○○○○○○작가회 고문. 양남하』

소주에 문학을 안주삼아 즐거워하시는 문인들의 밝은 모습은 꽃보다 아름답게 보인다.

(2005. 9. 4)

제2부

삶은 지금 이 순간부터

신혼 초 실직한 남편은 아침을 거르고 출근한 아내를 위해 어렵사리 쌀을 구해 점심상을 차린다. 점심상이라야 밥 한 그릇에 한 종지의 간장이 고작이건만 남편은 "왕후의 밥, 걸인의 찬"이라는 쪽지를 남긴다. 정성을 다한 남편의 마음에 아내는 왕후가 된 것보다 더한 행복을 느끼며 눈물을 흘린다.

- 김소운 님의 수필 〈가난한 날의 행복이야기〉

삶은 바로 지금 이 순간

어느새 늦가을이다. 갑자기 아침저녁으로는 날씨가 몹시 차다. 스산한 늦가을 바람에 우수수 떨어지는 낙엽의 파도소리에 깜짝 놀라 후다닥 달아나는 어린 다람쥐들처럼, 여기저기에 서있는 나무들도 옷깃을 스치는 찬 바람에 세월이 후닥닥 달아나고 있음에 새삼 놀라는 기색이다.

그래서 볼랜드라는 미국 작가는 '가을은 이해를 위한 계절' 이라고 했는가 보다. 인생의 고비를 계절의 순환에 비유하면, 봄은 새로움에 대한 설렘과 희망의 시간이요, 여름은 삶에 한껏 부대끼며 죽도록 사랑하고 미워하며 지내는 치열한 시기이고, 가을은 지나간 나날을 뒤돌아보면서 드디어 진정한 삶의 의미를 이해하는 시기에 해당되리라. 어쩌면 '이해의 계절'이란 지천명의 끝자락까지 살아온 필자의 인생의 삶에서 누려온 행복들을 더욱 소중히 여기고, 그 행복의 작은 일부분만이라도 후세에 남기고 가기 위해 노력해야할 계절이라는 것을 재차 경고하고 있는지도 모른다는 생각이 든다.

몇 해 전에 호서대에서 조사 발표한 한국인의 행복지수는 57.7점으로 나왔다. 기준은 다르지만 같은 해 4월 서울대에서 조사한 행복지수보다 몇 달 사이에 무려 9점이나 낮아진 수치이다. 이는 경제적인 어려움과 함께 작금의 사회적인 불안이 '희망'의 싹을 자르고 있기 때문이 아닐까 한다. 그렇다면 우리는 지금 이 순간에 행복하게 살고 있다고 생각하는가?

어느 날 우연하게 김소운의 수필 〈가난한 날의 행복이야기〉 하나를 읽을 기회가 있었다. 이는 부부간의 사랑하는 마음만 있으면 소박하고 진솔한 행복을 먹고 살 수 있다는 가능성을 나타낸 다음과 같은 내용의 글이었다.

『신혼 초 실직한 남편은 아침을 거르고 출근한 아내를 위해 어렵사리 쌀을 구해 점심상을 차린다. 점심상이라야 밥 한 그릇에 한 종지의 간장이 고작이건만 남편은 "왕후의 밥, 걸인의 찬"이라는 쪽지를 남긴다. 정성을 다한 남편의 마음에 아내는 왕후가 된 것보다 더한 행복을 느끼며 눈물을 흘린다.』

이 글은 필자와 비슷한 나이에 있는 사람들에게는 60년대 이전의 가난했던 보릿고개 시절의 추억을 연상케 하는 '참된 행복은 돈이 아니라 사랑하는 진솔한 마음이 바탕이 되어야 만들어지는 선물'이라는 것을 생각나게 하는 글이다.

그러나 행복의 기준이나 내용이 다르기 때문에 행복의 조건을 일률적으로 규정하기는 조심스럽다. "종교를 가지면 죽어서 천당에 간다고 하지만, 천당이나 지옥에 갔다 온 사람은 없는데 천당과 지옥이 따로 있나? 권력이나 돈 많은 고층 빌딩에서 떵떵거리며 쾌락을 즐기면서 아래 집을 내려다보고 살면 이게 천당이고, 제대로 먹지도 못하고 잘 입지도 못하고 놀지도 못하는 사람이 바로 지옥에서 사는 사람이 아니냐?"고 믿는 사람들이 많아지고 있기 때문이다.

어느 날의 MBC '아주 특별한 아침' 방송은 '스와핑'(부부 교환성관계) 모임에 참여한 사람 가운데 법관·의사·기자·일반사업가 등이 있다는 보도를 듣고 충격을 받은 일이 있다. 언론 보도에 따르면 전국적으로 이런 스와핑 놀이에 동참하는 회원수가 6,000여 쌍에 이르며, 이들은 이 만큼 행복을 느끼게 하는 것은 이 세상에 없다고 생각하는 사람들이라고 한다.

그런가 하면, 서울 송파구 가락시영아파트 단지주변에는 어떤 사람에 의해 머리, 목, 허리 등에 공사용 대못이 박힌 야생고양이들이 잇따라 발견되고 있어 충격이다.

또 보험금을 노리고 고의로 교통사고를 내 70대 노인을 숨지게 한 혐의로 36살 박 모 씨를 구속했다는 기사이다. 소송이 기각됐는데도 승소했다고 속이거나 판사 등에게 부탁해 무죄를 받아 주겠다며 의뢰인으로부터 돈을 받아 가로챈 현직 변호사가 경찰에 붙잡혔다는 기사도 오늘의 지면을 장식한다.

이렇게 약육강식이라는 정글의 법칙은 우리 정치나 사회, 경제 분야 모두에 적용되고 있다는 데서 많은 것을 생각하게 한다. 정부의 (2005년) 8.31 부동산 대책을 기준대로 적용할 경우 현직 장관급 인사 3명 가운데 2명이 이른바 '투기' 목적의 부동산을 보유하고 있다는 주장까지 국회의원에 의해 제기되고 있는 게 우리 사회의 현실이고 보면….

이런 것들은 현대인들의 윤리의식 해이에서 비롯된 것으로, 현실 부적응·무의식적인 스트레스·불안·초조의 극단적인 도피 방법으로 선택하는 일종의 인격장애라고 하지 않을 수 없다. 또한 무분별한 개발, 환경파괴가 '약개구리'들을 포함한 동·식물·곤충들을 몰아내고 있는 자연의 천적이 되어버린 인간들에겐, 선량한 양심을 기대하는 것 자체가 무리일 수도 있겠다는 생각에까지 미친다.

행복은 권력과 부의 크기가 행복의 크기와 비례한다고 생각하는 천민적 엘리트정신에서 비롯된다고 할 수밖에 없을 것 같다.

그러나 세계 시장을 누비는 우리의 대기업들과 박지성· 정명훈 등 한국의 역동을 세계에 비추는 사람들이 있어 우리 국민들은 외롭지 않다. 가진 것은 많지 않지만 음지에서 봉사하며 지금 이 순간의 삶을 소중히 여기는 아름다운 소시민들이 있기에 희망을 걸어본다. 왜냐하면, 이런 분들의 정기가 아시아를 휩쓰는 한류(韓流)의 자양분이 되고 대한민국의 에너지가 되고 있기 때문이다.

구상 시인은 '오늘서부터 영원을 살자'는 제목의 유언에서, "우리가 이렇게 오늘을 살고 있다는 것은 곧 영원 속의 한 과정입니다. 우리는 흔히들 '저승에 가서 영원을 살지' 하는데 그런 게 아니고 우리에게는 오늘이 영원 속의 한 표현이고, 부분이고, 한 과정일 뿐입니다"라고 밝힌 그는 "그런데 솔직히 말씀드려서 인간 존재가 죽은 뒤 어떻게 되는가 하는 그 변용(變容) 자체는 우리가 모릅니다. 우리의 육신적 목숨이 시공을 초월한 영육 간의 완성상태에 도달하는 것이 어떤 과정과 변용을 거쳐 이루어지느냐 하는 것과, 완성된 모상이 어떠하냐 하는 것은 신비에 속한다고 하겠습니다"라고 말했다. 그는 또 "어쨌거나 그 변용이

인과응보(因果應報)적으로 이루어진다는 것은 틀림이 없습니다"라고 덧붙였다.

필자의 가슴이 쿵덕거린다. 왜냐하면, 우리의 삶은 지나간 과거에 이루어진 것도 아니고, 앞으로 몇 시간 안에 이루어질 것도 아닌, 바로 지금 이 순간을 의미하기 때문이다. 삶은 아주 짧은 순간들이 모여서 이루어지는 것이며, 그것은 우리가 앞으로 나아갈 시간의 물결이기 때문이다. 그렇기 때문에 삶 속에 가족 간의 사랑과 행복을 최우선 순위에 두면서 진정한 자아를 발견하기 위해 많은 노력을 해야 하지 않겠는가?

먼 훗날 뒤돌아보더라도 씁쓸하게 웃어버리는 쓰디쓴 미소로 만들지 않도록 구상 시인의 〈오늘〉이라는 시를 음미하면서, 앞으로 사는 동안에 내 자신의 부족한 많은 부분을 개선시키려는 노력을 하는 계기로 삼아봄이 어떨까 한다.

『오늘도 신비의 샘인 하루를 맞는다. / 이 하루는 저 강물의 한 방울이 / 어느 산골짝 옹달샘에 이어져 있고 / 아득한 푸른 바다에 이어져 있듯 / 과거와 미래와 현재가 하나다. / 이렇듯 나의 오늘은 영원 속에 이어져 / 바로 시방 나는 그 영원을 살고 있다. / 그래서 나는 죽고 나서부터가 아니라 / 오늘로부터 영원을 살아야 하고 / 영원에 합당한 삶을 살아야 한다. / 마음이 가난한 삶을 살아야 한다. / 마음을 비운 삶을 살아야 한다.』

(『풍자문학』, 2005년 겨울호)

인생과 연꽃

어느 봄날엔가 처음 들어보는 목소리를 가진 분께서 모교 장학금재원을 만들기 위해 총동문 명부를 만드는데 협조할 수 있느냐는 전화가 걸려왔었다. 이미 재경동문회 평생장학회이사 요구조건을 충족한 상태였지만, 좋은 일을 한다는 말에 동참하기로 하고 지정한 구좌로 성의를 보내준 일이 있다.

까맣게 잊고 있었는데, 그 해 10월 초에 총동문 명부 책자를 보내왔다. 책의 초면 인사를 받고 나자 우선 동창 근황부터 묻고 싶어졌다. 졸업한 지 40년 가까이 되다보니 이름이나 얼굴도 모르거나 기억할 수 없는 분들도 있었고, 여보 마누라라고 부르면서 지내던 동창이 모교에서 후학을 양성하고 있다는 것을 발견하고는 마음이 편해짐을 느낀다. 얼굴이 하얗고 얌전한 여자성격 같은 포근한 마음을 가진 그는 눈빛으로도 서로의 의중을 대충 짐작할 수 있는 사이로 지내온 몇 안 되는 소꿉동무로 지냈었는데, 그간 연락을 한번도 하지 못했었다. 연락할 수 있다는 기쁨과, 연락한다면 전화 올 때까지 기다릴까 아니면 내가 먼저 할까, 먼저 한다면 무슨 말부터 꺼낼까, 얼굴은 어떻게 변했을까 등등 여러 가지 상념이 머릿속을 휘젓고 다닌다.

그것도 잠시, 벌써 세상을 떠나 하늘나라에 있을지도 모를 이들이 열 명을 넘나들고 있음을 발견하고는, 내 나이도 벌써 그런 나이에 이르렀음을 다시 느끼는 순간 나도 모르게 오싹한 전율이 흐른다. 꽤 친숙하게 지냈던 동창의 이름 위에 내 눈이 잠시 머물자, 서정주 님의 〈연꽃 만나고 가는 바람같이〉라는 시를 읊으며 나를 만난다.

『섭섭하게, / 그러나 / 아주 섭섭치는 말고 / 좀 섭섭한 듯만 하게. // 이별이게, / 그러나 / 아주 영 이별은 말고 / 어디 내 생에서라도 / 다시 만나기로 하는 이별이게, // 연(蓮)꽃 / 만나러 가는 / 바람 아니라 / 만나고 가는 바람같이… // 엊그제 / 만나고 가는 바람 아니라 / 한두 철 전 / 만나고 가는 바람같이…』

나와 1주일에 한 번씩 놀러오는 외손자 의현이와 레오는 서로에게 필요한 기쁨조인 것 같다. 서로의 눈치를 살피며 재롱을 아끼지 않는다. 이제 세 돌과 한 돌을 지났으니 거의 본능대로 움직인다. 세상의 오염된 때가 거의 묻지 않은 손자들까지도 신나게 놀다가도 졸음이 찾아올 때마다 잠들지 않으려고 몸부림을 친다. 어떤 때는 그냥 몸부림을 치는 정도가 아니라 고통스러울 정도로 저항을 한다. 그러다가 일단 잠이 들면 새근새근 코를 골든지 아니면 큰 대자로 편안하게 자기도 하고 가끔은 얼굴을 잠시 찡그리기도 한다.

이런 손자들의 행동을 보다가 "죽음과 부활은 동전의 양면과 같다"는 어느 성직자의 말씀이 생각났다. 잠자기를 거부하는 것은 죽음을 앞둔 사람들의 죽음에 저항하는 것과 유사하고, 죽는다는 것은 영원히 잠을 자는 것과 같다는 생각을 지울 수 없다. 그리고 잠을 잘 때, 행복하고 천진하게 미소를 짓는 경우와 얼굴을 찡그리는 것은 놀이 하면서 느꼈거나 생각하던 것을 재생되는 것은 아닐까?

이 정도에까지 생각이 미치자, 문뜩 죽음을 피하는 것보다 죄를 피하는 것이 더 낫겠다는 생각이 든다. 왜냐하면 아무런 사전 마음준비가 없이 갑자기 죽어가는 사람들을 많이 보아왔기 때문이다. 죽을 때를 알고 미리 미리 후회 없는 준비를 하는 생활로 나날을 보낼 수 있다면, 그 얼마나 복되고 슬기로울까를 생각만 해도 가슴이 잔잔해짐을 느낀다.

오늘따라 부자로 태어나서 유명 배우 못지않은 숱한 염문을 뿌리면서 부자로 살다가 죽은 '존 F. 케네디 2세'의 삶보다는, 가난하게 태어나서 가난하게 살았으나 일생동안 폐품을 팔아 모은 전 재산인 1억원을 불우한 학생들의 장학금으로 쾌척하는 등 숭고한 사랑을 실천하시고 돌아가신 장경자 할머니의 삶이 더욱 소중해 보인다.

교회에서는 "우리가 예수님을 주님으로 받아들이고 세례를 받을 때 우리는 이미 부활하신 그리스도와 하나가 된다(로마 6,3-4). 그러므로 우리는 믿음으로 죽음을 이기고 부활의 삶을 살아야 한다"고 가르치고 있다. 또 불교에서는 "더러운 진흙 속에 피면서도 그 더러움에 물들지 않고 항상 맑고 깨끗함을 지켜가는 '연꽃'처럼 살라"고 한다.

유가나 도가에서도 세속을 초월한 듯한 청아함과 고결한 모습 때문에 연꽃을 꽃 중의 군자(화중군자:花中君子)라 부르기도 한다. 또한 밤에는 꽃잎을 오므렸다가 아침마다 새롭게 피어나서, 재생과 부활을 상징한다고 하여 연꽃을 좋아하기도 한다.

지금 우리가 사는 세상은 자연환경의 오염에 의해서 뿐만 아니라 인간의 행동도 그리 청정하지 못한 모습이 만연하다. 양심을 지키면 손해를 본다고 믿고 있는 사람들이 많다. 그만큼 우리 사회는 탁하게 오염되어 있다. 썩은 물에 물고기가 들어가면 얼마 지나지 않아 죽거나 기형이 되는 것처럼, 그 속에 있는 깨끗한 젊은이들이 오래 견디지 못하는 집단들도 우리 사회에는 많다.

그러나 더러움 속에 있으면서도 더러움에 물들지 않는 맑고 향기로운 연꽃처럼, 우리는 사회악 가운데 살면서도 거기에 물들지 않고 깨끗한 양심을 유지하고 오히려 주위를 향기롭게 만들 수도 있다.

『흐린 세상을 욕하지 마라 / 진흙탕에 온 가슴을 / 적시면서 / 대낮에도 밝아 / 있는 저 등불 하나』

라는 이외수의 〈연꽃〉이란 시구처럼 대낮의 등불처럼 환하게 피어날 수 있다. 단지 더디고 어려울 따름이다.

그러므로 하인리히 하이네의 〈연꽃〉이라는 시를 음미하면서, '살 것인가 말 것인가' 하는 햄릿의 중얼거림을 'I have a dream(나에겐 꿈이 있다)'로 바꾸어 연꽃처럼 살다가 가는 인생이 되도록 노력해야겠다.

『연꽃은 찬란한 / 햇님이 두려워, / 머리 숙이고 꿈꾸며 / 밤이 오기를 기다린다. // 달님은 그녀의 연인, / 달빛이 비쳐 그녀를 깨우면, / 연꽃은 수줍게 얼굴을 들고 / 상냥하게 님을 위해 베일을 벗는다. // 연꽃은 피어 작열하듯 빛나며 / 말없이 높은 하늘을 바라보고, / 향내음 풍기며 사랑의 눈물 흘리고 / 사랑의 슬픔 때문에 하르르 떤다.』

(2005. 10. 14)

소나무와 무궁화

『남산 위에 저 소나무 철갑을 두른 듯, 바람서리 불변함은 우리 기상일세. 무궁화 삼천리 화려강산 대한사람 대한으로 길이 보전하세.』

이 가사는 매일아침 6시에 TV방송국에서 방송되는 우리 애국가 가사 2절의 내용이다. 국가(國歌)는 그 나라의 국민이 자기 나라에 대한 긍지와 소망·역사·전통·기상·바람·다짐 등을 가사로 하고, 장중하고 감동적이며 부르기 쉬운 곡을 붙여 모든 국민이 애창하며 소중히 여기고 국가적 차원의 공식적인 노래인데 비하여, 애국가는 공식·비공식 여부를 떠나 나라를 사랑하는 내용을 담은 노래라는 점에서 이 둘은 구분된다. 우리나라는 국가를 따로 갖지 않고 애국가를 대신 제창하고 있다.

우리나라의 애국가는 여러 종류가 있다. 즉, 갑오경장 이후 각종 애국가가 성창되기 시작하여, 1896년 무렵에 각 지방에서 불린 애국가만

해도 10여 종류에 이른다고 한다. 1876년 일본과 병자수호조약을 체결한 이후 1882년에는 미국, 1884년에는 영국·독일·이탈리아, 1889년에는 러시아와 프랑스, 1892년에는 오스트레일리아·덴마크, 1901년에는 벨기에 등과 조약을 맺게 되었다. 이와 같이 세계 열강국과 문호를 개방하고 새로운 문물을 접하게 됨에 따라 개화에 눈을 뜨게 되었고, 애국애족의 사상과 더불어 내용이 각각 다른 애국가가 도처에서 나오게 되었다. 이 시대에 나온 애국가를 살펴보면, 1896년 나필균 작 '애국가', 제물포 전경택의 '애국가', 한명원의 '애국가', 유태성의 '애국가', 달성 예수교인들의 '애국가', 새문안교회의 '애국가', 최병희의 '애국가', 평양 김종섭의 '애국가', 배재학당 문경호의 '애국가', 이용우의 '애국가', 배재학당의 '애국가 등이 있다.

작사자 미상의 우리나라 국가인 애국가의 가사는 윤치호·안창호·민영환 등이 만들었다는 설이 있으나 어느 것도 공인되지 않았고, 곡은 안익태님에 의하여 1936년에 만들어져 1948년 8월 15일 정부수립과 함께 대한민국 국가로 불리게 되었다.

『1절: 동해물과 백두산이 마르고 닳도록,
하느님이 보우하사 우리나라 만세.
2절: 남산 위에 저 소나무 철갑을 두른 듯,
바람서리 불변함은 우리 기상일세.
3절: 가을하늘 공활한데 높고 구름 없이,
밝은 달은 우리 가슴 일편단심일세.
4절: 이 기상과 이 맘으로 충성을 다하여,
괴로우나 즐거우나 나라 사랑하세.

후렴: 무궁화 삼천리 화려 강산
대한사람 대한으로 길이 보전하세.』

소나무를 뜻하는 한자 松(송)은 나무 '木'자와 공작을 뜻하는 '公'이 합쳐진 글자인데, 여기에는 진시황제가 길을 가다가 소나기를 만나 소나무 아래에서 비를 피하게 되자 보답의 뜻으로 '목공(木公)'이라 하였는데, 이 두 글자가 합쳐져서 '松'자가 되었다는 이야기가 전해진다. 그래서 그런지는 몰라도 숱한 문인묵객들이 절개와 충절의 표상인 소나무를 시제(詩題)나 화제(畵題)로 삼았고, 탁한 세상과 구별되는 탈속(脫俗)의 존재로 그리기도 했다.

소나무의 가치는 단순히 나무의 물질적 이용에 그치지 않고 우리민족의 정서와 기질에 큰 영향을 주었으며, 이런 영향은 건축이나 공예·회화·문학·민속 등의 분야에서도 잘 드러나고 있다. 소나무의 역사를 더듬어 보면 우리민족의 역사만큼이나 많은 굴곡이 있었음을 알 수 있다. 소나무는 신생대에서부터 지구상에 출현하기 시작하여 한반도에는 약 6000년 전부터 자라기 시작한 것으로 추정하고 있다.

먹을 것이 없던 보릿고개나 흉년에는 새순이 돋아나면 이것을 잘라 껍질을 벗기고 내피와 즙을 빨아먹으며 연명을 했다. 추운 겨울에는 장작·갈비·솔방울·숯 등의 형태로 따뜻한 연료를 주었고, 집을 지을 때면 좋은 재목을 우리민족에게 주었다. 더욱 옛날에는 밤에 관솔로 불을 밝혀 주었고, 송진과 봉용은 좋은 약재로써 우리의 건강을 지켜 주었다. 뿐만 아니라 송엽주, 송화다식 등은 아주 귀한 음식이며 지금도 아무나 대할 수 없는 귀한 기호 식품이다. 추석에 빚는 송편은 솔잎을 시루 밑에 깔아야 제 맛이 나고, 솔밭에서 나는 송이는 지금도 많은 외화를 우리에게 벌어다 준다.

이렇게 소나무가 우리를 도와주고 보호하기에, 우리 조상들은 소나무를 신성시하게 되어, 가장 귀하고 정성을 들여야 하는 곳에는 늘 소나무를 등장시켰던 것이다. 아기를 낳은 집에서 산모와 신생아의 안전을 위해 잡인의 출입을 금하기 위해서 금줄을 치는데, 금줄에는 꼭 솔가지가 꽂혀 있다. 당나무와 성황당 등 신성시되는 곳에 치는 금줄에도 꼭 솔가지를 끼워 잡귀를 물리쳤다. 장을 담근 장단지에도 솔가지로 금줄을 쳤던 것이다.

또 소나무는 이 나라에서 숱하게 그 주제로 등장해서 많은 시인 묵객들의 오랜 벗이 되어 왔다. 이미 아는 바와 같이 우리 '애국가' 가사에도 소나무가 들어 있고, 고려충신 성삼문 선생도 소나무의 높은 기상을 노래했다. "이 몸이 죽고 죽어 무엇이 될고 하니 봉래산 제일봉에 낙락장송 되었다가…"

그뿐만 아니라 추사 김정희 선생도 그의 '세한도'에서, 제주도 귀양살이의 외롭고 쓸쓸한 심정과 변함없는 선비의 지조를 소나무로 나타내기에 이를 정도로 우리 민족과는 불가분의 관련을 맺고 있는 것이다.

『뜨락 꽃들이 아무리 고아도 / 연못가의 풀들이 아무리 예뻐도 / 무궁화의 아름다움은 따르지 못 하리 / 섬돌 옆 곱고 고운 무궁화 꽃이여』

이는 중국 당나라 이태백의 무궁화 꽃의 아름다움을 노래한 것이다. 그 옛날 중국에 뛰어난 미모의 여자가 있었는데, 그 여자는 글도 잘하고 노래도 잘해 귀염을 받았다. 이 여자에게는 장님 남편이 있었는데 비록 장님이긴 했지만 머리가 명석하여 주위의 꾐에 빠지지 않았다. 이곳 성주는 이 여자에 반해 남편을 꾐에 빠뜨리려 했지만 쉽지가 않았다. 여자를 구슬려 보기도 했지만 여자 또한 정절을 지키려 했다. 꾀다 못한 성주는 부하를 보내 강제로 잡아들이고 복종을 강구했으나 부인이 듣지 않자 죽이고 말았다. 그 여자가 시신을 자기 뜰에 묻어 달라고 했는데, 꽃이 피어 그 집을 빙 둘러쌌다. 마치 남편을 보호하는 울타리처럼 피어났다. 사람들은 이 꽃을 번리화, 즉 울타리꽃이라 불렀다. 그리고 꽃 속이 한결같이 붉은 것은 부인의 일편단심이 내비친 것이라고 하는데, 이 꽃이 바로 무궁화인 것이다.

우리나라의 무궁화는 1000년이 훨씬 넘는 오랜 세월동안 우리 민족의 얼과 혼 그 자체였다. 무궁화에 관한 오랜 기록은 동진(東晋)의 곽복이라는 사람이 쓴 지리서 《산해경(山海經)》에서 볼 수 있다. 산해경에는 "군자의 나라(우리나라를 의미함)에는 무궁화가 많은데, 아침에 피고 저녁에 진다"고 적혀 있다. 무궁화는 여름에서 가을에 걸쳐 약 100일 동안 크고 화려한 꽃을 피운다. 낱개의 꽃은 이른 새벽에 피고 저녁에 지기 때문에 날마다 신선함을 느끼게 한다. 며칠이 지나면 먼저 핀 꽃은 떨어지고 새로운 꽃이 그 뒤를 이어 피어난다.

이처럼 꽃과 꽃이 끝없이 이어 피는 꽃이란 뜻에서 세종 25년 훈민정음이 창제되면서 무궁화(無窮花)라고 불려졌다고 한다. 무궁화가 우리의 사랑을 받고 있는 가장 큰 이유 중의 하나는 꽃의 강건함과 순수한 아름다움 때문일 것이다. 무궁화의 영어명칭인 'Rose of Sharon'에서 '샤론'이란 성경에 나오는 성스러운 땅을 일컫는 말로 '신에게 바치고 싶은 꽃' 또는 '성스러운 땅에서 피어나는 꽃'이란 뜻으로 대단히 아름다움을 뜻한다.

무궁화가 수많은 꽃 중에서 가장 월등히 뛰어나게 아름답다고는 할 수 없으나, 다른 꽃보다는 끈질긴 생명력을 가지고 있다고 하겠다. 그것은 모든 악조건을 극복하며 같은 자리에서 피어나고 번식해 나간다. 이러한 완강한 자생력이 우연히 우리 민족의 기나긴 역사 속에 베어 있는 맥과 얼에 연결되었기 때문에 우리나라 꽃으로 사랑 받는 것이 아닐까 한다.

인간들이 자신의 역정과 이상을 되새기며 그에 합당한 꽃을 선택하여 한 나라의 표상으로 삼는 것은 너무나 당연하다 하겠다. 오늘따라 김석겸 님의 〈무궁화〉라는 시는 더욱 새롭게 느껴짐은 필자만의 느낌일까?

『아련한 자태의 / 그 심오함은 / 백의 얼의 자랑이며 / 강인한 뿌리는 / 유구한 역사의 어머니시며 / 그 우아한 품위의 꽃잎은 / 영원한 평화를 구가함이니 / 오묘한 빛깔이 / 겨레구심의 민족신앙이외다. // 당신께서 / 위대한 민족성을 배웠고 / 내 나라가 소중함을 알았소이다 / "무궁화 삼천리 화려강산"에 / 애국가 노래하는 겨레가슴에 / 영원히 심고 가꿀 것이외다.』

(2003. 7. 30)

구름과 물 그리고 인생

『강나루 건너서 밀밭 길을 / 구름에 달 가듯이 가는 나그네. / 길은 외줄기 남도 삼백 리. / 술 익은 마을마다 타는 저녁 놀, / 구름에 달 가듯이 가는 나그네.』 〈박목월, 「나그네」〉

누구나 나그네 인생길에 실체를 알 수도 없으면서도, 젖어오는 그리움에 눈시울이 시큼했던 경험을 겪었을 것이다. 푸른 가을하늘에 떠다니는 새털구름·조개구름·솜털구름·뭉게구름 등 고도에 따라 층을 이루어 기류에 따라 떠다니는 구름 나그네들을 보면서 다음 한국 대선사의 선시(禪詩)에 대한 답을 찾아보려고 시도도 해보았을 것이다.

『태어났을 때 우리는 어디서 왔는가 / 죽으면 어디로 돌아가는가 / 삶은 마치 한 점의 뜬구름과 같고 죽음은 사라지는 구름과 같다 / 그러나 구름은 본래 존재하지 않는다 / 삶과 죽음 오고감 역시 마찬가지다 / 하지만 언제나 맑고 변하지 않는 한 가지가 있다 / 그것은 삶과 죽음에 걸리지 않는다 / 생사에 의지하지 않는 청정한 이 한 물건이 과연 무엇인가』

그러나 필자는 아무리 용을 써보아도, "내가 어디서 나왔는지에 대한 근원을 알기 어렵다. 또 어디로 가는지에 대한 확신도 없다." 어떤 사람들은 지옥으로 간다는 사람이 있는가 하면 천국으로 간다는 사람도 있다. 어떤 이는 본래 상태로 돌아간다고 믿는 사람들도 있다. 또 어떤 이는 아는 체 하지 말고 '오직 모르는 마음'이 됐을 때 답을 얻을 수 있다고 하고, 예수님은 '나는 길이요 진리요 생명이다'라고 한다. 어려운 말씀들이다.

인간은 끊임없이 태어나고 부질없는 꿈을 쫓아다니다, 단 한사람의 예외도 없이 모두 사라진다. 인간의 욕망이 부질없음을 조금이라도 일찍 깨친 사람은 그나마 남은 삶을 의미 있게 살 수 있고, 그렇지 못한 사람은 죽음에 임박해서야 세상 헛살았음을 뉘우친다.

『한 잔의 커피에서 / 목을 축인다 // 떠오르는 수많은 생각들 // 거품만 내며 살지는 말아야지 / 거칠게 몰아치더라도 / 파도쳐야지 // 겉돌지는 말아야지 / 가슴 한복판에 파고드는 / 멋진 사랑을 하며/살아가야지 // 나이가 들어가면서 / 늘 안타까운 마음이 든다 / 이렇게만 살아서는 안 되는데 / 더 열심히 살아야 하는데 / 늘 조바심이 난다 // 가을이 오면/열매를 멋지게 맺는 / 사과나무같이 / 나도 저렇게 살아야지 / 하는 생각에 // 삶의 깊이를 느끼고 싶은 날 // 한 잔의 커피와 / 친구 사이가 된다.』

〈용해원, 「삶의 깊이를 느끼고 싶은 날」〉

지구 표면의 70%는 물로 채워져 있다고 한다. 그 물 중에 먹을 수 있는 민물은 대부분 빙하로 되어 있는 2.6%라고 하며, 실제로 우리 주위에 있는 강, 호수가 차지하는 물은 지구 전체 물의 0.0072%에 불과하다고 한다. 우리 인간은 태어나기 전에는 어머니 자궁 내의 양수 속에서 인체조직이 형성되어 인간으로서의 모습을 갖추게 되는 바와 같이 물은 모든 생명체의 생명활동의 중추이다. 인간은 물론 동식물 그리고 어떠한 작은 미생물도 물 없이는 생명을 유지할 수 없다. 물이 생명의 근원이라고 불리는 연유가 바로 여기에 있는 것이다.

옛날 사람들은 산과 물을 같이 붙여서 산수(山水)란 말을 쓰기를 좋아했다. 가령 '산을 즐기고 물을 즐긴다'고 했을 때, 즐거울 낙(樂) 자를 특별히 '요'라고 발음하여 요산요수(樂山樂水)라고 했다. 그리고 인자요산(仁者樂山), 지자요수(知者樂水)란 어진 사람은 산을 좋아하고 지혜로운 사람은 물을 좋아한다는 뜻이다.

또 성경에는 물을 '씻는다'는 의미로 사용한다. 예컨데 세례 요한은 "회개하라. 천국이 가까우니라"고 외치면서 요르단 강가에서 많은 사람에게 물로 세례를 주었다. 시들은 꽃이나 화초에 물을 주면 파릇파릇 생기가 돋아나는 데서 쉽게 알 수 있듯이, 물은 자기를 바쳐 남을 살린다.

물의 중요성에 대해서 중국의 노자는 '상선약수(上善樂水)'를 통해 물처럼 살아가는 것이 가장 이상적인 삶이라고 가르쳤다. 물은 언제나 모든 사람이 싫어하는 제일 낮은 데 처하기를 좋아한다. 높아지기 위해 다투는 법이 없다. 물은 스스로 움직여 남을 움직이며, 물은 언제나 자기의 갈 길을 찾아간다. 장애에 부딪혀 더욱 심하게 그 세력이 커진다. 이것은 역경 중에 더 강해지는 것과도 같은 이치이다. 스스로 도를 즐기며 남을 살릴 뿐 싸우지 않고, 모든 사람이 내던진 무욕의 경지에서 생을 즐기며 낮거나 깊은 곳에 들어가기를 좋아한다. 거짓이 없고 남을 도와주려고 힘을 쓰고 조물주의 섭리에 순응하며 아무 것과도 다투지 않는다. 물은 네모난 그릇에 넣으면 네모나고, 둥근 그릇에 넣으면 둥글게 된다.

이것을 서정윤 님의 〈소망의 시〉에서 의미하고 있는 '무상(無上)'의 의미와도 통한다고 할 수 있다. 그러나 그 본질을 바꾸지는 않는다. 본래 깨끗한 것이 물의 성질이다. 물은 호수처럼 조용하면서도 깊게 내려앉아 깨끗해지기도 하고, 땅 속을 힘차게 누비는 동안에 깨끗해지기도 하고, 하늘을 날면서 깨끗해지기도 한다. 물은 언제나 있는 힘을 다하여 깨끗한 물이 되려고 애쓰고 있다. 이렇게 물같이 사는 삶이 바로 깊이 있는 삶이 아닐까?

『하늘처럼 맑은 사람이 되고 싶다 / 햇살같이 가벼운 몸으로 / 맑은 하늘을 거닐며 / 바람처럼 살고 싶다 / 언제나 어디서나 / 흔적 없이 사라질 수 있는 / 바람의 뒷모습이고 싶다 // 하늘을 보며 땅을 보며 / 그리고 살고 싶다 / 길 위에 떠있는 하늘, 어디엔가 / 그리운 얼굴이 숨어있다 / 깃털처럼 가볍게 만나는 / 신의 모습이 / 인간의 소리들로 지쳐있다.』

'세상에서 가장 아름답고 강한 것은 무엇인가'라고 묻는다면 대개는 다이아몬드와 같은 보석을 떠올리기 쉬울지도 모른다. 하지만 다이아몬드보다 더 아름답고 강한 것이 있다. 그것은 다름 아닌 물이다. 이 세상에서 물보다 더 쓰임새가 많고 물을 이길 수 있는 것이 없으며, 그 가치 또한 아름다움을 훨씬 능가하고도 남는다.

그러나 6공화국 시절 대통령의 부단함과 뜨뜻미지근한 그의 국정운

영스타일을 빗대어 '물대통령'이라는 표현이 널리 회자된 적이 있다. 이 표현은 다분히 물을 경시하거나 그 성질을 간과한 데서 오는 실수였을 것이다.

물은 한없이 약하고 부드럽지만 굳세고 강한 것을 이기는데 물보다 나은 것 또한 없다. 물은 먼저 낮은 곳으로 흐르는 겸손함을 갖고 있으며, 장애가 있더라도 거스르지 않고 비켜가며, 둑을 만나면 고여 넘칠 때까지 기다리며 그 안에 큰 힘을 축적한다. 다시 말해 물은 힘은 있으되 몸을 낮추어 겸허하며 포용력과 양보의 미덕을 함께 구비하고 있다.

오늘의 이 사회는 많이 가진 자들의 욕심, 관료들의 부패, 지식인의 타락, 무자비한 폭력의 난무에다가 환경오염 문제까지 겹쳐 실로 총체적인 난국을 맞고 있다. 그러나 이러한 위기 상황 속에서도 우리들의 행동과 생활의 기준이 되는 가치나 윤리의식이 없어 아노미 현상을 빚고 있다. 노자는 사회가 아무리 혼란스러울지라도 흔들리지 않고 평정을 유지할 수 있는 어떤 정신세계를 개척하며, 안심입명 할 수 있는 개인적 역량을 기르는 것이라고 했다. 선생께서는 또 물과 어린아이와 여성의 속성에 비유하여 부드럽고 약한 것은 강한 것을 이길 수 있으며(유약승강강:柔弱勝剛强), 힘을 자랑하는 억센 사람은 제명에 죽지 못한다(강량자부득기사:强梁者不得其死)는 진리도 설파하였다.

인생을 다시 산다면 오랜 세월을 앞에 두고 하루하루를 살아가는 대신 순간을 맞이하면서 살아가고 싶다. 지금부터라도 이해인 수녀님의 "미리 쓰는 유서"를 음미하며, 후회를 줄이는 방향에서 내 인생을 아름답게 마무리함이 남는 장사가 아닐까?

『소나무 가득한 솔숲에 / 솔방울 묻듯이 나를 묻어주세요 // 묘비엔 관례대로 / 언제 태어나고 / 언제 수녀가 되고 / 언제 죽었는가 / 단 세 마디로 요약이 될 삶이지만 // '민들레의 영토'에서 / 행복하게 살았다고 / 남은 이들 마음속에 / 기억되길 바랍니다 // 영정 사진은 / 너무 엄숙하지 않은 걸로 / 조금의 웃음이 깃든 걸로 / 놓아주세요 // 시를 쓰지 않아도 되는 지금 / 나는 이제 진짜 시가 되었다고 / 믿고 싶어요 / 갚을 길 없는 사랑의 빚은 / 그대로 두고 감을 용서하셔요 // 생각보다 빨리 / 나를 잊어도 좋아요 / 부탁 따로 안 해도 그리 되겠지요 // 수녀원의 종소리 / 하늘과 구름과 바다와 새 / 눈부신 햇빛이 / 조금은 그리울 것 같군요 // 그 동안 받은 사랑 / 진정 고마웠습니다.』

(2003. 9. 4)

병술년 마음의 해돋이

"병술년 개의 해, 첫 새벽에 개각을 하다보니 개각(改閣)인지 개(犬)각인지 모르겠다."

이 말은 병술년(丙戌年) 1월 2일 노무현대통령이 부총리 겸 과학기술부장관, 통일부장관 등 몇 개 부처 개각을 단행한 것에 대한 모 꼬마정당 대변인의 논평이다.

이제 아무것도 쓰여 있지 않은 1년 365일 여백이 우리 앞에 확 열려 있다. 희망과 불안이 교차하는 이 '미지의 시간'을 소망과 행복으로 채색해야 하는 시점에서, 덕담은 고사하고 그런 악담(惡談)을 하는 사람이나 땀직스럽지 못한 대통령의 언행도 그렇다.

'개는 대홍수 때 노아가 만든 방주에 물이 스며들기 시작하자, 코로 그 틈을 신속하게 막아 재난을 피하게 된 이후부터 개 코가 차가워졌다는 전설'이 있을 정도로 우리 인간들에게 유익한 일을 하는 친근한 동물이다. 동서를 막론하고 개는 오랜 기간 동안 인간에게 헌신하는 충복이며, 십이지(十二支)의 열한 번째 동물로 사기(邪氣)를 막는 동물신 상징이 되었다. 집 지키기, 사냥, 맹인 안내, 호신 등의 역할 뿐만 아니라, 잡귀와 요귀 등 재앙을 물리치고 집안의 행복을 지키는 능력이 있다고 믿어진 개는 우리 미술사에서도 다양한 모습으로 표현됐다. 이암의 '화조구자도(花鳥狗子圖)'와 '모견도(母犬圖)', 김두량의 '흑구도(黑狗圖)' 등에서 볼 수 있듯이 나무 아래에 있는 개 그림이 많은데, 이는 바로 집을 잘 지켜 도둑막음을 상징하는 것이다.

이런 관점에서 "개는 인간이 스스로를 사랑하는 것보다 더 인간을 사랑하는 지구상의 유일한 존재(A dog is the only thing on earth that loves you more than you love yourself)"라고 극찬한 미국 작가 조시 빌링스의 말까지도 친밀감을 느낀다.

또한 우리 선조들도 배은망덕하거나 반인륜적 행동을 한 사람 등을 빗대 "개만도 못한…"이라고 힐난함으로써 개의 충직성을 간접적으로 강조함은 물론, 개띠 해에 태어난 사람을 개처럼 충성과 의리의 충복, 심부름꾼, 안내자, 지킴이로 풀이하여 왔다.

대체적으로 개는 살아서 집을 지키고 죽어선 몸을 바치는 희생적인 이미지를 갖고 있다. 정상적인 개는 눈과 귀가 밝을 뿐만 아니라, 귀소성(歸巢性)까지 있어서 인간에게 충성을 하는데 필요한 조건들을 갖추고 있다. 그래서 일찍이 충견으로 사랑받아 왔고, 조선 중종 때는 전라도 감사가 개의 귀소성을 이용하여 개에게 통신업무까지 맡긴 적이 있다는 기록도 있다.

이렇게 개는 우리 민족에게 공헌한 바가 많음에도 불구하고, 제대로 평가를 받지 못해 왔다. 예를 들면, '개 눈에는 똥만 보인다', '개같이 벌어서 정승같이 쓴다' 등의 속담이 그렇고, '개 같은 날의 오후'와 '똥개'라는 영화도 있을 정도이다. 뿐만 아니라 통영 지방 등에서 전승되고 있는 다음과 같은 요지의 부정적인 〈개타령〉도 있다고 하니 개가 들으면 통탄할 일들이다.

『개야 개야 깜둥 개야 / 개야 개야 깜둥 개야 / 가랑잎만 달싹해도 짖는 개야 // 청사초롱 불 밝혀라 / 우리 님이 오시거든 / 개야 개야 깜둥개야 / 멍멍멍멍 짖지를 마라』

『자장자장 자장 / 돌이야 자거라 / 검둥개야 짖지마라 / 흰둥개야 짖지 마라』

다시 말해서 개는 애절한 사랑을 나누는 임이 밤에 남몰래 오시는데 그 때마다 짖어 대는 야속한 사랑을 훼방하는 자, 잠자는 아기를 깨워서 어머니의 미움을 사는 존재로 민요에 등장하고 있는 것이다.

물론 가끔 어린이와 노약자 및 부녀자가 개에 물려 숨지거나 부상당했다는 불미스러운 개 사고에 대한 뉴스도 있긴 하다.

그런데 사고를 낸 개들 대부분은 식용(食用)으로 키우던 동물들이다. 이런 개들은 보통 우리에 갇혀 그 속에서 먹고 배설하며 오로지 사형집행 할 날만 기다리고 있어서, 인간에 대해 뼈아픈 원한을 가질 수 밖에 없는 짐승들이라는 점을 감안해야 하지 않겠는가?

우리나라가 해방된 지도 지난해에 이미 60년이 지났다. 60이라는 수는 동양 사람들에게는 남다른 의미를 갖는다. 이 숫자는 회갑(回甲) 또는 환갑(還甲)이라 하여 육갑의 간지가 다시 돌아온다는 것을 의미한다. 즉, 한 세대가 30년이기 때문에 60이면 두 세대가 지난 것을 뜻한다. 그래서 60년이라 함은 과거 사건을 체험한 세대는 다 사라지고 과거 사건과 무관한 세대가 역사의 주역이 된다는 것을 뜻함으로써, 전혀 새로운 시대의 시작을 뜻한다는 말이 된다. 실제로 광복 60주년 되는 이 시점을 돌아보면 역사는 과거와는 전혀 다른 모습으로 전혀 새로운 시대가 펼쳐지고 있다.

올해 병술(丙戌)년은 하늘의 뜻이 땅에 전달되는 '천지상합'의 해로 역술가들은 풀이한다. 서로 이해하는 마음이 생기고 남을 위할 줄 알게 되며 우리의 시야가 넓어지는 해가 되었으면 한다.

그러나 정치권은 오늘도 과거를 청산하자면서 끝없는 정쟁을 일삼고 있다. 책임 공방만 일삼으면서 과거 역사의 어두운 터널 속으로 국민을 끌고 들어가고 있는 현실은 너무도 아쉽다. 이런 아쉬움이 긍정적인 생각을 압도할 정도의 부정적으로 사고하는 습관이 몸에 밴 사람들을 양산하는데 큰 영향을 미치고 있다. 이 때문에 '영국보다 300년이나 앞선 1500년께 거북선을 만들어 일본을 혼낸 민족이요, 21세기 동안 왕성한 도전정신으로 모든 분야에서 계속 선구적으로 나가야 할 한민족 참모습'이 해외에서 오해를 불러일으키는데 큰 몫을 하고 있는 것은 아닐까?

그리스 데살로니카에서 집시족을 대상으로 선교사로 봉사하고 있는 조숙희 작가가, 지난 1월 2일자 한국시사랑문인협회 홈페이지 회원문학 방에 발표한 〈아름다운 청년〉이란 수필에서 인용한 스웨덴의 어느 기사내용이 머리를 스친다.

『한국이 세계 어느 나라 못지않게 인재들을 많이 배출하고 있음에도 불구하고 노벨상 수상자가 없는 이유는 "인류가 추구하는 보편적 가치인 인도주의와 박애주의 정신을 실천하지 못한 한국인에게는 노벨상을 결코 주지 않을 것이기 때문이다."』

이런 말들을 듣지 않으려면 우리 국민들은 독서량을 늘리는 방법 등으로 깊이 있는 사고력과 교양을 연마해야 할 것으로 보인다. 왜냐하면, 지난 1월 3일 통계청에 따르면 지난해(2005년) 3분기에 전국 가구의 서적 · 인쇄물 구입비는 1가구당 월평균 10,397원으로 전체 소비지출액(2,048,902원)의 0.5%에 불과한 것으로 나타났다. 서적·인쇄물에는 신문과 잡지뿐 아니라, 자녀의 학습용 교재 · 참고서를 제외한 동화 · 교양서적까지 포함된다. 신문구독료가 보통 월 12,000원 정도임을 감안하면 성인들이 책이나 잡지를 사보는 데 거의 돈을 쓰지 않는 것으로 나타나고 있으며, 폭넓은 독서 없는 민족에 고급정신문화가 자리 잡기를 바라는 것은 휴지통에서 장미꽃이 피기를 기대하는 것과 다를 바 없기 때문이다.

병술년은 나 개인에게도 의미가 깊은 해이다. 내가 태어난 병술년 그 해이기도 하거니와 명예로운 정년퇴직을 하는 해이며, 덤으로 살아나갈 가을인생을 누구에게도 짐이 되지 않으면서 즐겁게 꾸려나갈 방도를 구상해야 하는 해이기 때문이다.

살아갈 세월이 참 긴 것 같았었는데, 지나고 보니 너무나 짧게 느껴진다. 미로처럼 얽혀 시작도 끝도 없는 험한 길과 곧은 세월의 길을 승진 등 이기적인 싸움이나 세파에 흔들리지 않으려 안간힘을 쓸 때마다 나를 아프게 하고 사랑했던 상처들이 많이 쌓여있다. 이 상처들이 씨앗 같은 인생언어가 다 되는 것은 아니겠지만, 나의 '새해 소망'을 담고 있을 병술년 마음의 해돋이 자양분으로 이 세상을 보다 밝고 맑게 하는데 일조할 수 있으면 좋겠다.

『묵은해는 삶의 주름 하나 남기며 사라집니다 / 도약과 전진의 새해가 훤하게 밝아옵니다, 대신에. // 세월이 너무 버거워 / 빨리 보내고 싶을 때도 있었습니다. // 못내 아쉬워 / 붙들고 싶을 때도 있었습니다. // 허황된 욕심의 포로가 되어 / 허송세월을 보내기도 했습니다. // 보다 못한 작은 씨앗 하나가 / 잠든 영혼을 흔들어 일깨웁니다. // 젊음은 주어지는 것이지만, / 인생은 각자의 꿈을 가꾸어 가는 것이라고…. // 경제논리 땜에 생긴 / 국제전쟁 당국자들에게 평화의 가슴을, // 남북당국자들에게는 / 불신을 믿음으로, // 질곡에서 헤매는 어려운 이웃들이 / 활짝 웃을 수 있었으면 좋겠습니다. // 작은 일에든 큰 일에든 / 감사하는 마음으로 설렜으면 좋겠습니다, 새해에는.』

〈졸시, 「새해소망」 전문〉

(2006. 1. 3)

공수래공수거와 공수래묵주수거

『어제는 낙엽이 뒹구는 모습에 / 서러웠었다. // 바람이 내 작은 별을 앗아 갔는데 / 이젠 낙엽마저 부수어 버리길래 / 나는 서러워 눈물지었다. // 꽃으로, 사랑으로, 웃음으로 가득 / 풍성해진 날들이 이젠 / 갈잎의 마지막 아픔마저 떨구는 / 눈물 같은 시를, 내 작은 두 손으로 받아 / 하얀 손수건 위에 살포시 놓았다. // 온통 가을빛의 취향에 취하고 싶다 / 갈잎의 마지막 아픔을 내가 먹고서 / 가을을 이야기하고 싶다. / 너에게 잊혀지지 않는 / 가을 이야기를 들려주고 싶다 / 그리고 사랑하고 싶다 / 사랑하고 싶다.』

며칠 전에는 가을을 보내기가 서러워서 그런지 하늘에서 주룩 주룩 가을비를 내려 보냈다. 여름이 지난 지도 제법 된 것 같은데, 물 사태로 인한 인명사고와 농작물사고도 잇따라 보도하고 있을 정도다. 가을비 끝에는 많은 낙엽이 앞 다투어 떨어지는 소리를 내겠지. 김경숙 님의 〈가을편지〉에서처럼 "너에게 잊혀지지 않는 가을 이야기를 들려주고 싶다. 그리고 사랑하고 싶다"고….

가을비가 가고 뭉개구름 둥둥 떠도니 하늘이 얼마나 높은지 알겠다. 해도 짧아져 잠시 머뭇했다가는 저녁에 집으로 돌아가는 들녘 농부마냥 해가 무척 아쉽다. 길어지는 밤을 반기기라도 하듯 차양을 따로 내릴 일도 없이 밤기운을 먹고 피는 국화꽃이 더욱 좋아 보인다. 귀뚜라미도 밤새워 더욱 속삭인다. 낮에도 그늘진 곳에서 쉴 새 없이 "귀뚤귀뚤 귀뚜르르", "찌르찌르 찌르르르" 부채질하며 우짖는가 싶더니 새벽을 알릴 때까지 어둠 속에서 가을을 노래한다.

"연인들아! 지금까지 다 못다 한 사랑을 마저 하여라. 후회하지 않을 사랑…."

종로구 삼청동 한국금융연수원 내 연구실 옆에서 500년은 족히 터줏대감자리를 잡았을 느티나무가 무언가 말을 전하려 한다. 설익은 낙엽을 한 잎 두 잎 내 머리 위에 속삭이듯 떨어뜨린다.

"나는 이조시대(李朝時代)에 이미 거목(巨木)으로 자라 경복궁과 창경궁에 오가던 사람들의 휴식처로 자리를 제공했노라고. 서울시 문화재 51호로 관리되고 있는 구한말(舊韓末)에 당시 활과 창의 제조 및 보관소였던 병기창(兵器廠)건립을 지시한 사람이나, 오늘에 이르기까지 욕심을 부려 권력과 재물에 탐하며 잘 나가는 사람으로 기억되기를 바라며 거들먹거렸던 사람들은, 하나같이 후회하며 씁쓸하게 세상을 등졌다고…."

『몸은 흰 구름 더불어 이 세상에 왔노라 / 마음아 명월 따라 어디메로 가느냐 / 오고 가는 것, 오직 이 구름하고 달이라 / 구름 흩어지면 저 달빛

누리에 차리.』

이 시는 육신을 '구름'에, 마음을 '달'에 비유해 몸은 늙고 병들어 가지만, 마음은 영원불멸 하다는 것을 노래하고 있는 조선초 선승 천경해원(1691~1770)스님의 〈구름과 달〉이라는 선시(禪詩)이다.

특히 마지막 구에서는 달빛을 가리는 게 구름이듯 마음의 빛을 가리는 게 몸이라고 말하고 있다. 또 이 시는 육신에 애착을 두지 말며 동시에 육신을 함부로 내던지지 말라는 뜻을 내포하고 있다. 달을 가리는 것은 구름이지만, 그러나 달을 신비롭게 해주는 것 또한 구름이다.

떠도는 자는 외롭고 쓸쓸하기 마련인가 보다. 불가(佛家)에서는 선객(禪客)을 일컬어 운수납자(雲水衲子)라고 한다. 선객을 두고 운수납자라고 일컫는 데는 까닭이 있을 것인데, 구름과 물이 그렇듯 선객 역시 한 곳에 머물지 않고 떠돌기 때문일 것이다. 이렇게 선객이 떠도는 것을 구름과 물이 흘러가는 것에 비유하여 그렇게 불렀을 것이다.

인생이란 알고 보면 정처 없이 떠도는 나그네인 것이다. 오늘의 행복이 내일로 이어진다는 보장도 없다. 옛말에 땡감도 떨어지고 홍시도 떨어진다고 했다. 언제 황천으로 가야할지 누가 안단 말인가. 구름이 머물지 못하고 흘러가는 것이나, 인생이 그렇게 흘러가는 것이나 다같이 무상하기 이를 데 없다. 서정윤 님의 〈바람이여〉처럼, 흘러가는 구름을 보면서 인생의 이치를 깨달아 봐야겠다.

『바람이고 싶어라 / 그저 지나가 버리는, / 이름을 정하지도 않고 / 슬픈 뒷모습도 없이 휘하니 / 지나가버리는 바람 / 아무나 만나면 / 그냥 손잡아

반갑고 / 잠시 같은 길을 가다가도 / 갈림길에서 눈짓으로 헤어질 수 있는 / 바람처럼 살고 싶어라 // 목숨을 거두는 어느 날 / 내 가진 어떤 것도 나의 것이 아니고 / 육체마저 벗어두고 떠날 때 / 허허로운 내 슬픈 의식의 끝에서 / 두 손 다 펴 보이며 지나갈 수 있는 / 바람으로 살고 싶어라. // 너와 나의 삶이 향한 곳 / 눈에 보이지는 않아도 / 슬픈 추억들 가슴에서 지우며 / 누구에게도 흔적 남기지 않는 / 그냥 지나는 바람이어라 바람이어라.』

'오늘은 나에게, 내일은 너에게'라고 새겨진 어느 묘역 입구 기둥을 본 듯하다. 이 말이 아니라도, 이 곳에 묻혀 있는 이들은 당당하게 '죽음에 특별한 순서가 있는 것이 아니다'라고 일러 줄 수 있을 것이다. 인생은 빈손으로 왔다가 빈손으로 가는 나그네에 불과하니, 바람같이 구름같이 자연의 순리에 따라 아름답게 후회 없이 살다가 오라고….

어저께는 인자한 모습의 영정사진이 걸려있는 서울 종로구 혜화동 한켠에 자라잡고 있는 필자의 첫 직장 입사동기의 장모님 장례식장에 다녀왔다. 생전에 만난 적이 없는 그 영전 앞에서 기도를 올렸다. "천상으로 가셔서 이 세상에서 하지 못했던 일을 마음껏 하시라고. 이 세상에서는 매사가 다 그렇듯, 치러야 할 시험이나 행사가 날짜와 시간이 미리 정해져 있는 데도 불구하고 잘 해내기가 어려우시지 않으셨냐고. 일에 빠져 있거나 잠시의 기쁨에 취해서, 가진 것이 너무 많아서, 혹은 욕심 때문에 우리의 생명이 유한하다는 사실을 잊고 지내시지는 않으셨냐고. 그러니 지금부터라도 천상에서 이승에서 못하신 일을 마음껏 하시면서 편안히 지내십시오"라고.

공수래 공수거(空手來 空手去), 빈손으로 와서 빈손으로 가는 인생이라는 뜻이 담겨 있는 속담이다. 이 속담에는 인생의 허무함이 담겨 있지만, 또한 욕심 없이 이 세상의 삶을 살아가자는 겸손한 마음이 담겨 있다.

욥기에도 이와 같은 말이 있다. "벌거벗고 세상에 태어난 몸, 알몸으로 돌아가리라. 주님께서 주셨던 것, 주님께서 도로 가져가시니 다만 주님의 이름을 찬양할지라(욥기 1:20)."

또한 "흙에서 왔으니 흙으로 돌아갈 것을 명심하라"는 말도 가끔 듣는다. 그러나 우리가 흙으로 돌아가는 것은, 이 흙이 우리 생명의 마침이 아니라, 영원한 생명으로 옮아가기 위한 죽음의 과정을 거치는 것이 아닌가 하는 생각도 든다.

5년 전 여름, 엄청난 수해로 인해 경기도 일대의 공원묘지는 마치 전쟁터를 방불케 했던 일이 있다. 도로와 야산에는 시신들이 흩어져 있어서, 어느 것이 부모의 시신인 줄을 몰라 당황하고 안타까워하는 모습을 TV에서 바라보며 가슴 아파한 일이 있다. 그런데 천주교 공원묘지의 분위기는 사뭇 달랐다고 한다. 왜냐하면, 천주교 신자들은 시신입관을 할 때 평소 고인이 사용한 묵주를 두 손에 꼭 쥐어 드리기 때문이다. 이러한 묵주가 수해 때 시신의 신원을 구별하는 결정적 도구가 될 것으로 믿고 있었기 때문이다. 이것을 계기로 '공수래 공수거'라는 말 대신에 '공수래 묵주수거(空手來 默珠手去)'라는 말이 생겨나게 되었다는 것이다. 이해인 수녀님의 〈해바라기의 연가〉를 마음속 깊이 새기면서….

『내 생애가 한번뿐이듯 / 나의 사랑도 하나입니다. // 나의 임금이어 / 폭포처럼 쏟아져 오는 그리움에 / 목메어 죽을 것만 같은 열병을 앓습니다. // 당신이 아닌 누구도 / 치유할 수 없는 내 불치의 병은 / 사랑 // 이 가슴 안에서 올올이 뽑은 고운 실로 / 당신의 비단 옷을 짜겠습니다. // 빛나는 얼굴 눈부시어 / 고개 숙이면 / 속으로 타서 익는 까만 꽃씨 / 당신께 바치는 나의 언어들 / 이미 하나인 우리가 / 더욱 하나가 될 날을 확인하고 싶습니다. // 나의 임금이어 / 드릴 것은 상처뿐이어도 / 어둠에 숨기지 않고.』

(2003. 10. 3)

지하철에서 배우는 인생공부

필자가 다니는 일터에서는 인근 지하철역까지 직원과 연수생(피교육생)들을 출퇴근시키는 무료통근버스 2대를 운행하고 있다. 그러나 이용할 때마다 자리가 모자라는 편이다. 자리양보를 받으면 내릴 때까지 미안한 마음이 생기고, 어쩌다 서 있어도 불편하다. 이 불편함은 자리가 없어서 생기는 육체적인 민망스러움이 아니라, 눈을 감고 있는 젊은이 앞에서 손잡이를 잡고 서있을 때 느끼는 마음의 섭함이다. 모르는 척 앉아있는 젊은이들도 얼마나 마음이 괴로울까마는, 서있는 선생이나 노인들도 몸보다는 마음이 편치 않기는 마찬가지이다.

이런 저런 사연으로 자가운전을 시작한 지도 어언 여러 해를 넘겼지만, 타고난 길맹증 때문에 집과 직장을 오가는 정해진 쳇바퀴길 이외에는 찾아다닐 엄두를 못 낸다. 조물주께서 주신 특별한 선물인 길맹증 덕택에 버스나 지하철을 많이 이용하는 편이다.

연륜(年輪)이 쌓일수록 지하철만한 것이 없다는 생각이 새록새록 돋아난다. 아마도 우리 인생들의 심리가 그곳에서 언행으로 표출되고 관찰할 수 있는 살아 숨쉬는 종합인생교육장이어서 그런지도 모르겠다.

이달 초순 어느 날 호수마을 마두역에서 안국역까지 가려고 3호선 지하철에 몸을 의탁했다. 이웃 백석역을 지나자 벌써 20여 명이나 서 있을 만큼 제법 인간냄새가 난다.

지축역에 도착하자 60대 초반으로 보이는 할머니 한 분이 들어와, 한 손으로는 손잡이를 잡고 한 손으로는 어린 손자를 안고 있었다. 힘들어하시는 것 같기에 기사도(?)를 발휘해 볼까 하는 순간, 바로 옆자리에 앉아 있던 넥타이 차림의 30대 후반으로 보이는 남자가 벌떡 일어서더니, "할머니 앉으세요"라는 한 마디만을 남기고 쏜살같이 다음 칸 전철 쪽으로 가버린다. 초로의 이 할머니는 미처 고맙다는 인사도 못하고, 자리를 양보해준 분에 대한 미안함으로 슬그머니 앉으며 얼굴에 홍조를 띤다.

요즘 지하철에서 자리양보 때문에 젊은이들과 옥신각신하는 것은 제법 있는 일이라던데, 자리를 양보하는 사람이나 양보를 받는 사람 사이에 말은 없었지만, 그 행동과 표정에서 우리 민족의 고유한 정취를 오랜만에 맛보게 되는 기쁨도 가끔 만끽할 수 있어서 좋다.

그런가하면 몇 발자국 거리의 대각선쪽 노약자석에는 네다섯 살 정도의 깜직한 어린이가 눈을 지그시 감고 있는 30대 중반으로 보이는 젊은 엄마 옆에 앉아서 천진난만하게 재롱을 떨며 맑은 눈망울을 이리 저리 굴리고 있다. 명랑하고 천진난만함이 너무 좋다. 옥에 티가 있다면, 세 사람이 앉아야 될 자리에 다른 사람은 범접을 못하도록 삐끔한 자세로 다리를 꼬고, 욕심이 예절을 먹어버린 듯한 자세로 조는 모습이다. 깜찍이는 사람들의 시전이 많이 모아짐에 따라 신이 났는지 일어서서

가는귀먹은 사람들 간의 대화에는 제법 지장을 줄 정도로 통통 튀며 노래를 한다. 그러다가 갑자기 달리는 출입문 쪽으로 막 달려가려고 몸짓을 하는 바로 그때였다.

"××아, 그렇게 자꾸 일어서면 자리 뺏기잖아!"

아뿔싸, 자는 척 했던 것이 들통 나는 순간이다. "○○야, 그렇게 자꾸 일어서면 다른 사람들에게 폐를 끼치잖아" 라고 점잖게 말할 것으로 기대했었던 순진한 상식이 거꾸로 곤두박질치는 순간이었다. 어느 때를 살건 부모는 자기새끼만을 맹목적으로 애지중지 돌보는 짐승보다는 나아야 할 텐데….

속마음을 금방 꿰뚫어 본 듯이, 옆자리에 앉은 할머니는 '이 가족뿐만 아니라 요즘 30, 40대 부부들의 아이들은 거의가 이런 식의 가정교육을 받고 있다'는 말을 일러주는 사이에 고속철이 아닌데도 어느 덧 목적역에 서서 내리라고 한다. 그녀를 한 번 더 흘낏 쳐다보는 순간 언젠가 곁눈질로 읽었던 인상적인 시구의 일부가 문득 떠오른다.

『하늘을 표절한 땅 / 낮을 표절한 밤의 송사 / 우리는 긴긴 어둠을 서로의 살 속에 말아 넣는다. / 그것들은 저희끼리 얽혀 가다가 / …중략… / 우리는 서로를 표절한다.』

'표절'이라는 낱말이 일곱 번이나 나오는 이규호(李圭豪) 님의 시 〈만나게 하는 까닭〉은 은근한 사랑을 그리면서 인간사를 표절의 역사로 묘파하는 절창이지만, "세 살 때 부모언행을 표절하여 생긴 버릇이 여든

살까지 간다던데…, 이런 이기적인 부모 밑에서 자란 애들은 장성해서도 다른 사람의 입장을 고려하기는커녕 '남들은 자신의 이익을 위해 이용되는 존재일 뿐'이라는 쓰레기보다 못한 전형적인 분재인간(盆栽人間)일 수밖에 없을 텐데…"라는 염려를 지울 수 없음은 세월 탓일까?

세월이 가면 사람은 늙기 마련이다. 늙는 대로 그냥 내버려 둔다면, 마음에 잡초가 무성하게 자라나서 다른 사람들의 입장을 생각할 수 있는 여백이 적어지기 쉬울 것 같다. 그러므로 곱게 늙기 위한 설계와 연습을 꾸준하게 해야겠다는 생각이 지하철을 타면서 더욱 진하게 느껴진다. 그러기에 "내가 늙어간다. 그리고 늙으면 어차피 사회에서 밀려나기 마련이다"라는 사실부터 우선 인정해야 할 것 같다. 그래야 인생의 절정기라 할 수 있는 40대 후반이 되면 자기가 지나온 세월보다 남아있는 세월이 적고, 이제는 예비 노인으로서 자신의 인생을 되돌아보고 노후를 대비해야 할 때가 왔음을 알게 될 것이기 때문이다. 만약 "체력이 딸린다, 건망증이 점점 심해지는 것 같다, 융통성이 적다는 이야기를 종전보다 자주 듣게 된다, 전보다 일의 효율이 떨어진다, 노여움을 전보다 많이 타는 것 같다" 등의 징후가 나타난다면, 이는 이미 중년기를 넘어 인생의 마감을 준비해야 함을 일깨워 주는 현상으로 받아들여야 하지 않겠는가.

그리고 취미활동과 일에 대한 우선순위도 점점 바꿔나가야 하지 않겠는가. 그러나 경제협력개발기구(OECD)에서 소속된 30개국의 1997~2002년 중 40세가 근로자들을 대상으로 분석한 〈OECD 고령노동자〉보고서에 따르면, 한국은 女 67세, 男 68세까지 일해야 생계유지가 가능한 것으로 분석되고 있어, 다른 OECD국민들에 비해 노후에 대한 생각을 못하거나 늦는 것으로 밝혀지고 있어 안타깝다. 그래도 늙으면 늙을수록 취미활동이 주요 일과이고, 일은 부수적인 일과로 변하는 것은 어쩔 수 없다. 이러한 문제들은 경제적 여유가 있으면 보다 쉽게 이룰 수 있다.

한 가지 더 생각해 보아야 할 점이 있다면, 늙어서도 마음을 비우지 못하면, 지난 10월 30일 국악비리와 관련하여 부부가 함께 구속영장이 청구된 70대 초반의 유명 국악인들처럼, 주위 사람과 갈등을 일으킨다는 관찰적인 사실이다. 더욱이 돈을 매개로 해서 자신의 약해진 위치를 역전시키려고 할 때 그 돈은 추해지게 마련이다. 그러나 반대로 적절히 베풀면 그 돈은 빛이 난다는 사실에 대해 깊이 있는 음미가 필요할 것이다.

이제 시간은 40대에서는 시속 40마일의 속력으로 서서히 흘러가지만, 50대와 60대에 이르면 각각 시속 50마일과 60마일의 속력으로 더욱 빠른 속도로 도망간다. 이는 죽음이 점점 빠른 속도로 다가온다는 뜻이다. 그 시간은 막으려 해도 잡으려 해도 되지 않는다. 왜냐하면 엄연한 자연의 섭리이기 때문이리라.

그러므로 당당하게 받아들일 준비를 해야겠다. 너무 늦으면 노년을 즐길 여유가 없어지고, 너무 일찍 체념하면 할 수 있는 일을 못하게 된다. 차분하게 시간의 흐름에 적응해야 한다. 그래야 죽음도 겁나지 않고 여유 있게 수용할 준비가 된다. 이렇게 준비할 때 "저 분은 참 곱게 늙는다"는 말을 들을 수 있지 않겠는가!

(2003. 11. 11)

노란단풍잎 흔들며 반기는 삼청동 은행나무 길에서

『북촌의 저자 저 멀리 / 가로에 잇따르고 / 무성한 가을 숲은 / 성곽을 덮어 있네 // 삼청전 아름다운 전각이 / 옛 모습 그대로인데 / 종성(鐘磬)소리 들리더니 / 구름대문을 닫누나 // 흐르는 물 바위 아래 떨어져 / 요란하게 소리 나는데 / 이슬 젖은 풀 사이로 / 반딧불 날아드네 // 한없는 세상시름을 / 이제사 다 잊은 것이 / 밤 이미 깊었건만 / 돌아갈 줄 모르네.』

이 시는 성종조의 불우문인(不遇文人)으로 유명하던 손곡(蓀谷) 이달(李達)이라는 시인이 지금부터 약 500년 전 삼청전이 있는 삼청동의 가을밤 정경을 읊은 노래이다.

필자가 근무하는 직장이 산과 물 그리고 인심이 맑다는 이 삼청동에 자리 잡고 있는 관계로 일산 호수마을에서 삼청동으로 매일 오간다. 강남에 청담동이 있다면 강북엔 삼청동이 있다. 전통과 자본의 냄새가 혼재된 이 두 동(洞). 1990년대 중반부터 삼청동 길에 사람과 돈을 모으고 유행을 만든 것이 갤러리들이었던 것처럼, 청담동 길에는 80년대 말 미술 붐을 타고 형성된 화상들의 돈이 먼저 깔린 이후, 경기고 앞 언덕 위에 38~46층 건물 3개 동으로 구성된 현대아이파크가 완공됨에 따라 강남1번지로 발돋움하고 있다는 차이가 있다.

삼청동은 추억의 데이트코스나 수제비 집 등으로만 알려졌던 과거, 대형 화랑들과 유명 음식점들이 들어선 현재, 퓨전 문화공간으로의 변신이 예측되는 미래, 일상의 여백을 간직한 문화적 공간으로 서울 고층빌딩 숲 뒤에 이상한 곳, 삼청동. 이 곳은 인사동의 대안으로도 떠오르면서 문화예술인들이 주목하고 있는 동이기도 하다.

매년 10월 중순과 11월 중순 사이에 길 양옆으로 은행나무들이 두 줄로 가지런히 서서 노란 수건을 흔들며 오가는 사람들을 반긴다. 광화문 쪽에서 이 길로 들어서려면, 고종 2년(1865) 흥선대원군이 중건에 착수하여 고종 5년(1868)에 복원완성하고 같은 해 7월에 창덕궁으로부터 이곳으로 왕궁을 옮겼으나, 고종 32년(1895)에 민비가 일제의 폭도들에게 시해를 당한 이듬해 2월에 고종황제가 러시아공관으로 파천하면서 왕궁으로서의 운명을 다한 역사를 지닌 경복궁(사적 제117호)과 그 바로 옆에 서있는 동십자각(서울시유형문화재 제13호)을 왼쪽으로 끼고 '삼청동길' 이정표방향으로 들어서면 된다. 이 동십자각부터 시작해 총리공관을 지나 삼청공원까지 이어지는 삼청동의 가을 길은, 국군기무사령부에서 오른쪽으로 꺾어지는 아트선재센터주변과 최근까지도 1960~70년대의 과거를 고스란히 간직한 채, 노란단풍잎으로 물든 은행나무 가로수로 온통 물들이고 있다. 이들은 경복궁·청와대 등 권력과 가까워 건축행위에 많은 제한을 받으며 세월 속에 갇혀온 무거운 표정의 길을 다소 따스하게 보듬어 주고 있다. 집 사이 간격이 빽빽한 삼청동의 밀도는, 느슨하도록 강제된 변화의 속도 속에서 적절한 농도의 옛것과 새것의 만남으로 이어진다. 삼청동의 이러한 점이 문화예술인들에게 실험 문화를 창조해 낼 공간적, 심리적 배경이 되어준다. 새로운 문화를 꿈꾸는 이들의 입맛에 맞춰 공방·카페·식당도 속속 개업했다. 골목골목 소박한 가게와 실험적 갤러리·공방 등이 하나 둘 늘어나기 시작했다. 이 곳 갤러리들의 특징이라면 무명 예술가들의 실험적 무대가 많다는 점, 카페처럼 통유리로 되어 있어 갤러리 바깥에서 미리 보기가 가능한 '오픈 된 곳'이라는 점이다

또 삼청공원은 북한산에 이어진 산속의 공원이다. 근처 직장인들이 점심때면 산보를 다니고 주말이면 연인들의 데이트코스로 좋은 곳이다. 공원에는 시원한 물과 공기 맛을 자랑하는 약수터도 있고, 산책로 곳곳에 벤치들이 있어 잠시 시원한 나무그늘 아래서 정담을 나누기 좋은 곳이기도 하다.

『잠시 고여 있다 가게 / 나고 이우는 한평생 흔들리다 갔어도 / 저무는 강 풀잎처럼 흔들리다 갔어도 / 바람의 꺼풀 벗겨 풀잎이 만든 이슬처럼 / 어디 한 곳쯤은 고여 있다 가게 // 귀 기울였다 가게 / 이 넓은 세상 / 뿌리내리진 못했어두 / 씨앗 하나 이 땅 위에 / 쓸쓸히 떨어지는 소리 / 한번쯤 듣다가도 가게.』

도종환 님의 〈그대 가는 길〉이라는 시의 앞부분의 내용처럼 은행나무 길을 거닐다보면, 낙엽이 반갑게 손짓하다 말고 아래로 내려와서 구르는 소리에는 귀 기울이지 않을 수 없게 된다. 부채를 닮아 예쁘고 아가 손을 닮아 더욱 예쁜 은행잎으로 노란융단을 깔아 놓고서 오가는 사

람들을 반기는데, 어찌 무심(無心)할 수 있겠는가! 이 마음씨 고운 은행나무는 오래 살며 수형이 크고 아름답다. 그리고 병충해가 거의 없으며 넓고 짙은 그늘을 제공한다는 점 등으로 인해 정자목(亭子木)·풍치목·가로수 등으로 많이 심는다.

이 나무의 꽃은 4월에 잎과 함께 피고 2가화(嘉禾)이며, 수꽃은 연한 황록색이며 꽃잎이 없고 2~6개의 수술이 있다. 암꽃은 녹색이고 끝에 2개의 밑씨가 있으며 그 중 1개가 종자로 발육한다. 화분실(花粉室)에 들어간 꽃가루는 발육하여 가을에 열매가 성숙하기 전 정자(精子)를 생산하여 장란기(藏卵器)에 들어가서 수정한다. 열매는 핵과(核果)로 공 모양같이 생기고 10월에 황색으로 익는다. 바깥껍질에서는 냄새가 나고 피부에 닿으면 염증을 일으킨다. 중과피는 달걀 모양의 원형이며 2~3개의 능(稜)이 있고 백색이다. 열매가 살구 비슷하게 생겼다 하여 살구행(杏)자와, 중과피가 희다고 하여 은빛의 은(銀)자를 합하여 은행(銀杏)이라는 이름이 붙여진 것이다. 종자는 약재로 사용된다. 이렇게 싱싱할 때나 황혼기에 이르러 낙엽이 되어서도 유익한 일을 하기에 최선을 다하는 모습을 통하여 필자로 하여금 지금까지 살아온 인생길을 반추하게 한다.

낙엽이 우리에게 그토록 아름답게 느껴지는 이유는 낙엽이 되기까지 후회 없는 삶을 사는 데 최선을 다한 자랑스러운 과정을 상징하기 때문이다. 초봄에 새싹이란 이름으로 이 세상에 태어난 이후에, 초여름에 싱싱한 큰 잎사귀로 성장하여 우리 인간이 살기 좋도록 이산화탄소를 들여 마시고 산소를 내어 주면서도 꽃을 피우고 열매를 맺게 하는 데 정열을 바쳤다. 나뭇잎은 자신이 애써 온 결실들을 조심스러우면서도 흐뭇한 마음으로 지켜보다가, 하느님이 원하는 역할을 다하고서는 그 섭리에 따라 이 세상에 대한 미련을 다 버리고 낙엽이 되는 길을 택한 것이다.

이렇게 항상 때를 기다리며 세상을 살아왔기에, 나뭇잎은 낙엽이 된 이후에도 자신이 썩어짐으로써 이후에 봄에 잉태될 생명을 위하여 자신을 자양분으로 기꺼이 제공한다. 무소유의 인생철학을 몸소 실천하다가 때에 다다름을 알고는 가벼운 마음으로 책임을 다하는 낙엽의 모습은 참으로 아름답다. 이게 남을 위해 살다가 남을 위해 기꺼이 죽은 예수님이나 이름 모를 선량한 천사들의 숭고한 모습이 아닌가 한다.

폴 투르니에라는 작가는 〈인생의 사계절〉이라는 책을 통해서 우리의 인생에도 사계절이 있음을 지적하였다. 즉, 자연에 사계절이 있듯이 우리네 삶에도 사계절이 있다는 것이다. 새싹이 파릇파릇 돋아나는 봄이 있는가 하면, 잎사귀가 무성하게 드러나는 여름이 있고, 꽃이 피고 결실하는 가을이 있고, 다음의 생명을 준비하는 겨울이 있다. 자연은 각각의 계절 속에서 자신의 자리를 지키면서 자신의 역할을 충실히 감당한다. 봄에는 봄의 경쾌함이 있고, 여름에는 여름의 무성함이 있고, 가을에는 가을의 알찬 모습이 있으며, 겨울에는 겨울의 적막함이 있다. 모든 계절은 생명을 준비하고 드러내는 가운데 자신의 아름다움을 경험한다. 하지만 인간은 자신이 설정한 작은 목적 때문에 자신이 원하는 것을 맛보지 못하면, 그 계절을 저주하고 그 속에서 아무런 아름다움도 발견하지 못한다는 것이다.

필자도 장년(壯年)기를 훌쩍 지나 장년(長年)기에 접어들고 있다.

내가 이 세상에 살면서 이웃을 위해 무엇을 하였는가? 큰 사상을 남기지도 못했고, 큰 재산을 만들어 이 사회에 기여하지도 못했다. 내 처자식을 굶기지 않고 대학원교육까지 시키고, 행복하게 살 수 있는 짝을 찾아 맺어지게 하고자 하는 속물적인 조바심으로 인생 대부분을 소모한 것으로 생각되어진다.

나에게 악한 감정을 가진 사람들을 용서하지 못하고 두 눈에 불을 키고 감시한 적은 있지만, 은행잎만큼 유익한 일은 하지 못했다. 그렇기 때문에 노란단풍잎 흔들며 반기는 삼청동 은행나무 길을 거니노라면, 지는 낙엽 속에서 황혼의 아름다움이 더욱 진하게 느껴지는가 보다. 김경렬님의 〈나무 혹은 인생〉의 전반부에서 들려주고 있는 것처럼….

『나는 자연을 통하여 인생을 배운다. / 나는 숲을 통하여 삶을 본다. / 나는 나무를 통하여 인간을 느낀다. // 지는 낙엽 속에서 황혼의 아름다움을 본다. / 겨울나무 속에서 봄을 향한 약동을 느낀다. // 봄은 맑은 영혼을 지닌 어린이 / 여름은 건강한 젊음의 청년 / 가을은 우아한 멋을 지닌 중년 / 겨울은 인생을 회고하고, / 나무의 겨울은 봄을 향한 희망.』

(2003. 11. 10)

나의 구절초와 함께 오순도순

우리 부부는 땀 흘리는 운동을 좋아하지 않았었다. 가끔 관악산과 북한산에 힘들지 않을 정도까지만 걸어갔다고 되돌아오는 정도가 육체적인 운동의 전부였다. 적어도 일산으로 이사 오기 이전까지는 그랬었다. 호수마을에 터전을 잡고서는 움직이기 시작했다. 11층 거실에 앉아서 대각선 방향으로 내다보면 넘실거리는 호수와 맑은 공기에 매료되어서 아침 일찍 호수 주위를 걷거나 달리기도 하면서 가끔 산에도 가곤 했었다.

그러나 이것도 1년을 지속하지 못했던 것 같다. 그래서 그런지 집사람의 몸무게는 점점 더해가고 관절의 아픔의 농도도 신해짐에 따라, 병원에서 처방하여 먹는 약의 수도 점점 늘어났다. 매일 혈압 약, 혈전방지 약. 콜레스테롤 약, 협심증 약, 소화제, 갑상선 약, 우울증 약, 신경안정제 등등을 복용하기에 이르렀다.

그러던 어느 날 '사람의 사망률은 평소의 운동 강도가 높을수록 감소하지만 최대(주당 3천㎉ 이상)에 가까워지면 다시 사망률이 증가한다'

는 뉴스를 들었다. '하버드대학 졸업생 1만6천여 명을 대상으로 한 조사에서 주당 2천㎉를 운동으로 소모한 사람은 운동하지 않는 사람보다 사망률이 25~33% 줄었다'는 기사를 읽고는 운동에 다시 관심을 갖기 시작하게 되었다.

꾸준한 유산소운동 즉 걷기 · 달리기 · 자전거 타기 · 수영 · 체조 등은 고혈압의 예방과 치료에 도움이 된다는 것은 오래 전부터 알려져 있는 사실이다. 특히 수영은 관절염치료에도 도움이 된다는 종합건강진단판정 의사선생님의 권고도 있었던 터였다. 이를 계기로 3년 전 8월부터 일산 호수마을에 있는 올림픽스포츠센터를 함께 찾게 되었다.

보통사람들은 건강하고 탄력 있는 몸매를 가꾸기 위해서 수영장을 찾는다지만, 우리는 몸매에는 관심이 적은 편이다. 이미 누가 넘보지 않을 정도로 적당하게 망가져서 서로에게 편안함을 더해주는 몸매이기 때문에 더욱 그렇다.

그럭저럭 3년을 채우고 났더니, 잠을 자다가 가끔 짝꿍에게 찾아오는 마비현상이나 관절에 심한 통증도 없어지고 제법 물위에 떠다닐 수 있게 되자, '조금 일찍 수영을 시작했더라면 더 좋았을 걸' 하는 아쉬운 얼굴로 서로를 힐끔 보고는 엷은 미소를 짓는다.

우리는 매일 저녁 9시부터 10시 사이에 수영하는 수강생들 중에서 두 번째로 나이가 많고, 또 수영경력도 중간 정도의 짧은 편이어서, 젊은이들이 많이 이해해 주는 편이다. 필자는 덕택에 한 시간 반 일찍 출근을 하고, 오후 6시경에 퇴근하는 습관도 갖게 되어 종합건강진단에서 합격점을 먹기에 이르렀다.

『강물 같은 노래를 품고 사는 사람은 알게 되지 / 음~ 알게 되지 / 내내

어두웠던 산들이 저녁이 되면 왜 강으로 스미어 / 꿈을 꾸다 밤이 깊을수록 말없이 서로를 쓰다듬으며 / 부둥켜안은 채 느긋하게 정들어 가는지를 으음~음~ // 지독한 외로움에 쩔쩔매 본 사람은 알게 되지 / 음~ 알게 되지 / 그 슬픔에 굴하지 않고 비켜서지 않으며 / 어느 곁에 반짝이는 꽃눈을 달고 / 우렁우렁 잎들을 키우는 사람이야말로 / 질푸른 숲이 되고 산이 되어 메아리로 남는다는 것을 // 누가 뭐래도 사람이 꽃보다 아름다워 / 이 모든 외로움 이겨낸 바로 그 사람 / 누가 뭐래도 그대는 꽃보다 아름다워 / 노래의 온길 품고 사는 / 바로 그대 바로 당신 바로 우리 우린 참사랑.』

이 노래는 가수 안치환 씨가 부른 〈사람이 꽃보다 아름다워〉라는 노래가사이다. 그런데 TV 뉴스나 신문을 보면 정말 사람들이 꽃보다 아름답다고 말해도 괜찮은지 의심스러운 일들이 너무 많이 일어나고 있다. 20년 전 재혼한 어머니를 만나 '함께 살자'고 요구했으나 거절당한데 격분하여 어머니를 흉기로 마구 찌른 뒤 달아난 40대의 아들의 더러운 행동이 그렇다. 또 온갖 동물과 식물들이 살 수 없게 산과 들 그리고 바다를 오염시킬 뿐만 아니라, 멸종 위기에 놓인 희귀한 동물들을 몸에 좋다는 이유로 마구 잡아먹거나 목숨을 빼앗는 사람을 어떻게 꽃보다 아름답다고 할 수 있는지 모를 일이다.

이러한 아름답지 못한 사람들의 모습을 잘 알고 있으면서도 왜 안치환 씨는 '사람이 꽃보다 아름답다'고 노래하고 있는 것일까?

간경화로 쓰러진 아버지에게 자신의 간을 떼어준 두 형제의 행동이나, 그 효성에 감동하여 산에서 직접 캔 수백만 원 상당의 15~30년생 산삼 7뿌리를 쾌척한 인터넷 산삼 동호회 회원들의 행동은 분명히 아름답다. 또 멸종되는 꽃들을 번식시키는 사람들이나 자식들에게 버림

받고 오갈 데 없는 병자나 정신지체아 등 버림받은 사람들을 보살피고 시집장가까지도 보낸 분들의 선행은 분명히 꽃보다 더 아름답다.

이 두 부류의 본성은 어쩔 수 없이 우리 안에 함께 존재하는 당연한 성질인지도 모른다. 어느 한쪽만이 사람의 본모습이라고 하기보다는 좋은 쪽과 나쁜 쪽 모두를 속 시원하게 내보임으로써, 우리 스스로에 대한 진지하고 객관적인 평가를 내려보아야 '사람이 꽃보다 아름답다'는 의미를 이해할 수 있다는 결론은 나만의 생각일까?

이곳 수영장에서 움직이는 인화(人花)들은 초등학생에서 63세 정도의 선배에 이르기까지 다양하다. 수영복을 입은 처녀들과 젊은 여성들의 서로 주고받는 말이나 얼굴에서 건강하고 탄력있는 몸매를 가꾸기를 원하면서 운동을 하고 있음을 짐작할 수 있다. 여성들 사이에서는 〈섹스앤드시티〉라는 케이블TV 드라마가 인기를 끌었나 보다. 리츠칼튼호텔서울은 TV의 인기를 고스란히 반영, '섹스앤드시티 따라잡기'라는 패키지도 선보인 상태다. 여주인공 '캐리'가 국내 여성들의 전폭적인 지지를 받고 있는데, 이유는 작고 말랐어도 근육이 적당히 붙은 탄력 있는 몸매를 지녔기 때문으로 추정된다. 동서양을 막론하고 글래머의 풍성하고 비탄력적인 몸매보다 탄력 있고 건강해 보이는 캐리의 몸매가 여성들의 선호 대상으로 떠오른 것이다.

그러나 외모에 나타난 아름다움만으로 '사람이 꽃보다 아름답다'는 생각은 들지 않는다. 비록 얼굴이 호박과 같고 몸매가 자갈밭에서 자란 무처럼 잘생기지는 못했더라도 마음속에서 들려오는 생명의 소리 · 양심의 소리 · 아름다움의 소리에 귀 기울이면서 순간의 즐거움보다는 많은 사람들과 모든 생명이 함께 나눌 수 있는 즐거움을 찾아 생각하고 행동한다면, 그 누가 꽃보다 아름답다고 하지 않겠는가?

사람에도 독의 심성을 가진 사람과 향기가 있는 아름다운 심성을 가진 사람이 있듯이, 꽃에도 복수초가 있고 독초가 있다. 복수초(福壽草)란 행복을 상징하는 대표적인 꽃이다. 이 꽃의 한자가 뜻하듯이 인간의 행복은 부유하게 오래 사는 것인가 보다. 이런 복수초에는 구절초·목련·연꽃·초롱꽃·동백꽃·할미꽃·제비꽃·패랭이꽃·붓꽃·민들레 등이 있다.

복수초와 같이 이른 봄에 꽃을 피우는 식물은 대부분 강한 독을 가지고 있다. 이는 겨울동안 굶주린 야생 동물들에게 뜯어 먹히지 않고 살아남기 위함일 것이다. 또한 이들의 생애는 매우 짧다. 봄이 되어 키 큰 나무의 새싹들이 나기 시작하면 땅바닥에서 살아가는 작은 식물들에겐 햇볕을 볼 기회가 점점 사라져 생존경쟁에서 지게 된다. 이 때문에 나무들이 햇볕을 모두 가리기 전에 꽃을 피워 씨를 맺어 다음해를 준비한다. 그래서 화려하고 커다란 꽃을 피워 번식에 치중하는 번식전략을 가진다. 이에는 꽃잎에 독을 숨긴 철쭉·사형집행에 쓰인 가장 완벽한 독초 투구꽃·옛날부터 화살독의 원료로 쓰이는 세잎돌쩌귀 등이 있다.

나는 복수초 중에서 구절초를 좋아하는 편이다. 딸을 걱정하는 어머니의 마음을 지닌 꽃이 마치 딸을 시집보내 놓고도 노심초사하는 마누라를 연상하게 하기 때문이다. 구절초는 가을에 흔히 볼 수 있는 야생화로 '들국화'라고 부르는 꽃이다. 그러나 4천여 종이 담겨있는 야생화 도감에도 들국화라는 이름을 가진 꽃은 없다. 단지 가을에 피는 국화과 식물인 구절초, 쑥부쟁이, 개미취, 해국과 같은 종류를 총칭해서 부르는 말이다.

이 중에서 구절초는 평지보다는 높은 산에 많이 피며, 햇볕이 잘 들고 물 빠짐이 좋은 곳에서 잘 자란다. 잎이 갈라지는 모양에 따라 산구절초, 바위구절초 등 많은 종류가 있다. 예로부터 우리 어머니들은 시집간 딸이 아기를 갖지 못하면 시댁에서 소박맞을까봐 구절초를 뜯어 밤새 고아 몰래 가져다주었는데, 그런 연유로 구절초는 딸을 걱정하는 어머니의 마음을 달래주던 꽃으로 여인네들의 많은 사랑을 받아왔다. 또한 구절초는 다른 야생화에 비해 유달리 꽃이 크고, 색깔이 순진해 보여 선비들의 사랑을 독차지하기도 했다.

'꽃보다 아름다운 나의 짝꿍인 움직이는 구절초와 함께 오순도순 지내리라' 다짐해 본다. 구상 시인의 〈오늘〉을 음미하면서….

『오늘도 신비의 샘인 하루를 맞는다 / 이 하루는 저 강물의 한 방울이 / 어느 산골짝 옹달샘에 이어져 있고 / 아득한 푸른 바다에 이어져 있듯 / 과거와 미래와 현재가 하나다. // 이렇듯 나의 오늘은 영원 속에 이어져 / 바로 시방 나는 그 영원을 살고 있다. // 그래서 나는 죽고 나서부터가 아니라 / 오늘서부터 영원을 살아야 하고 / 영원에 합당한 삶을 살아야 한다. // 마음이 가난한 삶을 살아야 한다. / 마음을 비운 삶을 살아야 한다.』

(2004. 7. 26)

나의 여생직업, 글화가

오는 7월 31일은 나의 인생 40대 중반 이후 환갑까지 내 열정을 모았던 직장에서 정년퇴직하는 날이다. 공교롭게도 나의 생일인 7月 7夕과도 일치한다. 오적(五賊) 중 하나라는 육이오, 즉 62세 이전에 직장을 떠날 수 있어서 정년이란 말이 퇴색되어버린 현실에 그나마 위안이 된다.

사람 사는 게 얼마나 어려웠으면 이런 자조적인 용어까지 생겼을까 하는 마음이 나를 슬프게 한다. 경제위기를 극복했다고는 하나 이미 우리 사회는 20대는 취직하기 어렵고, 30대는 구조조정에 불안하고, 40대는 조기 퇴직을 고민하고, 50대는 노후를 걱정하는 상태로 변한 것은 사실이다. 나아가 경기가 어려워질수록 조기퇴직에 대한 불안감이 급속하게 높아지고, 불과 6개월 정도의 경기후퇴에도 위기론이 쉽사리 팽배할 만큼 신뢰도, 비전(vision)도 없는 그런 사회가 되어가고 있는 현실이 무겁다.

오늘의 이러한 현실에서 정년퇴직이라는 용어를 사용하는 것도 쑥스러운 것이 사실이다. 우리 사회에선 연령이나 건강상태에 관계없이 퇴직여부가 한 개인을 노인으로 규정하는 것 같다. 더욱이 내규(內規)상 정년이 55세 이하인 경우도 전체기업의 65.8%에 이르고 있어 노인의 경제적 요구가 전혀 고려되지 않고 있다. 한국의 노인 복지법상 노인은 만65세 이상으로 규정되어 있는데 반해, 국민연금 수급 연령은 60세이고, 정년 연령은 55세 전후로 대부분 이루어져 있으므로 노년기에도 접어들기 전에 이미 상당기간 소득보장대책이 전무함을 알 수 있다.

'정년'이 없어지는 것은 우리만의 일은 아닌가보다. 지난 2002년 5월 12일 영국 일간지 가디언은 EU가 최근 영국 정부측에 65세로 돼 있는 정년퇴직제의 폐지를 권고했으며, 영국 정부가 이 권고를 받아들이면 1908년 연금법 시행에 따라 도입된 정년퇴직제가 한 세기만에 사라지게 된다고 한다.

선진국에서는 왜 이러한 일이 생겨나는 것일까? 이는 한편으로는 인구의 고령화로 인한 것이며, 글로벌 규모의 경쟁이 이루어지고 있기 때문이다. '정년폐지'는 연금수급자격 연령을 높여 연금재정위기를 타파하는 것이며, 노인에게 노동의 기회를 제공하여 노동력을 확보함과 아울러 노후에 대한 자조노력을 강조하는 것이다. 그러고 보면, 정년제 폐지의 목적은 우리와는 사뭇 다른 사회보장제도의 변경이며 노동 기회의 확대와 노동 유연성 확보에 있다. 글로벌경쟁을 고려할 때'정년'이 없어지는 것은 극심한 경쟁으로 기업의 수명이 짧아지면서 노동비용이 비싼 고령층 노동자보다 값싸면서 고정관념이 적은 젊은층을 선호하고 있다는 현실의 반영이기도 하다.

오늘의 현실이 피할 수 없는 삶의 조건이라면, '평생직장'보다는 '평생직업'을 미리 미리 준비하는 길밖에 없을 성싶다. 노년기 인생이라도 자기 마음먹기에 따라서는 얼마든지 젊음과 보람을 가질 수 있는 방향으로 생각을 모으며, 그렇지 않은 경우보다 훨씬 건강한 삶을 영위할 수 있을 것이기 때문이다.

보통사람의 예는 아니지만, 플라톤이 법률을 완성한 것이 80세이고, 프랭클린이 망원경을 발명한 것도 80세였다고 하며, 평생어부 베드로는 그 나이 60세 이후에 각성하여 새로운 그리스도의 삶을 열어 신앙인들의 반석이 되었고, 켄터키 프라이드치킨 가게 앞에 흰수염 달린 노신사도 그 나이 64세 때 창업하여 성공하였다는 사실은 나 같은 평범한 사람에게도 한줄기의 빛이다.

나의 첫 번째 직업은 은행원(현재의 지점장급 책임자)이었다. 두 번째 직업은 현재의 기업금융과 리스크관련 강의와 연구를 겸하고 있는 교수이다. 그렇다면 '나의 여생직업은?'

이것은 내가 평생 열고 싶었으나 열어보지도 못했고, 시도도 하지 못했던 분야가 되리라는 짐작은 하고 있었다. 2002년 겨울 어느 날 거울에 비친 내 자신을 보다가, '그대는 무슨 생각을 하고 있는가? 어디서 와서 어디로 가는 인생인가?'라고 환청이 들리는 것이었다. 할 말을 잃고 멍할 수밖엔….

9살이 될 때까지 '외외'란 말과 '도독개파앙'이란 사전에도 없는 두 단어로 의사소통을 했던 어설픈 사람이 교수직에까지 올라 정년퇴직을 할 수 있음은 천우신조(天佑神助)가 아닐 수 없다. 아마 주어진 여건에서 묵묵히 책임을 다하며 이웃과 서로에게 격려할 줄 아는 좋은 분들이 많았기에 가능했으리라.

어느 곳이든 좋은 사람만 있는 것은 아니다. 다른 글에서 이미 스쳤듯이, 조폭 두목처럼 대접받고 싶은 엘리트 탈을 쓴 이리떼나, 토론과 선의의 경쟁을 통한 상호발전보다는 상대방을 견제 또는 매장시키면서 복지부동정신으로 무장한 밥그릇만 챙기는 얼간이 눈엔, 소위 앞서거나 유명세를 탈 느낌만 감지되어도 누르거나 제거대상으로만 보이나보다.

1989년 ○○은행 창립60주년 기념 현상공모논문에서 금융부실로 큰 대란이 올 것이라는 주장을 펴서 우수논문상을 받아놓고도 한 달 가까이 고생했던 일, 필자가 TV 등 언론을 타기 2년 전인 1995년부터 시판교재발간 저지와, 이듬해 7월엔 어설픈 방법으로나마 설문조작을 하더니 치고 빠지는 교묘한 이간질 방법 등으로 개인과 특정집단을 영악하게 견제하는 데 혈안이었던 몇 꾀돌이들을 용서는 한다지만 잊을 수는 없다.

삶이란 시작이 있고 끝이 있기 마련이다. 무언가의 끝은 또 다른 시작을 의미한다. 그래서 인생은 꽃을 화들짝 피어 가장 화려했던 젊은 날보다도 끝자락의 하루하루가 더 아름답게 그리고 은은하게 꽃을 피울 수도 있는 창조주의 걸작품이 아니던가?

2003년도 여름에 그간 체험의 일단을 〈분재나무와 분재인간〉 외 몇 편의 중수필을 부담 없이 그렸더니 《풍자문학》에서 품어줬고, 다음 해엔 태백산 등산을 갔던 애기를 '태백산 주목에 기대고 서서' 외 몇 수를 엮었더니 월간 시사문단에서 시인이란 칭호를, 월간 《文藝思潮》 에선 〈영원한 짝꿍〉을 그려냈더니 수필가란 명칭까지 받은 것은 의외의 버거운 소득이었다.

나는 이리떼와 팔푼이들의 행태를 풍자하고, 선량한 사람들의 아름다운 삶의 향기를 글로 담고 싶다. 나의 실제 체험과 관찰한 사실을 내 삶의 철학이나 조각들과 함께 사랑과 자비의 그릇에 담아 수필 맛을 숙성하고 싶다. 한 잔의 빼어난 술이나 기름과 같은 시(詩)의 힘까지 빌어 그 맛을 색다르게 시도하고 싶다.

그러나 매번 산뜻하고 신선한 글을 쓴다는 것은 피를 말리는 작업이다. 나에겐 불후의 명작을 남긴다는 것은 한낱 그림의 떡으로 보이고 "Immature artists imitate. Mature artists steal(미숙한 문인들은 모방을 하지만, 성숙한 문인들은 낯설기를 한다)"이란 격언에 위안을 받는 것은 나의 근본적인 한계가 노출된 것이리라!

나는 문학으로 노벨상을 타려 애태우지 않으련다. 굳이 남으로부터 인정받으려 앙탈부리지도 않으련다. 남이 인정해 주지 않으면 어떤가. 또 어설프면 어떤가. 내가 나를 글화가로 채용한 것이라면, 내가 인정하면 그만이지….

바람이 있다면, 나로 인해 내가 태어나기 전보다 세상을 조금이라도 살기 좋은 곳으로 만드는데 기여되기를 희망한다. 나 자신이 한때 이곳에 살았음으로 해서 단 한 사람이라도 보다 더 행복해질 수 있으면 좋겠다.

나의 여생직업은 누가 뭐래도 가을중반 인생의 어엿한 '글화가'!

『10~20대를 봄 인생이라면 / 30~40대는 여름 인생이요 / 50~60대는 가을 인생이니, / 나는 가을중반 인생이어라. // 제기차고 물장구치며 어린시절 보내고 / 독재타도 명제 앞에 시간을 묻으면서도 / 시험으로 뽑는다면 대통령도 될 것 같던 / 자신만만 연록색 봄 인생이 뱅긋거린다. // 삶 일터에서 빛과 소금역할 한답시고 / 눈치 없는 풍자로 생고생 먹으면서도 / 고소한 맛에 싱글벙글 흥-겹던 / 진녹색의 여름 인생도 살갑다. // 역정의 세월 재료삼아 꿈과 용기 섞어 / 이슬처럼 맑은 시 한편 빚으려 / 효소 넣고 발효를 기다려보지만, / 아직은 떫디떫은 가을중반의 인생 // 순박하고 뿌리없는 평초(萍草)들 가슴에 / 민들레 홀씨처럼 사뿐히 즈려 앉을 꿈을 / 인생가을 저물기 전에 빚고픈 가난하고 조급한 안개이어라.』

〈졸시, 「가을중반인생의 꿈」 전문〉

(2006. 2. 12)

제3부
곱게 늙어갈 수만 있다면

가야할 때가 언제인가를
분명히 알고 가는 이의
뒷모습은 얼마나 아름다운가.
봄 한철
격정을 인내한
나의 사랑은 지고 있다.
분분한 낙화…
결별이 이룩하는 축복에 싸여
지금은 가야할 때
무성한 녹음과 그리고
머지않아 열매 맺는
기을을 향하여

나의 청춘은 꽃답게 죽는다.

헤어지자
섬세한 손길을 흔들며
하롱하롱 꽃잎이 지는 어느 날
나의 사랑, 나의 결별
샘터에 물 고인 듯 성숙하는
내 영혼의 슬픈 눈

-이형기님의 〈낙화〉

곱게 늙어갈 수만 있다면

『가야할 때가 언제인가를 / 분명히 알고 가는 이의 / 뒷모습은 얼마나 아름다운가. / 봄 한철 / 격정을 인내한 / 나의 사랑은 지고 있다. / 분분한 낙화… / 결별이 이룩하는 축복에 싸여 / 지금은 가야할 때 / 무성한 녹음과 그리고 / 머지않아 열매 맺는 / 가을을 향하여 // 나의 청춘은 꽃답게 죽는다. // 헤어지자 / 섬세한 손길을 흔들며 / 하롱하롱 꽃잎이 지는 어느 날 // 나의 사랑, 나의 결별 / 샘터에 물 고인 듯 성숙하는 / 내 영혼의 슬픈 눈.』

이 글귀는 이형기 님의 〈낙화〉라는 시이다. 죽음이란 자아의 자연성에 대한 마감이다. 이를테면 알기와 즐기기와 느끼기의 그 일체를 끊어버리는 행위가 죽음으로 나타나는 것이다. 백팔번뇌의 과거와 오늘을 이기고 영원한 안식을 갖는 형태가 죽음으로 나타나는 것은 아닐까?

어느 덧 이순(耳順)의 나이에 거의 이르기까지 최선의 세월을 보낸 것 같은데, 60대라는 말이 싫어서 만으로 59세라고 우기는 어느 선배를 보고는 나는 저렇게 하지 말아야지 다짐하면서도 그에게 더욱 친근함을 느끼는 나이가 되었나보다. 동창회, 동기회 또는 써클 모임에 가보면 외모의 차이가 뚜렷하고 벌써 하나 둘 지병으로 유명을 달리했다는 소식을 접하게 될 때마다 괜스레 스산하다. 세월의 빠름은 자식의 성장과 계절의 바뀜으로 안다고 했지만, 나이 50과 60사이가 제일 빨리 지나간다는 귓전의 말이 실감난다. 오늘부터 인생을 아름답게 살다가 가기 위한 60세 이후를 서서히 준비해야 될 것 같다. 준비한다고 뭐 확 달라지는 것이 있으랴마는 그래도 무엇인가 부산을 떨고 있으면 마음이라도 조금 더 편안해질 것 같다.

조선시대의 선비는 나라가 어지러워지거나 국난을 맞았을 때에는 나라의 등불이 되고, 평상시에는 사회의 양심이 되었었다. 이 시대의 선비는 꼿꼿한 지조와 강인한 기개, 그리고 청렴한 마음가짐을 목숨과도 바꿀 자세로 평생을 살았다. 이들은 대아(大我)를 위해 소아(小我)를 버릴 줄 알았고, 무엇보다 정도(正道)의 실천을 최고의 덕목으로 내세웠던 이들의 정신은 오늘날 우리 사회를 이끌고 있는 엘리트들에게 귀감이 되었으면 한다.

또 이형기 님은 "가야할 때가 언제인가를 분명히 알고 가는 이의 뒷모습은 얼마나 아름다운가"라고 초연하게 갈파하고 있음은 곱게 늙다가 곱게 가기 위해 미리 미리 초연하게 준비하라는 채찍은 아닐까?

과천대공원 동물원 입구로 가려면 두 갈래 길 가운데 하나를 택해야 한다. 지하철역이 아닌 과천시내에서 가는 길을 택하면 언덕에 이르는데, 거기에는 동상 셋이 나란히 있다. 제일 위에 자리 잡은 것이 인촌 김성수의 동상이고, 둘째가 유석 조병옥의 동상, 셋째가 조명하의 동상이다. 세 사람의 삶에는 일제시대에 모두 독립운동을 하여 사후에 똑같이 건국훈장을 받았다는 점에서는 같지만 죽음은 다르다.

김성수는 부통령을 그만두면서 상세한 사퇴서를 국회에 제출하고 이승만 정권 타도에 앞장서던 1955년, 65세를 일기로 갑작스런 심근경색증으로 숨졌다. 조병옥은 1960년, 민주당 공천을 받아 제4대 대통령에 출마했으나 병에 걸려 미국에 가서 수술을 받은 뒤 그곳에서 치료 중 심장마비로 67세에 사망했다. 조명하는 1928년, 일왕 히로 히토(裕仁)의 장인인 구니노미야 구니히코(久邇宮邦彦王) 육군대장이 대만에 주둔한 일본군을 검열하러 온다는 신문기사를 보고 환영인파 속에 숨어 있다가 차 속으로 뛰어들어 구미노미야를 독검으로 찔러 6개월 뒤에 죽게 하였다는 죄로, 그 다섯 달 후에 24세 나이로 처형당했다. 앞의 두 지도자의 죽음은 병사(病死)였고, 한 청년의 죽음은 의미 있는 일종의 자살이었다.

봄이 되면 꽃과 나무들이 저마다 아름다운 속 뜰을 활짝 열어 철 따라 꽃을 피웠다가 떨어진다. 이렇게 제철에 꽃을 피우다가 적당한 때에 낙화(落花)해야 아름답듯이, 사람의 행적도 그리하리라. 앞의 애국자와 같은 국가를 위한 큰일을 하지는 못하더라도, 이웃이나 가까운 친구와 식구들에게라도 곱게 늙다가 간다는 소리를 들어야 하지 않겠는가? 철에 따라 피는 꽃은 하루아침에 우연히 피는 것이 아니라, 여름철의 그 뜨거운 뙤약볕 아래서 그리고 모진 겨울 추위 속에서도 얼어 죽지 않고 견뎌낸 그 인고의 세월을 꽃으로 열어 보이고 있듯이, 노인들도 어느 날 곱게 늙다가 가고 싶다고 하여 그렇게 되는 것은 아니다. 그것은 그 나름대로의 생활지침을 미리 정하고, 끊임없이 몸에 배도록 실천해야 된다는 생각이 든다.

◇ **노인이 하지 말아야 할 열 가지**

① 묻거든 얘기하되, 먼저 아는 척 하지 말라.
② 돈을 아껴 쓰듯이, 말도 함부로 하지 말라.
③ 나중에 후회할 일, 아예 하지 말라.
④ 노년기일수록 가능한 욕심을 갖지 말라. 그래야 마음이 편안해진다.
⑤ 아무리 친하더라도 속말을 다 털어놓지는 말라.
⑥ 크게 아프지 않으면 아프다고 이야기하지 말라.
⑦ 집안일을 밖에서 말하지 말라.
⑧ 먹는 데 집착하지 말라.
⑨ 친한 친구나 친척집이라 할지라도 신세지는 일은 하지 말라.
⑩ 하느님이 부르시는 죽음을 거부하지 말라.

◇ **해야 할 일 열 가지**

① 내 몸과 주위환경을 깨끗이 하라.
② 항상 감사한 생각을 생활화하라.
③ 항상 몸을 풀어라.
④ 분수에 맞는 여행을 하라.
⑤ 일단 말을 긍정적으로 받아들여라.
⑥ 될 수 있으면 친구를 많이 만들어라.
⑦ 항상 책을 가까이 하라.
⑧ 시대상황에 필요한 정보수집에 적극 참여하라.
⑨ 취미생활을 한 가지 이상 하라.
⑩ 홀로 생활할 수 있도록 능력을 갖추어라.

공수래 공수거(空手來 空手去)가 인생이라고 하였다. 뭇 생명은 나면 죽기 마련이다. 도연명은 저 유명한 귀거래사(歸去來辭)에서 "모름

지기 천지조화의 원칙을 따라 죽음의 나라로 돌아가자. 또 천명을 감수해 즐긴다면 그 무엇을 의심하고 망설일 것이냐?"고 기술하고 있다.

죽기 살기로 사랑해서 검은머리 파뿌리 될 때까지 함께 살겠다고 결혼서약을 한 것이 불과 7개월도 채 넘기기도 전에, 치열하게 치고 박으면서 싸우다가 헤어진 부부를 내 주위에서 본 적이 있다. 또 20여 년을 알콩달콩 살다가 어느 날 갑자기 별거하는 어른들도 보았다.

무엇이 이들을 그토록 열렬히 싸우게 했을까? 알고 보면 사소한 감정싸움, 하찮은 자존심 대결이 그 원인이다. 하긴 주위를 둘러보면 어디 이 부부들뿐이겠는가? 사랑하는 사람도 이렇게 치열하게 싸우는 판국이니 전혀 타인인 사람들이 싸우는 것은 어쩌면 당연한 것 아닌가?

톨스토이가 그랬던가. 바보가 많을수록 세상이 평화롭다고. 헤르만 헤세 역시 세상에서 가장 아름다운 사람을 두 줄 문장으로 압축한 바 있다. "두 팔에 힘이 다 빠졌을 때도 별을 잡기 위해 노력하는 사람, 견디기 힘들 때도 큰소리로 노래를 부르는 사람."

내가 언제 하늘나라로 갈지 모르는데, 이제부터라도 소중하고 아름다운 것들을 많이 느껴보지 못하고, 나를 그냥 죽게 놔두는 것은 내 생명에 대한 예의가 아닌 듯하다. 성 요한 성인에 의하면 영혼의 힘은 그 기능과 욕구에 있고, 의지는 영혼의 힘을 방향 지우는 역할을 한다고 했다. 의지가 깨끗하지 않으면 믿음과 희망의 날개가 아무리 순수하고 청정하여 힘이 있더라도 눈이 어두운 독수리처럼 시체나 파먹게 된다고 한다. 왜냐하면, 의지를 어둡게 하는 집착과 욕구에 사로잡히면 '영혼을 불안하게 하고, 영혼을 흐리게 하고, 영혼을 더럽히고, 영혼을 약하게 하고, 영혼을 어둡게 하는 손해'를 가져오기 때문이다.

그렇다면, 황지우 님의 〈출가하는 새〉라는 시를 음미하면서 살 수 있는 순한 바보들이야말로 가장 곱게 살다가 곱게 갈 수 있는 사람들이 아닐까?

『새는 / 자기의 자취를 남기지 않는다. / 자기가 앉은 가지에 / 자기가 남긴 체중이 잠시 흔들릴 뿐 / 새는 / 자기가 앉은 자리에 / 자기의 투영이 없다. / 새가 날아간 공기 속에도 / 새의 동체가 통과한 기척이 없다. / 과거가 없는 탓일까. / 새는 냄새나는 / 자기의 체취도 없다. / 울어도 눈물 한 방울 없고 / 영영 빈 몸으로 빈털터리로 빈 몸뚱어리 하나로 / 그러나 막강한 풍속으로 거슬러 갈 줄 안다. / 생후(生後)의 거센 바람 속으로 / 갈망하며 꿈꾸는 눈으로 / 바람 속 내일의 숲을 꿰뚫어 본다.』

(2004. 7. 11)

아름다운 삶의 원천

『근사한 카페에서 젊은 연인들이 마시는 커피보다 / 당신이 자판기에서 뽑아 준 커피가 더 향기롭습니다 / 술자리에서 피우는 담배보다 / 식사 후에 당신이 건네는 냉수 한 잔이 더 맛있습니다 // 모피코트를 입은 사모님보다 / 무릎이 튀어나온 츄리링을 입은 당신이 더 아름답습니다 / 갈비찜을 잘 만드는 일류 요리사보다 / 라면을 푸짐하게 끓이는 당신이 더 위대합니다 / 허리가 으스러지도록 껴안는 젊은 연인보다 / 오늘 하루도 수고하라며 도시락을 내미는 당신의 손이 더 뜨겁습니다 / 사랑한다는 말을 값싸게 내뱉는 일회적 사랑보다 / 늘 머리를 긁적이며 미소를 짓는 당신이 더 영원합니다 / 세상에서 가장 아름다운 사람은 바로 나와 함께 늙어가는 당신입니다.』

"나무는 말이 없어 좋고, 풀은 눈치 없어 좋고, 꽃은 픽 웃으니 좋다." 이 말은 서울 지역 어느 전철역에서인가 본 것으로 기억되는 글이다. 다른 말로 표현을 하면, 너무 드러나면 비밀이 없고, 너무 감추면 정이 없어져서 끌리지 않으므로, 드러나면서도 감추어지고, 감추었는데도 드러나는 포스근한 아름다움이 김현태 님의 〈가장 아름다운 사람〉이라는 시로 탄생되지 않았을까 하고 혼자 생각해 본다.

사람이 꽃보다 아름답다고 노래하는 사람도 있다. 이런 사람은 마음이 맑아서 꽃을 아름답게 내다볼 수 있는 맑고 넉넉한 심안을 가졌기 때문이며, 꽃보다도 아름다운 마음을 품을 수 있기 때문이 아닐까?

작은 것이 아름답다고도 한다. 작은 것이 아름답게 보인다는 것은 내 마음의 궁전이 이미 곱고 아담하게 다듬어져 있기 때문에 사람이나 자연의 모든 동식물들의 내면의 세계를 조용하게 관조할 수 있는 혜안을 가졌기 때문이다.

또 세계 최고의 부자인 마이크로소프트 빌 게이츠 회장의 1998년부터 5년간 28조원, 일본 소니사의 오가노리오(大賀典雄·73) 명예회장이 경영 일선에서 물러나면서 받게 된 퇴직위로금 160억원(16억엔)의 거액을 사회에 쾌척했다는 것도 신문지상을 통하여 알고 있다.

뿐만 아니라 폐품을 모아서 팔거나 콩나물 값을 아껴서 어렵사리 모은 푼돈을 쪼개어 음성 꽃동네에, 불우이웃에, 아프리카 빈민자선기금 등으로 지속적인 송금을 하는 작은 나눔을 실천하는 아름다운 마음을 가진 평범한 많은 사람들도 알고 있다.

이렇게 백만 마디의 말보다 행동으로 다른 사람들을 움직여서 세상을 아름답게 가꾸어 가는 마음이 따뜻한 사람들의 삶이야말로 곱고 맑은 마음이 넉넉한 아름다운 삶이라고 아니할 수 없다. 이 중에서 작지만 아름다운 나눔을 지속적으로 실천하는 보통 사람들의 삶이 더 아름답다고 하는 이유는, 세상을 살아가는 많은 사람들에게 따뜻한 희망과 곱고 맑은 넉넉한 마음을 지속적으로 싹틔우는 힘의 원천이 더 되기 때문이다.

『나는 작은 게 좋아 / 남들이 알아주지 않아도 / 작은 게 좋아 / 다들 큰 것에 미쳐 / 큰 것만이 귀한 것인 냥 / 큰 것에만 매달려도 / 나는 작은 게 훨씬 마음 편해 / 작다고 해서 기죽지 않고 / 작다고 해서 불편하게 느끼지 않고 / 작은 것에 행복이 있으려니 믿고 / 나는 작은 것을 찾아 갈 테야 / 작으면 어때 작으면 작은 대로 의미가 있고 / 생명이 있으면 되는 것이지 / 그 속에 무한한 바람이 있고 / 어디서도 맛 볼 수 없는 평화가 있으니 / 나는 작은 게 좋아 / 나는 작은 게 훨씬 마음 편하고 좋아.』

내가 작은 것을 더 소중히 여기는 다른 이유는 박철 님의 〈작은 게 좋아〉에서 얘기하고 있는 것처럼, 시벨리우스도 "아름다움이란 그것을 발견하는 사람의 것"이란 말을 했듯이, 내가 가장 존경하는 정신적인 스승님의 공번된 가르침이 작은 것을 더 소중하게 생각하는 이유일 것이다.

나의 스승 예수님은 언제나 '작은 것'에 관심을 두셨다. "작은 자에게 한 것이 곧 나에게 한 것이라"고 하셨다. 내가 많이 가졌기 때문에 행복한 것이 아니고, 내가 아무 것도 가진 것이 없기 때문에 불행한 것이 아니라, 내가 이웃과 나누지 못한 것이 불행이며, 내가 이웃과 함께 더불이 살아가는 것이 행복한 삶이라고 했다.

법정 스님도 그의 〈무소유〉라는 책에서 집착을 버리고 삶을 관조하는 것에 인간의 진실이 있다고 했다. 사람이 허욕에 사로잡히면 아무것도 보이지 않는다고 했다.

미국 소설가 존 스타인벡의 작품 가운데 〈진주〉라는 소설이 있다. 이 소설의 주인공인 키노와 아내 조안나는 어부였지만 가끔 바다 속에서 진주를 캐기도 했다. 그러던 어느 날, 이들 부부는 지금까지 캐낸 진주와는 확연히 다른 아주 귀한 진주 한 알을 찾아냈다. 삽시간에 소문이 퍼졌고, 이를 듣고 찾아온 사람들이 그들의 오두막집을 기웃거렸다. 키노와 조안나가 진찰을 받으러 병원에 가자 진주에 탐이 난 의사는 과잉친절을 베풀며 병이 더 오래가도록 처방한다. 또한 진주장사들은 그 진주를 헐값에 사들이려고 농간을 부리다가 급기야는 협박까지 한다. 어느 날은 강도가 침입해 키노와 혈투까지 벌였다. 결국 이 부부는 그 귀한 진주를 깊은 바다 속에 던져버렸다. 진주가 이 가정에 행복을 가져다주기보다 불행의 씨앗이 됨을 체험했기 때문이었다.

이 모두가 인간의 행복은 작은 것을 소중히 볼 줄 아는 마음에 깃들여 있다는 것을 증거하고 있는 것이다. 작은 소리를 들을 수 있는 마음, 지극히 작은 것이라도 천시하지 않고, 거기에 생명의 경외를 느낄 수 있는 사람의 마음은 참으로 아름다운 행복한 삶을 사는 사람인 것이다.

어떻게 하면 곱고 맑은 넉넉한 마음이 곧 아름다운 삶을 영위할 수 있을까?

첫째로 항상 기쁨과 만족과 평안함을 유지하려고 생각하면서 훈련하여야 한다.

이것은 이 세상의 것을 소유하기만 하면 기쁨과 만족과 평안은 그대로 주어지는 것으로 착각하고, 불의한 방법으로 돈과 명예와 권세를 얻으려고 동분서주하는 인생이 많은 오늘의 현실에서는 이해하기 어려워 보인다. 그러나 우리인생은 육신만 가지고 사는 존재가 아니라 영혼을 가진 존재라는 것을 인정한다면, 아무리 이 세상의 것을 모두 소유했다 하더라도 영혼의 평안을 유지하지 못하면 불안할 것이라는 점은 누구나 인정할 것이다. 그러므로 곱고 맑은 넉넉한 마음을 유지할 때 기쁨과 만족과 평안한 아름다운 삶을 유지할 수 있지 않을까 한다.

두 번째는 가정의 화목함을 부부가 같이 느낄 때 넉넉한 삶을 유지할 수 있다.

우리나라 가정의 가훈으로 '가화만사성(家和萬事成)'이란 말을 가장 많이 채택하고 있다고 한다. 이는 '가정이 화목해야 만사가 잘 된다'는 의미이다. 즉, 인간의 머리로 헤아려서 사는 모든 날들이 결국에는 헛될 수밖에 없는 그런 세상이지만, 가정의 삶이 바르게 될 때 행복을 느끼며 하루하루를 아름답게 지낼 수 있는 것은 하느님의 섭리에 속한 것이다. 왜냐하면, 가정은 세계인구 50억 중에서 당신과 나를 선택하여 하느님께서 맺어준 보금자리이기 때문이다. 그러므로 남편은 아내를 이 세상에서 가장 사랑해야 하고, 아내는 남편을 이 지구상에서 가장 존경해야 하는 것은 당연한 일이라 하겠다. 부부는 서로가 싫어하거나 싫어할 만한 일은 독단적으로 시작하지 말아야 하며, 각자에게 주어진 의무와 책임수행에 최선의 노력을 기울여야 한다. 이것이 하루를 살아도 즐거운 가정을 저절로 만드는 가장 쉬운 길이 아닌가 한다.

마지막으로 부부가 다함께 굳게 믿고 따르는 스승님이 가르치는 대로 사는 것이다. 사람은 삶의 목적을 분명히 정해야 한다. 왜냐하면, 똑같은 일을 하더라도 아무런 의미 없이 하면 참으로 지루하고 힘이 들지만, 삶의 목적에 비추어 감사하고 즐거운 마음으로 임할 때 보다 큰 만족감과 기쁨으로 나날을 지낼 수 있기 때문이다.

우리가 현실세계에서 살아가는 동안에 고민하는 것 중 약 80% 정도는 쓸데없는 것이라고 한다. 지금까지 갖고 있던 고민들을 삶의 목적에 비추어 중요하지 않은 것은 빨리 버릴수록 그 자리에는 희망으로 빨리 채워짐을 발견할 수 있을 것이다. 영혼이 맑아져서 조물주의 걸작품인 대자연의 위엄이며, 대자연에 거스르지 않고 그대로 순종하는 삶을 살아가는 농부들의 곱고 맑은 넉넉한 마음을 이해할 수 있다. 호수공원의 파란풀밭에 놓여진 평상에 누워있노라면 눈앞에 펼쳐진 뭉게구름이 걸려있는 파란 하늘, 귓가에 울리는 풀벌레소리, 얼굴을 간지럽히는 하루살이들, 말없이 몸을 살짝 만지면서 지나가는 바람의 의미도 새롭게 느껴지게 된다.

그러므로 '행복이란 무엇일까?'라는 사뭇 지성인인 체 하면서 먼 데서 오묘한 해답을 찾으려는 부질없는 그간의 시간낭비를 줄여야 한다. 곱고 맑은 넉넉한 마음이 곧 세상은 아름답고 살 만한 곳으로 만드는 삶의 원천이기 때문이다.

(2003. 9. 11)

향기로운 삶과 안쓰러운 삶

공자의 위정편(爲政篇)에 의하면, 정상적인 사람들은 10년을 주기로 자신의 삶의 궤적이 과연 자신이 원하던 향기로운 것이었는지를 점검해 보게 된다고 한다. 스물이나 서른이 될 때의 분위기는 주로 자신만만한 가운데 확장이나 도전 또는 각오를 다지는 단계에 속한다.

필자와 같은 564세대들은 저마다 40세만 넘으면 기존에 설정한 인생목표를 유지하는 데 더 이상 감정의 소모 따위에 휘청거리며 살지 않아도 되리라 믿으면서, 하루 빨리 사십이 되기를 손꼽아 기다려왔었던 세대이다.

지천명(知天命)의 나이인 50세가 되면 세상의 모든 것이 눈에 선하게 나타나고 이 사회의 훌륭한 원로가 될 수 있을 것으로 생각해 오다가, 어느새 오십대의 끝자락에 매달려 덧없는 세월에 무상함을 느끼며 쓴웃음과 함께 동감된 정담을 나누기에 적합한 분들도 그리 많지 않은 것을 확인하고는, 다시 한번 허탈감에 쓴웃음을 지어보기도 하는 철부지로 전락하기 쉬운 세대이다.

564세대란 50대 나이, 60년대 학번, 40년대 생을 대표하는 격랑에 휩쓸려 허우적거리다 보니 어느덧 노년의 입구에 떠밀려온 세대로 정의될 수 있다. 이들은 신세대관점에서 보면, 완전한 구식 교육을 받아 일생의 목표는 오로지 가난에서 벗어나기 위해 월남전쟁과 중동건설 등에서 근성과 뚝심 하나로 목숨을 걸었던 산업전사의 세대들이다. 그리고 오늘날 이 나라를 이끌어갈 주역이라고 스스로를 요란하게 외치고 있는 소위 386세대의 부모님들이다.

한편으로는, 이들 주위의 친구들이나 짝들이 천병상 시인의 〈귀천(歸天)〉이라는 시에서 노래했듯이 '새벽빛 와 닿으면 스러지는 이슬 더불어 손에 손을 잡고 하나 둘 하늘로 돌아가고 있음을 목도' 하면서, "매일 조금씩 죽음을 향해 가면서도 죽음을 잊고 살다가 누군가의 임종 소식에 접하면, 그를 깊이 알지 못해도 가슴속엔 오래도록 찬바람이 분다"는 이해인 수녀님의 일부 시구를 진하게 가슴으로 음미하고는, 죽음에 대한 불안과 삶에 대한 애착을 동시에 강하게 느끼는 복합적인 세대이기도 하다. 그렇기 때문에 삶을 추하게 하는 행동들은 가급적 경계하려는 세대이다.

한 가지의 중요한 사실은 누가 무엇이라고 해도 현시점에서 이 지구 역학의 중심에 서서 세계를 호령하고 있는 미국의 부시대통령이나 이 나라를 통치하고 있는 세계최초의 인터넷대통령인 노무현 대통령도 564세대로 가장 힘 있는 현실적인 세대란 점이다.

우리들 중에서 자신의 삶을 추하게 꾸려나가고 싶은 사람은 아마 없을 것이다. 그러나 자신의 행동에서 안쓰러운 냄새가 나는지 아니면 향기로운 냄새가 발산하는지를 인식하지 못한 상태에서 오로지 더 즐기면서 오래 살기 위해 건강에 좋다는 음식이면 희귀한 천연기념물까지도 밀렵하기를 마다하지 않고, 한편으로는 땀을 흘리지 아니하고 일확천금을 벌기 위해 복권 등에 고상한 영혼을 낭비하고 있는 사람들을 볼 때마다, 안쓰러운 냄새가 물씬 풍기는 것은 나만의 괴팍한 성격 탓일까?

특히 로또(Lotto)복권사업은 더욱 그렇다. 왜냐하면(특히 2003년을 접어들면서) 거의 매일 로또복권 판매소에는 남녀노소가 장사진을 이루고, 토요일 저녁이면 텔레비전 생중계 앞에서 마치 대선 개표방송을 바라보듯 기대와 긴장과 허탈의 도박판을 연출하고 있기 때문이다. 더욱 가관인 것은 복권 1등 당첨확률은 한 자리에서 벼락을 세 번 맞을 확률과 같은 '0%'라고 하는데도, 매번 수만 원에서 수십만 원까지(2003년 2월 27일부터는 1인당 10만원 한도로 제한) 꾸준히 복권을 사는 것은, 치유하기 불가능에 가까울 정도의 안타까운 복권신앙심에 빠진 학생에서 노인에 이르는 많은 사람들이 복권열풍에 몸살을 앓고 있다는 점이다.

더욱더 한심한 것은 이처럼 전국의 거리를 카지노 판으로 만드는 로또복권사업 주체가 바로 행정자치부장관 등 관련 7개 부처장관과 3개 처(청)장과 1개 도(道)가 관련되고 있다는 데 있다. 공동선을 추구해야 할 정부가 국민정신을 오염시키는 도박사업을 벌이고 있으니, 우리 시대의 슬픈 또 하나의 초상이라 아니할 수 없는 일이다. 혹자는 "오락삼아 몇 만 원어치 복권으로 며칠간이라도 행복한 마음을 가질 수 있다면 나쁜 것만은 아니지 않은가? 더군다나 이익금은 공익에 쓰인다던데…"라고 하지만 납득할 수 없다. 왜냐하면 그런 값싼 행복은 사행심이며 정신과 영혼을 병들게 할 뿐이기 때문이다. 따라서 아무리 좋은 목적을 가졌다 하더라도 수단을 정당화할 수는 없기 때문에 복권으로 국가공익사업의 재원을 염출한다는 것은 한낱 기만이요, 사기에 속하는 불건전한 발상에 속하는 일이다. 왜냐하면 인생은 땀이지 요행은 아니기 때문이다.

그렇기 때문에 예수님은 사행심을 싫어하시어 요행과 기적을 바라는 사람들의 얼굴조차 대하기 싫어하셨음(마르 8, 11-13)은 주지의 사실이며, 모세의 십계명에도 '다른 신을 섬기지 말라. 남의 재물을 탐내지 못한다(신명 5,7.21)'고 명령하고 있다. 따라서 복권 · 경마 · 카지노 등 도박은 십계명을 어기는 일에 해당되어 외국인 관광객들 입에서도 '오, 필승 코리아!' 대신에 '오, 사행심 천국공화국! 오, 사고다발 안전후진국!'이라는 빈정거림을 받아도 할말을 잃어버릴 정도의 안쓰러운 행동임을 알면서도, 신앙인라고 자처하는 분들까지도 많이 참여하고 있다는 사실은 깊이 있는 자기성찰이 필요하다고 하겠다.

삶을 추하게 하는 또 다른 행동 중의 하나는, 떠나야할 때가 언제인지를 모르고 지나치게 자리에 연연하는 높은 분의 행동도 아름다워 보이지는 않는다. 왜냐하면 만족할 줄 모르는 욕망은 그들을 맹목적으로 그리고 제어할 틈도 주지 않고 권력욕의 노예가 되도록 부추기기 때문이다. 이러한 안쓰러운 행동으로부터 5 · 18 광주학살과 같은 반민족적인 반역이, 관료 마피아집단들에 의한 IMF 사태와 같은 국가경제파탄이 나온다. 탐욕을 좇는 그들의 욕망은 지역감정과 학연 같은 나쁜 행위를 충동질 한다.

욕망이 지배하는 곳에서 절제에 의한 건전한 판단은 사라지며, 쾌락의 영역에서 덕(德)은 결코 살아남을 수 없다. 탐욕에 눈이 어두운 상태가 오래 지속되다보니 그들의 영혼의 빛은 시꺼멓게 타버린 지 오래다. 떠날 때가 충분히 되었고 또 주위 사람들이 떠나라고 아우성인데도 자리에 지나치게 집착하는 높은 분들일수록 자신은 그다지 미련이 없지만 오로지, 국가와 사회를 위해 봉사한다고 강변을 하기도 한다. 본인 말고는 그들의 봉사를 원하는 이들이 없는 것 같은데도, 그들처럼 높은 경륜 또는 그 자리에 앉아보지 않고서는 도무지 이해할 수 없는 지독한 노욕(老慾)으로 빚어지는 이러한 행동들은 더욱 그렇다.

어느 성직자는 일찍이, 먹고 살기 힘들다고 남의 재물에 손대는 것은 작은 도둑이요, 권세를 이용해 더 많은 재물을 탐하려 하는 것은 큰 도둑이니, 이 모두가 자기 마음자리를 다스리지 못하고 마음 가는 대로 행동하기 때문에 일어나는 일이라고 갈파한 바 있다. 최소한 이 점만 지키려고 나날이 노력하는 삶을 살 수만 있어도, 보다 거룩한 생활을 할 수 있지 않을까? 이렇게 볼 때, 향기로운 삶을 위한 기본과제는 내가 내 마음의 주인이 되는 일이라는 생각이 든다.

부처님도 아함경에서 "마음 가는 대로 따라가선 안 된다. 마음 가는 대로 한다면 세상에 모든 악을 짓게 되나니, 마음에 따르지 말고 마음의 주인이 돼라. 도를 얻는 것도 마음이다. 마음이 하늘도 만들고 사람도 만들며, 귀신이나 축생 혹은 지옥도 만들므로 모든 것은 다 마음에 매인 것이다"라고 하셨다.

2001년 겨울로 기억되는데, 어느 시골의 한 564세대에 속한 부인이 죽은 자기 남편이 낸 산불의 피해 배상금 120만원을 20년의 세월에 걸쳐 갚은 일이 언론에 보도됐다. 그 노파는 빚 때문에 한 순간도 마음 편히 지낼 수 없었다고 한다. 그래서 농사일과 행상으로 한 푼 두 푼씩 벌어 빚을 다 갚고 나서야 두 다리를 뻗고 잘 수 있었다고 한다. 그러면서

"죽은 남편도 이제야 비로소 저 세상에서 편히 쉴 수 있을 것"이라며 기뻐했다고 한다. 이 노파의 순수한 그 마음자리가 바로 지고지순한 아름다운 마음이며 향기를 발하는 마음이다. 만일 그 노파가 "내가 낸 산불도 아니고 나 먹고 살기도 힘든데" 하며 외면했다면 그 생각은 작은 도둑이 되는 추한 마음이 되는 것이다.

우리는 왜 이 세상에서 남보다 돈을 더 많이 벌려고 노력하고 유명해지고 권력을 쥐려고 노력하는가? 그 해답은 한마디로 지금보다 더 행복한 삶을 살기 위해서다. 그렇기 때문에 우리는 그것을 얻기 위해서 오로지 집착하다 아무런 예고도 없이 죽음을 맞이하게 되는 것이 아닌가 한다.

죽음 앞에는 미움도 원망도 무가치함을 여러 경우를 통하여 보아왔다. 오직 못 다한 사랑의 채무자로만 남아 있는 것을 확인할 수도 있었다. 그래서 사랑은 생명의 꽃, 미움을 절망의 꽃이라 하지 않는가?

그렇지만 우리와 같은 범인(凡人)들은 알면서도 행하기가 어렵지만, 나옹화상 스님의 〈바람같이 구름같이 살다 가려하네〉를 거울로 삼아 계속 향기를 배양해 간다면 '언젠가는 이루어지지 않을까?' 하고 기대해 본다.

『청산은 나를 보고 티없이 살라하고 / 창공은 나를 보고 말없이 살라하네 / 사랑도 버리고 마음도 버리고 / 바람같이 구름같이 살다 가려 하네』

(2003. 5. 18)

행복한 삶

"당신 지금 행복한 삶을 살고 있나?" 하고 물으면, 먹고 살기도 어려운 이 세상에서의 삶을 행복한 삶이라고 생각할 사람이 몇 명이나 되겠냐고 되묻는 사람이 제법 많다.

그런가 하면, "가진 것은 없지만, 나에게는 이 세상에서 가장 소중하고 가장 아끼는 사랑하는 사람과 애들과 매일 함께 있을 수 있다는 그 사실 한가지만으로도 행복하다"는 사람도 있다.

9세기 당시에 세계에서 가장 큰 사라센 왕국을 49년간 통치하면서, 세계 최강의 군대와 3,321명의 아름다운 왕후들을 거느렸고, 616명이나 되는 자녀들을 두었던 사라센 제국의 압둘 라만 3세의 삶은 행복한 삶이었을까?

그러나 그가 숨을 거두면서 마지막으로 남긴 말은 "오랜 세월 동안의 영예로운 통치에도 불구하고, 내가 진정으로 행복을 누린 날은 단 14일뿐이었다"라고 하였다.

필자도 그 옛날 셋방살이에서 벗어나 집주인의 눈치를 보지 않고 우리 어린 딸들이 마음대로 웃고 울어도 되고, 대문과 창문을 열어놓고 살아도 도둑걱정하지 않아도 되었던 13평 청파아파트에서의 삶이, 도둑걱정을 하면서 살아야하는 현재 넓은 집에서의 삶보다 더 마음 편안하고 웃음이 많아서 행복했던 것 같다는 추억을 지울 수 없다.

이렇게 볼 때, 행복이란 밖에서 오는 요소도 있겠지만 안에서 내면세계에서 꽃향기처럼 피어나는 것이 진정한 행복이라는 생각이 든다. 이 생각이 정상이라면, 행복한 삶은 '필요한 것을 얼마나 많이 갖고 있는가가 아니라, 적당하게 바라고 적당하게 갖고 있는 삶에서 오는 것이 아닐까' 한다.

그렇다면 행복의 실체는 무엇이며, 어디에 있을까? 이것은 수학으로는 증명하기 어려운 오묘한 영역이다. 그렇기 때문에 행복은 보이지도 않고, 만져 볼 수도 없는 신비에 싸여있는 연약하면서도 보드라운 순수한 요술쟁이인 것이다. 이 요술쟁이는 재력과 권력에 대한 과욕을 부리는 사람을 제일 싫어한다.

그러나 웃음을 좋아하고, 꽃을 좋아하며, 자연을 좋아하는 사람 주위에 오래 머무르고 싶어 하는 속성을 가지고 있다.

그 옛날 인간이 태어나면서부터 '행복'이란 꿀단지를 이미 손에 쥐어 주었었는데, 그것을 꽉 잡을 생각은 하지 않고 행복하지 않다고 불평하는 꼴불견들을 보다 못한 천사들이 회의를 열어 다음과 같이 대책을 논하기로 했다고 한다.

『천사회의에서는 인간에게서 천대받는 행복을 일단 회수해 버리기로 결의했다. 그래서 인간들에게 자동적으로 주어졌던 행복을 빼앗아버린 것이다. 그런데 그것을 어디에 감춰두느냐 하는 것이 천사들의 새로운 고민거리로 등장하게 되었다.

그 때 한 천사가 제안했다.

"저기 저 바닷속 깊은 곳에 숨겨두면 어떨까요?"

그러자 천사장이 고개를 저으며 말했다.

"인간들의 머리는 비상하오. 바닷속쯤이야 머지않아 뒤져서 찾을 거요."

그러자 또 다른 한 천사가 제안했다.

"가장 높은 산의 정상에 숨겨두면 어떨까요?"

이번에도 천사장은 고개를 저었다.

"인간들의 탐험정신은 따를 동물이 없어요. 그러니 제 아무리 높은 산 위에 숨겨두어도 찾을 거요."

궁리하고 궁리한 끝에 천사장은 이렇게 결론을 내렸단다.

"인간들의 각자 마음속 깊은 곳에 숨겨두기로 합시다. 인간들의 머리가 비상하고 탐험정신이 강해도 자기들의 마음속에 행복이 숨겨져 있는 것을 깨닫기는 좀체 어려울 것이오."』

분수를 지키며 선하고 정의롭게 살려는 마음 먹고 실천할 수만 있다면 행복을 저절로 얻을 수 있는데도, 불평・불만을 잔뜩 늘어놓음을 통하여 불행을 자초하기 쉬운 것이 우리네 여느 삶이 아닌가 싶다. 어느 분의 〈만나면 편한 사람〉이란 글처럼….

『그대를 생각하면 마음이 따뜻해집니다. / 그대를 만나 얼굴만 보고 있어도 마음이 편안해집니다. / 그대는 내 삶에 잔잔히 사랑이 흐르게 하는 힘이 있습니다. / 그대를 기다리고만 있어도 좋고 만나면 오랫동안 같이 속삭이고만 싶습니다. / 마주 바라보고만 있어도 좋고 영화를 보아도 좋고 한 잔의 커피에도 행복해지고 / 거리를 같이 걸어도 편한 사람입니다 // 멀리 있어도 가까이 있는 듯 느껴지고 가까이 있어도 부담을 주지 않고 / 언제나 힘이 되어주고 쓸데없는 걱정은 하지 않아도 됩니다. / 한도 끝도 없이 이어지는 이야기 속에 잔잔한 웃음을 짓게 하고 / 만나면 편안한 마음에 시간이 흘러가는 속도를 잊도록 즐겁게 만들어 줍니다. / 그대는 순하고 착해 내 남은 사랑을 다 쏟아 사랑하고픈 사람 / 나의 소중한 꿈을 이루게 해주기에 만나면 만날수록 편안합니다. / 그대는 내 삶에 잔잔한 정겨움이 흐르게 하는 힘이 있습니다.』

우선 '행복이란 과욕을 하는 사람을 제일 싫어하나, 웃음을 좋아하고, 꽃을 좋아하며, 자연을 좋아하는 사람 주위에 오래 머무르고 싶어 한다'는 것을 이해할 필요가 있을 것 같다.

「1990년대 후반 고려대 안암캠퍼스에 다닌 학생들에겐 잊을 수 없는 명물로, 수많은 기업체 영업사원들에게는 마케팅 실전 명강사로 기억돼온 '번개 배달 조태훈' 씨라는 남의 이름으로 9년여 동안 이중생활을 해오다 경찰에 입건된 김○○씨와 같은 불행한 삶은 살지 않았을 것이다. 또 3,000만원 카드 빚과 생활고를 비관한 30대 주부가 아파트 14층에서 동반 투신해 죄 없는 자녀 3명의 소중한 목숨을 앗아가는 충격적인 사건」 등도 발생하지 않았었을 것으로 생각되기 때문이다.

그러나 행복의 속성을 이해한 시먼스가 35세에 근육이 마비되는 루게릭이라는 불치병에 걸려 죽음을 선고받았지만, 엄숙한 삶의 의미를 발견하고 그것을 책으로 펴내는 등 행복한 삶을 위한 긍정적인 노력을 한 결과로, 영문학 교수이자 장래가 촉망되는 문인으로서 생의 활기찬 걸음을 내디뎠듯이, 휴지 한 장 들어올리는 것조차 힘겨워 죽고 싶은 사람도 건강할 때는 수건으로 아이 얼굴을 닦아주는 일 같은 것이 귀찮은 일거리였지만, 병에 걸린 덕분에 이제는 그런 식으로 나보다 더 어려운 누군가와 내 삶을 나눠 가질 수 있음에 감사하다는 생각을 가질 수 있으면 보다 행복한 삶을 그 곁에 오래 머무르게 할 수 있지 않을까?

행복한 인생의 삶을 살기 위해서는 우선 기쁨과 만족과 평안함을 빼앗기지 않도록 노력해야 할 것 같다. 사회학자 토니 캄폴로는 "모든 인간은 죽음 앞에 섰을 때 이루지 못한 업적을 바라보며 후회하지 않는다. 단지 바르게 살지 못했음을 후회한다"고 했다. 그렇게 하려면 우선 자기 삶의 목표로 삼고 실천할 수 있는 종교를 갖는 것이 필요하다. 그러면 이 세상의 것을 소유하기만 하면 행복은 저절로 주어지는 줄 착각하고, 수단과 방법을 가리지 않고 돈과 명예와 권세를 얻으려고 동분서주하는 헛된 인생을 오래 살지 않게 할 것이다. 우리 인생은 육신만 가지고 사는 존재가 아니라 영혼을 가진 존재이기 때문에, 영혼이 편안하지 않으면 아무리 많은 재물과 권력을 많이 소유했다 하더라도 행복한 삶을 산다고 하기는 어려운 것이다.

두 번째로는 가정에서 행복한 삶의 의미를 느껴야 한다. 비록 인간중심으로 사는 모든 일들이 종국에 가서는 헛될 수밖에 없는 세상이지만, 가정에서의 삶이 바르게 될 때 행복하게 살아갈 수 있는 것이다. 왜냐하면, 가정은 사랑하는 아내와 남편이 서로 이 세상에서 가장 존경하면서 살아가도록 하느님께서 마련한 보금자리이기 때문이다.

세 번째로는 남과 비교하거나 물질중심으로 행복과 불행을 연결시키지 말아야 할 것이다. 왜냐하면, 비교는 시샘과 열등감을 낳기 마련이어서 행복한 삶은 슬그머니 도망가기 마련이기 때문이다.

마지막으로 세상을 살다보면 어려운 일이 생겨서 자기에게 불행이나 재수 없는 일이 벌어지고 있다고 미리 짐작을 하고 포기하고 싶을 때도 종종 발생한다. 그러나 그것을 거꾸로 좋은 일이 일어날 징조라고 생각을 바꾸고 행동하면 희망으로 변한다는 사실도 알아야할 것 같다.

『행복한 삶의 씨앗도 불행한 삶의 씨앗도 다 내 마음 안에 있다. 어느 것을 선택할 것인가는 내가 결정하는 것이다.』

(2003. 7. 19)

가장 멋있는 삶

일찍이 아리스토텔레스(Aristoteles)는 누구에게 있어서나 삶의 궁극적인 목적은 '행복'이라고 언명한 바 있다. 행복이란 즐겁고 평안하여, 근심걱정 없이 자기만족에 있으며 만족한 삶의 보람과 긍지를 느끼면서 나름대로 자기가 선택한 분야에서 노력하는 것이다. 그렇기 때문에 인간은 누구나 성공하여 멋있게 살고 싶어 할 것이다.

어떻게 사는 것이 가장 멋있게 사는 것일까?

어려운 과제이지만, 멋있는 삶의 길이 오직 하나만 있는 것으로 생각되지는 않는다. 그것은 개인의 소질과 취향 그리고 형편에 따라 각각의 삶의 길이 다를 것이기 때문이다. 건물이 그것을 만든 건축가의 작품이듯이, 우리의 삶은 우리들 각자의 작품이며, 웅대하고 아름다운 건축을 성공적으로 짓기 위해서는 우선 훌륭한 설계를 하여야 하듯이, 보람된 삶을 실천하기 위해서는 우선 좋은 삶의 설계를 해야 한다는 사실에는 다름이 없을 것이다. 주먹구구식으로 집을 지으면 초라하고 보잘것없는 집밖에 지을 수 없고, 설계 없는 즉흥만으로는 창조적이고 보람된 삶을 살아가기가 매우 어렵기 때문이다.

그러나 모든 사람들이 똑같은 집을 짓고 살 필요가 없듯이 모든 사람들이 똑같은 목표를 위해서 살 필요는 없겠지만, 삶을 설계함에 있어서 가장 중요한 것은 '삶의 궁극목표를 무엇으로 정하느냐' 하는 문제일 것이다. 사람은 누구나 어떤 목표를 세우고 살아가게 되거니와 궁극의 목표를 무엇으로 정하느냐에 따라서 그 사람의 삶의 양상이 크게 좌우되기 마련일 것이다. 고로 삶의 목표를 각자의 소질과 형편에 적합하게 정하는 것이 가장 멋있는 삶을 위한 필수조건이 아닐까한다.

돈과 사회적 지위를 확보하고 풍요로운 물질생활을 즐기는 것을 삶의 지상목표로 삼는 사람들이 우리 주변에 많은 것 같다. 돈이 많고 사회적 지위도 높으며 고급승용차를 굴리고 향락을 즐기며 풍요롭게 사는 사람들을 우리는 '성공한 사람'이라고 부르며, 자신도 그렇게 되기를 간절히 희망한다. 그러한 삶은 그 자체로서 그리 나쁠 것이 없다. 정당한 방법과 과정을 거쳐 재산과 지위를 얻는 것은 그 반대의 경우보다 바람직하며, 괴롭고 고생스러운 삶보다는 즐겁고 풍요로운 삶이 더 좋음에는 의심의 여지가 없다.

그러나 그렇다고 해서 지위와 향락이 삶의 궁극적인 목표로서 가장 적합하다고 단정하는 것은 바람직한 생각이라고 할 수 없다. 왜냐하면 그 목적달성 후에는 허망해서 삶의 의미가 퇴색될 수밖에 없을 것이기 때문이다. 따라서 이 문제를 좀더 깊은 각도에서 생각해 볼 필요가 있다고 하겠다.

첫째, '우리는 돈과 지위와 향락보다도 더 값지고 더 뜻있는 삶이 없을까?'를 생각해 보아야 한다. 돈과 지위와 향락이 매력적인 목표임에는 틀림이 없으나, 그것들이 오랜 생명을 가진 가장 뜻 깊은 가치라고는 생각되지 않는다. 한때의 즐거움을 누리는 것 이상의 삶이 전혀 없다면 모르거니와 만약 그 이상의 삶도 있을 수 있다면, 한 번밖에 없는 인생을 허무한 목적을 위해서 불살라 버릴 것이 아니라 보다 높은 삶에 도전하는 편이 마땅하다는 생각이 든다.

둘째, 돈과 지위와 향락을 얻기 위해서 우리가 어떠한 방법을 써야 할 것인가도 생각해야 한다. 정당하고 떳떳한 방법을 통해서 그것들을 얻을 수 있다면 모르거니와, 부당하고 비열한 방법을 쓰지 않고서는 얻기 어려운 것이라면, 그러한 것들은 삶의 최고의 목표로서 적합하지 않다고 보아야 할 것이다. 한 가지 분명한 것은 재물과 지위와 향락이 가장 강한 경쟁성을 가진 목표라는 사실이다. 이러한 상황에서는 수단과 방법을 가리지 않는 무자비하고 잔혹한 사람들이 경쟁에서 이길 경우가 비일비재하다는 사실이다.

셋째, 비록 정당한 방법으로 재물과 지위를 얻었다 하더라도 그 결과를 향락의 방편으로 삼는 것은 슬기로운 태도가 아닐 것이다. 역사적으로 볼 때 향락이 인생의 목표가 되었을 때 오래 살아남은 개인이나 사회는 없었기 때문이다.

그러므로 이보다는 가정과 일터 및 사회문화발전을 위해 그 힘을 활용하는 편이 훨씬 보람이 큰 삶의 길이다. 이런 사람들이야말로 향락 이상의 가치를 목표로 삼은 사람들이라고 할 수 있지 않을까 한다. 평범한 사람들 가운데 존경을 받을 만한 인물이 오히려 많이 있다. 양심에 부끄러운 짓 하지 않고 이웃 사람을 위해 좋은 일 하면서 알뜰하게 사는 사람들은, 남을 밀어제치고 남의 욕을 먹어가며 유명하게 된 사람들보다 존경받을 만한 사람들이다. 이웃 사람들을 위해서 도움을 주어가며 착하고 깨끗하게 산다는 것은 결심만 하면 누구에게나 가능한 일이기도 하다.

삶이란 공중에서 다섯 개의 공을 돌리는 juggling game과 같다. 각각의 공에 일, 가족, 건강, 친구, 나(영혼)라고 붙여 보자. 조만간 당신은 '일'이라는 공은 고무공이어서 떨어뜨리더라도 바로 튀어 오른다는 것을 알게 될 것이다.

그러나 다른 네 개는 유리로 만든 공과 같아서 하나라도 떨어뜨리게 되면 닳고 긁히고 깨져서 다시는 전과 같이 될 수 없는 특성을 가지고 있다. 중요한 것은 어떻게 하면 다섯 개 공의 균형을 유지하느냐는 것이다.

따라서 가장 멋있는 삶을 설계하고 그 삶을 영위하기 위해서는,

첫째 자신을 다른 사람과 비교하면서 과소평가하지 말아야 할 것이다. 행복한 삶을 사는 사람들의 한 가지 공통점은 다른 사람과 나를 비교하지 않는다. 과거나 미래에 집착하다 보면 보람된 삶이 손가락 사이로 빠져나가기 마련이기 때문이다.

둘째, 내가 완전하지 못하다는 것을 인정하기를 두려워 말아야 한다. 걸레를 아무리 빨아도 행주가 되지는 못하듯이, 나 자신이 변하는 게 참 어렵다는 것을 알기 때문이며, 나를 구속하는 것은 바로 이 덧없는 두려움 때문이다.

셋째, 행복과 불행은 자기 스스로가 만드는 것이라고 생각한다. 특히 장년층으로 갈수록 이타적인 삶이 보람을 더욱 크게 느낀다고 한다. 다

른 사람들이 내가 하는 일을 보고 칭찬을 하건 말건 '나는 이 일을 하느님을 위해서 하는 거야' 하고 담담하게 봉사하는 사람과 일을 하면 꼭 칭찬을 받아야만 봉사의 맛을 느끼는 사람 사이의 행복감의 크기와 깊이는 차이가 클 것이기에!

『풀과 나무들은 / 저마다 자기다운 꽃을 피우고 있다. / 그 누구도 닮으려고 하지 않는다. / 그 풀이 지닌 특성과 / 그 나무가 지닌 특성을 마음껏 드러내면서 / 눈부신 조화를 이루고 있다. / 풀과 나무들은 / 있는 그대로 그 모습을 드러내면서 / 생명의 신비를 꽃피운다. / 자기 자신의 생각과 감정을 / 자신들의 분수에 맞도록 열어 보인다.』

〈법정 스님, 「있는 그대로가 좋다」 중에서〉

인생은 경주가 아니라 한 걸음 한 걸음을 음미하는 여행이다. 어제는 역사이고, 내일은 미스터리이며, 오늘은 선물(present)이다. 그러므로 지금 이 순간 인생낭비를 최소로 줄이는 삶이 가장 멋있는 삶이리라!

(2006. 2. 12)

작은 행복

기업은 물론 교육기관 및 일부 언론기관에 강의라는 핑계로 20년 가까이 기웃거리다 보니, 월급쟁이치고 자기가 다니는 현재의 직장에 만족하는 사람이 많지 않은 것 같다는 생각이 든다. 그것도 그럴 것이 상사눈치 보랴, 아랫사람 배려하랴, 동료 간의 인간관계에 신경을 쓰랴 하다보면, 피곤한 일이 한두 가지가 아니기 때문에 공감하는 부분이 많은 것 같다.

신분이 비교적 보장되어 있는 필자가 속한 직장에서도 새 원장의 취임조건으로 노조와 약속한 사항 중 일반직원 승진자리 확보목적을 달성하기 위하여, 조직 내 역학관계에서 숫자가 적어 힘이 비교적 약해 보이는 교수집단의 정년신분을 박탈하려는 시도가 감지되는 것만 갖고도 마음씨가 고운 일부는 걱정하는 것 같다

행복에도 큰 행복과 작은 행복이 있으랴마는 오늘도 그 나름대로의 행복을 찾아서 쥐꼬리만한 권한을 남용하려들고, 재물과 권력을 좇아서 정신없이 세월을 보내는 분들을 보노라면, 강호형님의 〈행복〉이라

는 글이 생각난다.

『지위가 높고 돈 많은 것이 곧 행복이라고 믿기 쉽습니다. / 그러나 어느 나라의 대통령 부부는 그 높은 지위와 / '3천 켤레의 구두'로 대표되는 호사의 극치에도 불구하고 / 비참한 말로를 맞이하고 말았습니다. // 행복이란 돈으로 살 수 있는 것이 아닙니다. / 높은 지위를 이용해서 빼앗을 수도 / 뇌물로 주고받을 수 있는 것도 아닙니다. / 그것은 자비로운 마음속에만 뿌리내리는, / 그리하여 누구나 스스로 싹 틔워 가꿀 수 있는 / 꽃씨 같은 것입니다. / 지금 여러분 마음속에는 꽃씨가 들어있습니다. / 꽃이 있습니다. / 행복이 있습니다.』

『사는 것이 무싱거꽝 슬픔일랑 잊어불곡 눈물일랑 씻어불멍 ᄉᆞ랑ᄒᆞ멍 살게마씀』

재경고등학교동창모임 회장을 맡고 있는 김형수가 올 봄에 정용제 회원 장남의 대학입학 축의금 전달 결과보고와 고희권 회원 차남결혼식 참석 및 미납회비 납부를 독려하는 서한에 쓰인 제주도 방언이다. "사람이 산다는 것이 무엇이냐. 슬픔은 잊고 눈물은 씻어내면서 서로 사랑하며 사는 것이 작은 행복이 영그는 인생이 아니겠는가. 이렇게 더불어 살아갑시다"와 대동소이한 말이다.

필자가 중학교에 입학한 이후에 몇 십 년 만에 처음으로 다시 들어보는 제주지방의 언어이기 때문에 잔잔한 옛 추억과 함께 행복감이 젖어온다. 동네 또래들과 어울려 맑은 물 시냇가에서 미역 감고 민물새우랑 장어를 잡기도 하며 다투기도 하면서, 어려운 시절을 극복하던 시절에 많이 듣던 방언이다.

이것은 현대인들에게 "이 시간 어려움과 슬픔에 지쳐 행복을 포기하고 싶은 이들이여! 왜 주저앉아 있는가. 자리를 박차고 일어나 생각하며 찾아보아라. 그러면 어렵고 힘겨운 삶 속에서 행복을 찾을 수 있을 것이다. 우리 모두 더불어서 함께 살아가는 공동체를 만들어 보자꾸나"라는 의미를 담고 있는 말이기도 하다.

『내가 그의 이름을 불러 주기 전에는 그는 다만 하나의 몸짓에 지나지 않았다. 내가 그의 이름을 불러 주었을 때 그는 나에게로 와서 꽃이 되었다.』

이는 젊은 시절 연애편지에 한 번씩은 베껴 보았을 김춘수님의 〈꽃〉이란 시의 한 구절이다. 우리는 매일매일 수많은 사람들을 만나기도 하고 스쳐지나가기도 한다. 하지만 대개는 '누구누구 마누라', '누구누구 남편', '이웃집 아줌마', '1104호 아저씨'라는 식으로만 대할 뿐, 그들도 누구의 꽃이란 생각은 못하는 것 같다. 그들도 누구의 애인이요, 부모요, 또 소중한 자식으로서의 소중한 꽃들일 것이다. 앞의 시에 대해서는 "부재의 존재인 그는 나와 관계를 가지게 될 때 비로소 존재할 수 있게 된다. 나의 존재성 역시 그와 마찬가지다. 허무로부터 나의 존재를 이끌어 낼 수 있는 것은 누가 나의 이름을 불러 줄 때 가능한 것이다"라고 어렵게 해설되어 있다.

그렇다면 행복도 각자가 마음속에서 그렇게 불러주었을 때 꽃이 되어 내 마음속으로 날아오는 것은 아닐까? 서운 스님은 주먹을 쥐었다가 손바닥을 펴면서 말했다고 한다.

『부처 되는 일은 이와 같이 쉬운 것이라네. / 다만 번뇌를 버리지 못하면 부처도 중생이고, / 무명을 버린다면 중생, 그대로가 바로 부처인 게지.』

요즈음은 잔잔한 미소를 머금게 하는 작은 행복이란 이런 것이구나 하는 기사거리도 제법 보인다.

다섯 가족에게도 빠듯한 중사 월급으로 셋방에서 함께 생활하기에는 어려운 살림이지만, 우연히 옥천군 안내면 장계리 다리를 지나다 신발도 신지 못하고 떨고 있는 장애 고아를 거둔 지 23년 만에 장가를 들이고 행복의 눈물을 흘린 육군 김덕수(51) 상사 부부의 기사는 정말 가슴이 뭉클한 감동을 적신다.

손발을 쓰지 못하는 할머니를 태운 리어카를 서울 중랑천 둔치 도로 가장자리에 세워 두고, 자신의 의지와는 상관없이 침을 흘리는 할머니의 입가를 거친 손으로 쓱쓱 닦아주면서, 간혹 두 사람의 얼굴이 마주칠 때면 서로 웃음을 주고받으면서 한가롭게 헤엄치는 오리 떼를 보며 더 없이 행복해 보이는 가난한 어느 리어카 노(老)부부의 이야기는 어떠한가.

한달 생활비에서 쓰고 남는 자투리 같은 돈을 모았다가 어느 날 남편이 음주운전으로 과태료 100만 원을 내야 한다며, 자신을 구해줄 사람은 당신밖에 없다는 애원을 들어주고는 행복해 하는 아내의 마음은 참 아름답다.

고이 잠든 손자의 얼굴을 함께 보면서 그려지는 부부의 예쁜 얼굴주름이며, 지하철에서 구걸하는 할머니에게 100원을 넣는 귀여운 여자꼬마가 차창 넘어 떠있는 하늘의 흰 구름한테 손을 흔들어주는 천진한 모습, 그리고 아직 자리를 양보 받을 나이는 아닌 것 같은데도 한사코 양보하는 젊은이를 보고 아직도 이렇듯 선량한 마음씨를 지닌 젊은이도 있다는 사실에 마음이 뿌듯해짐을 느낄 수 있음도 곧 작은 행복이 아닐까?

웃고 사는 것이 인생을 낙천적으로 살아가게 하는 중요한 필수요인임에는 틀림이 없지만, 많이 웃는다고 해서 반드시 행복한 것만은 아닌 듯도 하다.

지난 1998년 영국의 한 연구소가 54개국 국민들을 대상으로 조사한 행복도를 보면 많이 웃고 산다는 이탈리아나 프랑스, 영국 등은 열 손가락 안에 들지도 못했다. 이 지구상에서 가장 행복하다고 생각하는 사람들은 뜻밖에도 방글라데시인들이었다고 한다. 그 다음이 아제르바이잔, 나이지리아 등이었고, 독일, 미국 등은 40위권 밖으로 밀려나 있었다. 참고로 한국인이 느끼는 행복도는 23위였다.

그러나 바라만 보아도 좋은 마누라가 있다는 것이 즐겁고, 든든한 사위들이 있어 또한 행복하다. 밤하늘을 우러러 별을 보고 '너를 잊지 않게 해줘'라고 얘기하던 막내딸의 옛날 어린 모습을 떠올리는 것도 행복하고, 친구인 석철이 부부, 광수 부부 등이 있다는 그 사실이 더없이 행복하다. 축의금이 많으니 그 일부를 되돌려주려고 설득하는 마누라나 되돌려 받지 않으려고 실랑이를 버리는 큰 누나와 조카들의 따뜻한 온기는 행복 그 자체로 느껴진다.

외손주 의현이와 레오를 이 세상을 밝히는 심성 바른 촛불로 키워내려는 듯이, 큰 소리로 그녀가 어린 날에 좋아했던 동요를 부르며 흐뭇해하는 딸들의 얼굴은 보기만 해도 기분이 좋다.

(2003. 7. 26)

세상에서 가장 아름다운 손

요즈음도 신문이나 방송에서 더러운 손에 관한 기사가 거의 매일 쏟아져 나오고 있음은 매우 안타까운 일이다.

'교수들 억대 연구용역비 빼돌려, 포주 돈 상납 받은 경찰 2명 구속영장, 서울 ○○경찰서 경사와 함께 벌인 납치범, 경쟁사 기술 빼낸 혐의 전무 등 구속, 뇌물 혐의 전 거제시장 법정구속, 전 문화관광부 장관 ○○○ 씨 100억은 증권사 통해 세탁 등등'의 종류의 내용이다.

그리고 부패방지위원회는 전국의 성인 남녀 1,400명과 공무원 700명을 대상으로 실시한 조사에서 일반인의 16.1%가 공직사회를 '매우 부패', 42.1%는 '부패한 편'으로 평가해 국민 60%가 공무원 부패가 여전한 것으로 생각하고 있는 것으로 나타났다고 지난해 6월 밝힌 바 있다.

이런 안타까움 속에서 정복현 선생님이 현장에서 직접 보고 느낀 〈세상에서 가장 아름다운 손〉에 대한 글은 나의 눈시울을 촉촉하게 적시기에 충분하였고, 가뭄에 단비 같은 아름다운 손들이 더 많을 것이라는 희망을 갖게 되었다.

『저는 바닷가 가까운 작은 시골학교에 갓 부임한 병아리 선생이었습니다. 제가 만난 그곳의 아이들은 겉보기엔 소금기 머금은 바닷바람만큼이나 거칠었지만 아직도 선생님을 하늘나라에서 내려온 천사로 아는 착하기 그지없는 마음들을 갖고 있었지요. 제가 할 수 있는 일이란 꽁보리밥에 깍두기 국물이 넘친 도시락이라도 창피하지 않게 먹을 수 있도록 도와주는 것이었습니다.

그 때 저는 선이를 보았습니다. 점심시간마다 집에 가서 밥 먹고 오겠다며 넷째시간이 끝나면 부리나케 밖으로 나가던 단발머리의 말없는 아이였습니다. 학교근처에 집들이 많았으므로 으레 그럴 수 있겠거니 생각했지요. 아이들의 표정에도 어느 정도 익숙해졌을 즈음, 그때만 해도 가정방문이란 것이 있었는데, 싱그러운 바람결을 타고 들녘을 지나 아이들이 사는 작은 집들을 둘러보는 기회였습니다.

선이네 집은 생각보다 멀었습니다. 점심시간에 갔다 오기만 한다 해도 빠듯한 거리였는데…, 제 머리 속은 '선이는 어떻게 이리 먼 외딴집을 매일 달음박질 했을까'하는 생각으로 가득 찼습니다. 그렇지만 보리밭이 푸른 들길을 지나 도착한 선이네 집에서 제가 보았던 것은 그토록 먼 것만이 아니었습니다.

선이는 놀랍게도 두 분 다 눈이 먼, 그런 부모를 모시고 있었던 것입니다. 선이에게는 자신의 배고픔보다 앞 못 보는 부모의 배고픔이 더 컸고 그리하여 부리나케 점심을 차려드리고 오후시간에 맞춰 학교로 달려왔던 것입니다. 자신은 배고픔도 잊은 채….

그 다음날 점심시간에 저는 물론 우리 반 아이들 모두 한술도 뜨지 못했습니다. 영문도 모르고 다섯째 시간에 지각할 새라 헐레벌떡 교실 뒷문을 열고 들어오는 선이에게 십시일반이라 했던가, 한 숟갈씩 보리밥을 덜어 도시락을 만들어 놓고 그때까지 먹지 않고 기다리던 아이들의 모습. 미안한 듯 선이에게 건네던 아이들의 손.

그 때 보았던 선이의 푸른 하늘같은 눈 속의 투명한 눈물. 저는 그곳에서 가장 아름다운 손길을 보았던 것입니다. 저는 지치고 고단한 날이거나 눈물나게 기쁜 날이면 언제나 두 손을 모아 쥐는 버릇이 있습니다. 그럴 때마다 배고픔도 잊고 바쁘게 움직였을 선이의 그 작은 손과, 친구를 위해 오래도록 기다리며 한 숟갈 밥을 건네주던 아이들의 손을 떠올리곤 합니다. 세상에서 가장 아름다운 손을 말입니다.』

또한 여운학님의 〈이 세상에서 가장 예쁜 손〉이란 사랑의 편지도 곱다.

『크리스마스를 맞아 멀리 살던 아들딸들이 한자리에 모여 / 즐거운 크리스마스이브를 보내고 있었습니다. / 이런저런 이야기로 밤이 늦도록 이야기꽃을 피우던 끝에 / 누구 손이 제일 예쁘냐는 얘기가 나왔습니다. / 며느리와 딸들은 저마다 이 손이 예쁘다, 저 손이 예쁘다고 / 의견이 분분했습니다. 결국 투표로 결정하자고 했습니다. / 누구의 손이 제일 예뻤을까요? / 결과는 압도적이었습니다. / 그것은 주름지고 손마디가 굵어진 어머니의 거친 손이었습니다.』

그렇다. 이 세상 모든 어머님의 손은 가장 아름다운 약손이다. 필자는 어릴 때 아침에 눈만 뜨면 일터로 나가 별을 보고서야 집에 와야만 하는 농촌에서 자랐다. 농사철에는 도저히 쉴 짬이 없다. 특히 밭에서 밭을 갈고 김을 매는 철이면 농촌아낙들은 죽어난다. 요즘은 다 기계로 하고 주로 남정네들이 하는 일이지만, 이 일은 그렇지 않다. 계속 반복

되는 강도 높은 노동으로 뼈마디가 삭는다. 고단한 육신은 천근만근인데 그래도 빙긋 웃으신다. 그 때를 생각하면 눈물이 핑 돈다.

『어머니의 손보다 더 깊고 큰 우주를 나는 아직 본 적이 없다. 한 많은 세월 속을 헤쳐 온 그 인고의 손은 단 한 권의 영원한 고전(古典)이다. 가난밖에 쥔 것 없이 뜨거운 사랑만 가득 괸 샘물이다. 온갖 바람을 다스리는 솜씨로 밖에서 묻혀 온 우리들의 허물을 남몰래 밤새워 씻겨주신 손, 엄마 손은 약손이다』

〈엄마의 손〉이라는 정대구님의 일부 글귀대로 엄마 손은 약손임이 틀림없다. 엄마가 해주신 음식은 무엇이든지 입에 맞지 않은 것이 없었다. 어머니는 가족들이 도란도란 둘러앉아 식사하는 모습만을 바라보는 것으로도 흐뭇한 미소를 띠시면서, 자신은 누룽지나 식은 밥 먹기를 가족들을 위한 보람된 일로 여기셨다.

나의 어머니의 일생이 그러하셨다. 가족들을 먹이고 입히며 위하는 일이라면, 자신을 희생시키는 것을 오히려 행복으로 알고 살아오셨다. 배앓이를 할 때마다 어머니는 당신 손이 약손이라며 어루만져주시면, 그 아픔도 미안해서 도망가 버린 적이 한두 번이 아니었다.

엄마 손이 약손이라는 말은 이야기로만 그치는 것이 아님이 최근에 밝혀지고 있다. 신경병리학 전문지 《네이처 뉴로사이언스》는 우리 몸에는 어머니의 손길이나 연인의 포옹과 같은 사랑을 느끼는 특별한 신경조직이 있으며, 이 신경을 통해 뇌로 전달된 사랑의 감정이 환자의 고통을 덜어주고 아기의 발육까지 촉진시킨다는 내용이다. 이런 신경조직은 어머니의 태아 때부터 형성된다고 한다.

그 옛날 어머님은 얼마나 힘들고 고단하셨던지 '끙끙' 앓는 소리를 내시는 날도 많았었다. 이렇게 온 산천경계에 꽃이 만발할 때도 그 흔한 들꽃 하나 눈여겨볼 여가가 없이, 자식들 먹여 살리고 이만큼 키운 어머님의 억센 손이야말로 이 시대의 가장 아름다운 손이 아닐까 한다.

『어머님! 어머님 손에서 떠날 줄 몰랐던 봄볕에 된장 마르는 냄새를 맡고 싶습니다. '네 배는 똥배이고 엄마 손은 약손'하시면서 배앓이 달래주시던 어머님의 따스한 손길이 그립습니다.』

생각해보면 세상엔 아름다운 것들이 참 많다. '보는 당구는 3단이다'란 말이 있듯이,비 오는 날 내리는 빗방울도 그렇게 아름답고, 바람결에 이는 긴 머리처녀의 손도 아름다워 보인다. 또 쓰레기 속에서 1,200만 원을 주워서 그 주인을 찾아준 가난하지만 선한 마음을 지닌 환경미화원의 손 또한 아름답다.

그렇지만 이 세상에서 가장 아름다운 손은 뭐니 뭐니 해도 역시 어머니의 손이요, 온 인류의 영혼을 보듬고 사랑해주시는 하느님 은총의 손이고 부처님의 자비의 손이다. 평생을 자식들을 위해 희생과 봉사를 하신 세상의 모든 어머니의 삶에서 성체성사의 신비를 엿볼 수 있다는 생각은 나만의 생각일까?

예수님은 당신이 죄인들의 손에 넘어가기 전날 밤, 늘 먹던 빵과 포도주를 들고 축복하신 후 나누어 주셨다. 그리고 이 빵과 포도주가 당신의 살과 피라고 분명히 말씀하셨다.

『받아먹어라. 이것은 내 몸이다(마르 14,22).
이것은 나의 피다. 많은 사람을 위하여 내가 흘리는 계약의 피다(마르 14,24).』

그래서 우리는 미사를 봉헌하면서 사제가 축성하는 빵과 포도주를 그리스도의 몸과 피라고 고백하면서, 성체성사 안에서 주님의 수난과 죽음, 부활을 기억하고자 노력한다. 이것은 주님의 사랑을 늘 기억함으로써 성체성사의 삶을 실현할 수 있기 때문이다. 이러한 관점에서 크리스천이든 불교인이든 우리 신자들은 교회나 사찰이라는 곳에서, 아니면 마음속에서나 가정에서 예수님 또는 부처님의 살과 피로 키워진다는 생각이 든다. 그러므로 신자들은 이 세상에서 그리스도나 부처님을 대신해 살아간다는 마음으로 매사를 수용하는 방향으로 더욱 정진해야 하지 않겠는가? 신자들은 그들의 체질도 그리스도나 부처님의 체질로 변화시켜 나가야 할 것이다.

하느님 아버지, 하느님이 주신 두 손, 부끄럽지 않게 사용할 수 있도록 도와주소서!

(2004. 11. 7)

천직(天職)과 천직(賤職)

기술혁신과 정보화의 진행으로 산업현장이 급속한 변화를 겪으면서 직업의 종류나 양상이 크게 바뀌고 있다. 벽돌공 등 생산직종의 직업 수가 줄어든 반면, 소위 '전문가' 직업은 늘고 있으며, 상당수 사라진 직업 대신 이름조차 생소한 '웹머천다이저, 컴퓨터바이러스 치료사, 네일 아티스트, 웨딩플래너' 등 새로운 직업이 뜨고 있다. 그렇다면 뜨는 직업은 천직(天職)이고, 지는 직업은 천직(賤職)인가?

『어느 현자가 교회신축공사현장을 지나다 벽돌공에게 물었다.

"지금 무슨 일을 하고 계십니까?"

벽돌공은 보면 모르느냐는 듯,

"벽돌을 쌓고 있는 중이요."

라고 퉁명스럽게 대답한다.

옆에서 같은 일을 하고 있는 또 다른 벽돌공에게도 같은 질문을 던졌다. 그는 일손을 놓지 않은 채 대답했다.

"예, 시간당 만 원짜리 품을 팔고 있는 중이지요. 그래야 내 아내와 자식들 먹여 살릴 것 아닙니까?"

현자는 또 한편에서 일하는 세 번째 벽돌공에게도 물었다.

"지금 무얼 하고 계십니까?"

이 세 번째 벽돌공은 잠시 일손을 놓고 이마에 맺힌 땀을 닦으며 꿈꾸는 듯한 표정으로 이렇게 대답했다.

"예, 지금 우리들은 후대에 길이 남을 영혼의 집을 짓고 있는 중이지요. 가고 오는 세대에 이 지방 사람들에게 커다란 정신적 영향을 끼칠 교회를 짓고 있는 중이니까요…."』

이는 20여 년 전 어느 중학교 영어교과서에 실려 있던 '세 사람의 석공(石工)'이라는 삽화내용이다. 우리가 한 평생 이 땅에 살아가며 감당하는 일을 이 세 석공의 삽화에서 구분해 본다면, 크게 생업과 직업 그리고 천직의 셋으로 나눌 수 있다. 이렇게 일을 구분 짓는 것은 일의 형식면에선 같다고 하겠지만, 삶의 의미 면에서는 다르기 때문이다.

생업(生業)이란 문자 그대로 '먹고 살기 위해 일하는 일'을 말한다. 그런 일을 하는 사람은 불평불만이 가득한 언행을 쉽게 발견할 수 있는데, 첫 번째 벽돌공의 경우가 이에 해당한다고 하겠다. 그러나 이 생업은 사람만의 고유 행위가 아니라, 짐승에게서도 볼 수 있는 본능적 행위에 해당되는 일이다.

그리고 두 번째 일은 '직업(職業)'인데 이것은 생업보다 한 차원 높은 단계로, 첫째 사람처럼 자기가 하는 일에 대해서 불평불만을 갖지는 않지만, 그렇다고 별로 크게 행복감과 보람을 느끼는 것도 아니다. 어느 정도 일의 고마움과 일의 보람을 알기에 직업을 잃는 사람들은 깊은 상실감과 허탈감에 빠지게 된다.

그 다음 세 번째 '천직(天職)'은 mission 또는 vocation이라는 단어에서 알 수 있듯이 '생업이나 직업보다 차원이 더 높은 개념'이다. 단순히 먹고 살기 위해서도 아니고, 일 자체를 즐기기 위해서도 아닌, 자신을 조물주와의 관계 속에서 성찰하고 자리매김 함으로써 자기가 하는 일에 보람과 행복을 느끼는 사람이다.

우리 조선시대에는 직업을 사(士), 농(農), 공(工), 상(商)으로 크게 나누었으며, 그 사회는 신분제 사회였으므로 직업도 태어날 때부터 미리 정해져 있었다.

사(士)는 주로 양반계급으로서 학문과 도(道)를 닦는 일에 전념하였으며, 또한 이 사회의 모든 생산수단을 장악하고 있었다. 따라서 실제로 땀 흘리면서 일하는 노동자는 오직 다스림만 받고, 자기 것을 제대로 지니지도 못하였었다. 오늘 현재까지도 우리 사회에서는 사농공상의 차별의식이 의식구조 심층에 잠재적으로 도사리고 있어, 육체노동의 천시와 직업의 귀천을 따지는 사상이 뿌리 깊은 실정이다. 즉 육체노동이나 생산직종이 천시되고 사무직이나 관리직을 선호하며, 관직경력이 중시됨에 따라 많은 기업들이 관권에 의존하고 이를 이용하여 쉽게 치부목적을 달성하여 왔다. 이러한 일을 특히 잘하는 기업가 내지 경영자가 유능시 되었고, 그래서 관권에의 접근이 쉬운 정치가출신, 군출신, 행정·금융관료출신 등이 전문경영자로 둔갑되어 많이 영입되기도 하고 낙하산 타고 내려보내지기도 한다.

60년대 이래 우리나라의 급속한 사회경제적인 변화는 '하면 된다'는 신념의 수많은 사례를 만들어 냈다. 이는 최단 시일 안에 부귀영화를 성취하고야 말겠다는 초조하고 조급한 심정의 산물이라고도 할 수 있다. 이 때문에 우리 국민들은 온갖 고통을 참고 맹렬히 일하며 물불을 가리지 않고 뛰어 오늘날에 이르렀다.

그러나 사람들은 일단 일정한 성공의 단계에 이르렀다고 생각되면 관심대상공동체로부터 인정을 받기 위해 이를 자랑하고 과시하며 성공에 상응하는 행동을 취하려는 경향을 보여준다. 그러면서 노동을 기피하고 소비지출을 과시할 뿐만 아니라, 경우에 따라서는 성공하지 않고도 신분상승의 효과를 누리기 위해 허위·허영·허식을 하며, 체면의 향상을 꾀하기 위해 무리를 하는 경향을 보여준다.

또한 성공하면 직업을 바꾸거나 업종을 바꾸는 일도 많다. 천직의식(天職意識)이란 거의 없고 쉽게 출세기회를 얻기 위해 무리를 해서라도 대학을 나와야 하고, 궂은 일, 힘든 일 등 노동자로서 생산현장에서 일하기보다는 오직 입신출세를 지향하는 것만이 유일한 길이라고 생각하게 된다. 이것은 '출세'란 그 자체를 목적으로 한 것이라기보다는 이로써 더욱 쉽게 치부를 할 수 있기 때문인 경우가 많다. 출세를 하면 어쨌든 치부를 하는 수많은 사례를 보아 온 것이 사실이기 때문에 그만큼 직업의식이 부족하고, 일신의 영화영달만을 추구하려는 황금만능주의에 물든 한탕주의가 만연하고 있다.

이렇게 직업의식이 부족한 결과 우리의 고려청자 기술은 어떻게 되었는가. 세계 제일로 꼽아 주는 고려청자였지만 그 맥이 끊긴 지 오래되었다. '나 같은 고생을 자식에게 되풀이 시키랴' 하는 생각이 그 오묘한 청자 제조기술을 어둠 속에 묻어 버린 것이다.

세 사람의 석공 이야기의 상징적인 의미는 설명할 필요조차 없다. 사람은 저마다 저다운 마음의 안경을 쓰고 인생을 바라본다. 그 안경의 빛깔이 검고 흐린 사람도 있고 맑고 깨끗한 사람도 있다. 검은 안경을 쓰고 인생을 바라보느냐? 푸른 안경을 통해서 인생을 내다보느냐? 그것은 마음에 달린 문제다. 불평의 안경을 쓰고 인생을 내다보면 보고 듣고 경험하는 것이 모두 불평 투성이요, 감사의 안경을 쓰고 세상을 바라보면 인생에서 축복하고 싶은 것이 한없이 많을 것이다. 똑같은 달을 바라보면서도 바라보는 사람의 마음에 따라서 혹은 슬프게 혹은 정답게 혹은 허무하게 느껴진다.

행복과 불행, 천직(天職)과 천직(賤職)의 문제도 마찬가지다. 인간은 육체를 쓰고 사는 존재인 이상, 또 남과 더불어 살아갈 수밖에 없는 사회적 동물인 이상, 누구든지 먹고 살기 위한 의식주와 처자와 친구와 명성과 사회적 지위가 필요함은 말할 것도 없다. 돈, 건강, 가정, 명성, 쾌락 등은 행복에 필요한 조건이다. 이런 조건을 떠나서 우리는 결코 행복할 수 없다.

그러나 행복의 조건을 갖추었다고 곧 행복해지는 것은 아니다. 행복하다는 것과 행복의 조건을 갖는다는 것과는 엄연히 구별해야 할 별개의 문제다. 집을 지으려면 돌과 나무와 흙이 필요하지만 그런 것을 갖추었다고 곧 집이 되는 것이 아님과 마찬가지의 논리다.

"항산(恒産)이 없으면 항심(恒心)이 없다"고 맹자는 말했다. 그러나 맹자는 다시, "선비는 항산(恒産)이 없어도 항심(恒心)이 있다"고 단언(斷言)했다. 맹자의 '항산'이란 말을 '행복의 조건'이란 말로 바꾸고, '항심'이란 말을 '행복'이란 말로 옮겨 놓아도 별로 의미에 큰 차이는 없을 것이다. 행복의 조건을 갖추지 못하면 행복할 수 없다. 그러나 선비는 행복의 조건을 못 갖추어도 행복할 수 있다. 이것이 맹자의 행복의 논리다. 행복의 조건이 행복의 객관적 요소라고 한다면, 행복감은 행복의 주관적 요소다. 행복은 이 두 가지 요소의 종합에 있다.

나는 이미 경험했거나 현재 근무 중에 있는 두 가지 직업 모두 천직으로 생각한다. 그 중에서도 현재의 교수직을 두려울 정도로 소중한 천직으로 생각한다. 왜냐하면, 누구나 머리 속에 지식을 담을 수는 있어도 아무나 그 지식을 다른 사람에게 알기 쉽고 바르게 풀어서 가르칠 수는 없기 때문이며, 심층적인 연구와 사색을 동반하지 않으면 남의 인생에 잘못된 영향을 미칠 수도 있는 일이기 때문이다.

그간 많은 단련을 통해 교수직을 수행할 수 있도록 나를 인도하신 하느님께 감사드린다.

(2003. 5. 15)

나의 십자가는?

『쫓아오던 햇빛인데 / 지금 교회당 꼭대기 / 십자가에 걸리었습니다. // 첨탑(尖塔)이 저렇게도 높은데 / 어떻게 올라갈 수 있을까요 // 종소리도 들려오지 않는데 / 휘파람이나 불며 서성거리다가, // 괴로웠던 사나이, / 행복한 예수 그리스도에게처럼 / 십자가가 허락된다면 // 모가지를 드리우고 / 꽃처럼 피어나는 피를 / 어두워 가는 하늘 밑에 / 조용히 흘리겠습니다.』

너무나도 많이 알려진 이 시는 독립운동 혐의로 일본 경찰에 체포되어, 1945년 2월 16일 복경 형무소에서 갖은 악형 끝에 생을 마감한 윤동주 시인의 〈십자가(十字架)〉라는 글이다. 십자가가 그리스도의 상징으로 쓰이고 있는 것은 그리스도가 모든 사람의 죄를 대속하기 위하여 십자가에 달려 죽으셨기 때문이다.

그러나 십자가는 그리스도교가 출현하기 훨씬 전에 고대민족 사이에서 종교적인 상징으로 쓰이고 있었다고 한다. 예를 들면, 바빌로니아인

(人)이나 칼데아인은 하늘의 신인 아누(Anu)의 상징으로서 등변십자가(그리스식 십자가)를 사용하였고, 고대 이집트인은 영생의 상징으로서 바퀴가 달린 십자가를 사용하였다. 또 그리스신화에서는 아폴론신이 십자형의 홀(笏)을 가지고 있고, 게르만신화에서는 토르신이 십자 모양의 해머를 가지고 있다. 인도에서는 옛날부터 '만자(卍字:범어로 Zrivatsa:갈고리형 십자가)'가 사용되었고, 힌두교에서는 오른쪽 어깨가 올라간 갈고리형 십자가가 '가네사(ganesa)'라 불리는 남성적 원리를 상징하였으며, 그 변형인 왼쪽 어깨가 올라간 갈고리형 십자가인 사우바스티카(sauvastika)는 '칼리(kali)'라 불리는 여성적 원리를 상징하였다.

십자가는 '아브라함이 늘그막에 얻은 하나뿐인 자식 이삭을 서슴지 않고 하느님께 바친 것처럼, 하느님께서도 당신의 사랑하시는 아들을 바로 우리 인간들을 위해서 아끼지 않으시고 바치시는 그분의 사랑' 그 자체인 것이다. 우리 인간을 위하여 십자가에 못 박히시고 죽으신 후 3일 만에 부활하신 영광도, 아브라함이 믿음의 표상이 된 것도, 고통과 희생이 따르지 않고는 얻어질 수 없는 사건이었기에 십자가는 우리의 희망이요, 용기를 주는 보물이 아닐까 생각한다.

직장을 다니면서도 동료가 크리스천인지, 불교신자인지, 혹은 무신론자인지를 행동으로는 구별할 수 없는 경우가 허다하다. 그 이유야 여러 가지겠지만, 우선 신자임을 드러내지 않으려는 경향과 신자로서 적합한 십자가를 지는 것이 너무 부담스럽기 때문일 것이다.

그런데 흔히들 자기에게 조금만 힘든 일이 닥쳐도 십자가라고 하며,

살기가 좀 고달파도 십자가요, 작은 고민이나 슬픔도 십자가라고 하니, 보이지 않는 십자가까지 하면 천지가 온통 십자가로 거미줄을 치고 있다. 그리고 차의 운전대 앞에 십자가를 세워 놓고서도 양보운전을 할 줄 모르고, 하루에도 수십 번씩 하느님 아버지의 이름으로 기도를 하면서도 무신론자보다 더한 욕심의 십자가를 지고 있는 분들이 눈에 많이 띈다.

하지만 이러한 정도의 고민이나 번민들은 살아가면서 누구나 다 겪는 것이고, 자기 자신이 더 잘살고 잘 먹기 위해서 겪는 어려움에 지나지 않으므로, 앞의 〈십자가〉라는 시에서의 십자가의 의미와는 전혀 다른 '사이비 십자가'라 할 것이다. 즉, 이 사이비 십자가는 많은 생명의 구원을 위해서, 다른 사람을 살리기 위해서 예수님이 지셨던 십자가와는 근본적으로 다르다.

또 "나의 마지막 때가 왔습니다. 나는 천주를 위해 죽습니다. 영원한 생명이 시작되는 것입니다. 여러분도 죽은 후 행복을 찾으려면 천주를 믿으시오"라고 하면서 새남터 사형장의 이슬로 순교한 김대건 신부의 십자가와도 차원이 전혀 다르다.

필자가 어린 학생 때에는 불교와 사뭇 친했었다. 그것은 집안어른들이 1년에 몇 번 절에 다녀오기 때문에 심정적으로 그런지도 모르겠다. 그러나 그 당시에 학생들에게 한자로 된 불경내용의 의미를 자세하게 알려고 생고생하느니 "나무아비타불관세음보살"만 잘해도 구원받을 수 있다고 스님께서 간단명료하게 해설해 주셨지만, 불교 교리의 어려움에 늘 아쉬워하고 있었다.

또 어느 종교는 교리내용 이해는 비교적 쉬웠으나 그들의 언행에 차이가 너무 많아서, 예수님은 존경하나 그를 믿고 따르는 그리스도인들을 존경할 수는 없었다. 그러던 어느 날 암 때문에 죽음을 눈앞에 두고 있는 한 병자노인을 옆에서 볼 기회가 있었는데, 그 노부부가 알콩달콩 이야기를 하며 기뻐하고 즐거워하는 모습 때문에 그 분의 얼굴과 그 입에서 나오는 말에서 병자의 그림자를 더욱 더 찾기 어려웠다. 그 후 그 분이 돌아가셨다는 소식에 의모님을 따라서 먼발치에서 염하는 것을 보았는데, 엷은 미소를 머금고 조용히 잠든 모습을 하고 있는 그 노인의 얼굴모습을 보면서 저분이 지고 있던 십자가를 나의 십자가로 삼고 싶어졌다.

『기독교는 인간적인 종교입니다. 나사렛 예수는 우리에게 해탈이나 도통(道通)을 요구하지 않았어요. 그냥 '너의 십자가를 지고 나를 따르라'고 했을 뿐이지요.』

프랑스 시인 폴 클로델의 글의 일부이다. 그저 그리스도의 십자가를 지고 나를 따르기만 하면 삶 자체가 변화된다고 한다. 그리스도처럼 겸손하고 가난해져서, 이 세상에서 가장 비천하게 낮은 자가 되고, 모든 욕심에서 죽고, 자신의 이익을 따지는 계산을 버리며, 십자가의 고통이 드러나는 세상의 구석에서 응답을 찾아 봉사하고 사랑을 실천하기만 하면, '그리스도처럼 변했다'고 할 수 있을 것이다. 즉, 이런 사람들은 앞의 어느 병자처럼, 자신만이 아니라 주변 사람마저 자연스럽게 변화시킨다.

우리가 누군가를 미워하고 원망하면 그 기운이 나를 감싸서 괴롭게 만든다. 반면에 누군가를 사랑하고 따뜻하게 대하면 그 기운은 나를 즐겁게 한다. 이와 같이 이 세상은 우리가 생각하고 행동하는 힘의 방향으로 움직인다. 〈법구경〉에서 부처님께서는 이렇게 가르치고 계신다.

『모든 일은 마음이 근본이다. 마음에서 나와 마음으로 이루어진다. 나쁜 마음 가지고 말하거나 행동하면 괴로움이 그를 따른다. 수레바퀴가 소의 발자국을 따르듯이, 모든 일은 마음이 근본이다. 마음에서 나와 마음에서 이루어진다. 착한 마음 가지고 말하거나 행동하면 즐거움이 그를 따른다. 그림자가 그 주인을 따르듯이, 마음이 천당도 만들고 지옥도 만든다.』

성자 밸런타인은 감옥에 있으면서도 수많은 사랑의 편지를 마을 사람들에게 보냈다. 마을 사람들에게 사랑의 편지를 쓴 것이 유래가 되어 밸런타인데이가 되면 부부간에, 연인 간에, 친구 간에 사랑의 카드를 나눔으로써 사랑을 고백하고 나누게 되었다고 한다. 감옥에 있으면서도 사랑의 활동을 한 성 밸런타인이야말로 쉬지 않고 참신한 그의 십자가를 진 사람이라 할 수 있다.

또 빅터 플랭클은 오스트리아의 정신과 의사이며 유태인이다. 히틀러의 광적인 만행이 있을 때 아우슈비치 감옥에 있었다. 아우슈비치 강제 수용소의 체험을 기록한 책이 〈죽음의 수용소에서〉인데, 여기에서 고통을 받으면서 고통당하는 자를 위로하고, 절망 가운데 있으면서도 절망하는 사람들에게 희망을 주고, 자기는 굶어 죽어가면서도 자신에게 배급된 빵 하나를 더 배고파하고 힘들어하는 사람들에게 건네는 사람들의 활동을 감동 깊게 말하고 있다. 감옥에서 불평으로 지낼 수도 있겠지만, 죽어가면서도 할 수 있는 일을 찾아 십자가를 지고 있다. 십자가에서 죽어가면서도 자기를 죽이는 사람들을 용서해 달라고 기도하시는 예수는 나에게 어떤 존재인가?

장자(莊子)에 나오는 이야기이다.

황하의 신(神) 하백(河白)이 처음으로 바다에 나와 넓은 동해를 바라보며 놀랐다.

"나는 이제까지 이 세상에서 가장 넓은 것이 황하인 줄 알았는데, 지금 바다를 보니 더 넓은 것이 있다는 것을 깨달았소."

그러자 북해의 신(神)인 약(若)은

"우물 안에서 살고 있는 개구리에게 바다를 이야기해도 알지 못하는 것은 그들이 늘 좁은 장소에 살기 때문이다. 여름 벌레에게 겨울의 얼음을 말해도 알지 못하는 것은 그들이 여름만을 굳게 믿고 있기 때문이다"라고 대답했다.

이 대화는 자기중심적이고 식견이 좁은 나를 꼬집는 우화인 성싶다. 진정으로 십자가는 고통스런 것이지만, 십자가를 통해서만 세상은 평화로울 수 있다는 것을 믿는다.

그러나 속 좁은 나의 가슴에 가득 담기에는 용량부족을 느낀다. 죽을 때까지 찾고 실천해야 할 나의 숙제로 삼아야겠다.

(2003. 8. 19.)

설날에 느끼는 딸 가진 아버지의 감회

그동안 부모로서 또는 할아버지, 작은아빠 또는 외숙으로서 자식들이나 조카들한테 어른다운 그럴듯한 새해덕담을 해본 적이 없는 것 같다. 그저 간단하게 '건강하고 행복하게 잘 살아라'는 정도의 다소 사무적인 언어와 몸동작이 고작이었던 것 같다. 또 길게 말하는 것은 젊은 세대들에게 신선하지도 않은 것 같아 시도하지도 않았다.

그러나 지난 가을에는 부정부패로 썩을 대로 썩어 구린 돈이 똬리 틀고 있는 이 사회에 조그마한 빛과 소금이 될 수 있을까 하여 계간지인 〈풍지문학〉을 통해 〈분재나무와 분재인간〉, 〈쓰레기분류와 민초들의 힘〉, 〈엘리트와 이리 떼〉라는 다소 풍자적인 졸고를 발표한 것을 계기로 수필가와 시인이라는 타이틀까지 얻게 되었으니, 그 냄새를 조금은 풍기고 싶어서였나 보다.

자식들과 조카들로부터 반응이 좋기에 직장동료들과 가까운 친구들에게도 비슷한 형태의 적절한 분량의 내용으로 각색하여 보내었더니, 마음에 드는 글이라고 좋아하는 모습에서 넌지시 기분이 좋다.

내 고향에서는 누님과 형님들과 동생들이 (음력)설을 샌다. 부산과 마산에도 여동생과 조카들이 있다. 추석이나 설에 정상적인 방법으로 제주행 비행기표 사기가 여간 어려운 것이 아니다. 누구한테 부탁을 하지 않으면 구입하기가 하늘에서 별을 따는 정도로 어렵다. 또 내가 모든 수단을 동원하여 표 구입을 하면 나보다 더 급한 선량한 사람이 못 갈 수도 있다는 변명에 가까운 이유도 한몫을 차지하고 있음은 부정하지 못한다.

우리나라는 신정보다는 설날을 더 중히 여기고 있다. 큰딸 내외와 외손자도 시댁식구들과 함께 설을 지내기 위해 전라남도 익산에 있는 큰집으로 이동해야 하기 때문에 이틀 후에나 친정에 올 수 있다고 한다.

이 말을 듣고 딸을 가진 부모로서 다소 섭섭한 생각이 드는 것은 인지상정인지 싶다. 평상시는 괜찮은데 큰 명절 때만 되면 가끔 그런 생각이 불쑥 튕겨 나오곤 한다. 동물들은 싸움만 빼고는 언제 어디서나 먹이나 집단 내 위치를 본다면 80% 이상 암컷이 우위인데…. 즉, 동물세계의 혈통 잇기의 주역인 호주는 당연히 암컷이다. 인간생식 현상도 기본적으로 정자의 핵과 난자의 핵이 결합해 암수의 유전물질(DNA)이 섞이는 과정이나 '세포질 속 미토콘드리아에 있는 DNA는 암컷의 것만 자식에게 이어진다'는 것이다. 따라서 인간도 혈통 잇기의 주역은 당연히 암컷이란 소리다. 그런데 우리족보에는 남계(男系) 혈족만 기록하여 진짜 주역인 어머니와 딸을 무시하는 조선 초기 말부터 지금까지의 가짜호주제를 채택하고 있는 것이다. 우리나라 헌법재판소도 최근 남성위주 호주제 폐지에 대한 '생물학적 근거'를 마련키 위해 최재천 교수에게 자문을 요청했다. 그는 '자식의 형질을 결정짓는 데는 암컷의 유전자가 더 큰 역할을 한다'는 의견서를 냈다.

그러나 어쩌겠는가. 아이들이 마음 편하게 설날을 보낼 수 있는 방도를 제도적으로 미리 만들어주는 것이 부모가 우선 해야 할 일이 아니겠는가? 그래서 식구들의 회의형식으로 빌어서 직계자식들에게는 신정에 세배받기로 했다. 그리고 설에는 고향을 찾지 못한 서울 경기지역에 사는 사촌들과 조카 손주들의 세배를 받아왔다.

시인 유치환은 어느 수필에서 "우리가 어릴 적에는 동지팥죽을 먹을 때부터 설날이 기다려졌다"고 했지만, 내가 어렸을 때는 추석을 지내면서부터 설날을 기다렸었다. 세상이 많이 풍족해지고 변하여 기다림에 대한 강도는 그 때보다 덜하겠지만, 그래도 손주들은 할머니, 할아버지 집에 가서 세배하고 세뱃돈 받는 것이 큰 기쁨이요, 추억이지 않겠는가? 옹기종기 모여앉아 떡국이랑 전이랑 조촐하게 조금씩 나눠먹고 윷놀이도 하고 노래방도 가면 그게 추억이고, 어울려서 살아가는 평범 속에 자라나는 행복이 아니겠는가?

새해는 첫 시작을 말하는 의미이기도 하고 새로움을 뜻하는 말로 모든 사람들을 설레게 하고 기대감에 부풀게 한다. 탈무드를 보면 "오늘은 네 최초의 날이라고 생각하라"는 말이 나온다. 최초의 날, 이것은 곧 새로운 시작을 의미하는 것으로 희망과 설렘 속에서 하루하루를 의미 있게 지내라는 말일 것이다. 삶의 무게가 더해질수록, 사는 것이 고달플수록 갈구하는 마음은 더욱 커지기 마련인데, 그래서 '희망'이라는 이름이 위안을 주는 모양이다. 어둠이 짙으면 새벽이 가깝다는 믿음과 내일 지구가 멸망해도 오늘 한 그루 사과나무를 심는다는 의지야 말로 희망의 또 다른 이름일 것이다. 새해 새 출발을 하면서 괴롭고 슬프고 미워하는 마음은 접어두고, 행복 기쁨 사랑이 넘칠 것이라는 기대감을 가져본다.

얻어먹을 수 있는 힘만 남아 있어도 축복이라고 하지 않았던가. 새해 힘차게 솟아오르는 태양을 보고, 끊임없이 출렁이는 파도를 보고, 지나가는 사람들을 지금 볼 수 있다는 것만으로도 축복이고 행복이라 생각하자. 씨앗을 뿌리는 마음으로 하루를 희망으로 보내고, 한해의 결실을 생각하는 마음으로 일년을 보낼 일이다. 어진 이웃들을 향한 귀를 밝히고 눈을 씻어, 관용과 사랑으로 새 출발 하게 해달라고 기도해 본다.

『첫 눈뜸에 / 눈 내리는 청산을 보게 하소서 / 초록 소나무들의 청솔바람 소리를 듣게 하소서 // 아득한 날에 / 예비하여 가꾸신 / 은총의 누리 / 다시금 눈부신 상속으로 주시옵고 / 젊디젊은 심장으로 / 시대의 주인으로 / 사명의 주춧돌을 짐지게 하소서 // 첫 눈뜸에 / 진정한 친구를 알아보고 / 서로의 속사랑에 / 기름 부어 포옹하게 하여 주소서….』

〈김남조, 「새해 아침의 기도」〉

(2005. 2. 6)

제4부

분재나무와 분재인간

세월이 갈수록
당신이 참 좋습니다.
당신과 함께 있으면
맑고 편안합니다.
태풍이 불어 불안했던 마음도
이내 안정을 찾습니다.

유별나지 않은 수수함
웬만한 바람에도 끄덕 없는 한결같음
사계절 내내 푸른 모습 잃지 않는
당신을 닮고 싶습니다.
같은 자리에 있으면서도 권태를 모르는
그 의연함과 싱싱함을 사랑합니다

-이해인 수녀님의 〈소나무 아래서〉

분재나무와 분재인간

남녀노소를 막론하고 자연을 애호하고 나무를 사랑하는 것은 항상 우리들의 몸과 마음이 싱싱한 초록으로 돌아가기 위함이요, 인생의 지혜를 체득할 수 있는 지름길이기 때문일 것이다. 삶에 찌들면 찌들수록, 이 세상을 오래 살면 살수록 이러한 바람은 더욱 간절해짐을 느낀다.

그런데 요즈음 사람들 중에는 자연 그대로의 나무보다 분재나무를 좋아하는 분이 많아지는 것 같다. 여기서 말하는 분재(盆栽)나무란 관상을 위하여 화분에 심어서 줄기나 가지를 운치 있게 다듬거나 변형시켜 가꾼 나무를 의미한다. 하지만 나는 분재나무를 보면 이미 분재된 나의 모습을 보는 것 같아 즐거움보다는 오히려 고통스러운 생각으로 그 아름다움을 감상하는 데 한계를 느낀다. 특히 벼랑 같은 데서 뿌리 쪽보다도 가지 끝이 처져서 생육하고 있는 소나무와 같이 가지 끝이 뿌리 밑 낭떠러지로 향하도록 인위적으로 만든 현애형(懸崖型) 분재나무가 제일 안쓰러워 보인다. 그리고 묘목으로 가꾸어 어린뿌리일 때에 돌과 밀착시켜 발육하지 못하도록 분재한 석부형(石趺型: 돌붙임)이나 강풍으로 나무가 쓰러졌다가는 일어서고, 다시 쓰러졌다가 일어서는 해변에서 자라는 나무의 모습의 모형인 사간형(斜幹形), 그리고 그 이외의 수형도 그렇다. 분재나무를 만드는 사람들은 분재를 하기 전에 우선 '어떤 모습으로 분재를 할까'를 도화지 등에 미리 그려놓고, 그 의도한 설계의 모형과 일치하지 않은 가지들은 모두 비정하게 잘라내고, 남아있는 나무의 사지를 비틀어 꼬아놓은 상태로 철사를 둘 혹은 세 개 정도로 겹쳐 칭칭 감는 철사걸이를 하면서 한없는 무아지경에 빠진다고 한다. 오직 예술활동이라는 이름으로 말이다. 이 얼마나 나무에게 가혹한 몹쓸 짓을 하고 있는 것인가?

이러한 상업성 내지 자연과 생명을 가벼이 여기는 모진 심성이 자라나서, 내 자식만을 일류대학 그리고 권력과 연계하여 쉽게 부를 축적할 수 있는 성공(?)한 사람으로 만들 분재인간형 목표를 설계해 놓고, 분재나무 만들듯이 철사걸이를 하고 있는 것은 아닌지? 그래서 자연을 벗삼아 친구들과 어울려 한창 놀면서 자라야 할 나이의 어린 자식에게 과도한 암기식 족집게 과외라든가, 기러기아빠라는 형태의 불구의 가정 등 여러 형태의 정체성과 창의성이 모자라기 쉬운 분재인간형을 만들고 있는 것은 아닌지?

연합뉴스에 의하면, 신용카드 빚이 심각한 사회문제로 대두된 가운데 20~30대의 자녀의 무분별한 카드 빚으로 인해 그들 부모의 심적, 경제적 고통을 호소하는 건수가 늘고 있다고 한다. 한국소비자보호원에 따르면 신용카드 관련 전체 상담 건수도 지난해 상반기 8,565건에서 올 상반기 8,808건으로 꾸준히 늘어나는 추세라고 한다. 또 연말

소득공제용 기부금 납입영수증을 1인당 2만~10만원씩 받고 20여 명에게 판 성직자(?)를 구속했다는 보도도 있다. 어디 그뿐인가? 교육계 자리 돈을 받고 팔았다는 기사는 물론 신문에서는 '한국교육인적자원부 통계에 따르면 박사 학위를 갖고 있는 한국인은 85,000명에 이른다'고 보도되었다.

그러나 노벨상을 하나도 못 받는 '박사천국 한국'에의 인재들에 비해 일본에서는 평범한 회사원인 다나카 씨까지 노벨상을 받은 일은 충격 그 자체이다. 그럼에도 불구하고 기업들은 이러한 박사쟁탈전이 치열해짐에 따라, 매년 인사고과에서 '박사학위 소지 여부'가 중요한 평가기준이 되면서 회사원들의 생활도 각박해졌다고 한다. 이 땅에 태어난 혼혈 한국인은 분재할 때 기분 나쁜 가지를 잘라내어 내동댕이치듯 버려진 한국인 취급을 한다고도 한다. 이런 사회병리현상은 분재인간들에 영향 받은 것은 아닐까?

박제된 사람처럼 생명력이 없고 삶의 소망도, 비전도 없이 그저 가치 없는 저급한 쾌락에 매달리면서 그저 그렇게 살아가는 사람들이 필자가 어렸을 적보다 확실히 많아진 것 같다. 불유교경(佛遺教經) 중에서 언급되어 있듯이, 만족할 줄 아는 사람은 땅바닥에 누워 자도 오히려 편안하고, 만족을 모르는 사람은 천당에 살아도 역시 마음이 흡족하지 못하게 마련이다. 그래서 만족할 줄 모르는 사람은 비록 부자라도 기실 가난한 법이다. 그러므로 들짐승보다도 더 오염된 욕심으로 가득한 심성이기 마련인 분재인간으로 다듬어짐은 얼마나 가련하고 불쌍한 일이겠는가.

우리가 자연을 접할 때 자연은 마음의 평화를 선사할 뿐만 아니라,

자연의 순리와 이치를 깨우쳐 준다. "농작물은 농부의 발자국 소리를 들으면서 자란다"는 말은 자연이란 관심을 갖는 만큼 더 많은 혜택과 삶의 지혜를 우리 인간에게 준다는 의미일 것이다. 그래서 나는 나무가 좋다. 나무는 주어진 분수에 만족할 줄 안다. 나무는 부모가 부자이든 가난하든 또 어디에서 태어났건 탓하지 아니하고, 왜 부당한 차별대우를 받는지를 말하지 아니한다. 묵묵하게 천명(天命)을 다한 뒤에 하늘 뜻대로 다시 흙과 물로 즐겁게 돌아간다. 순리를 역리로 바꾸는 우리와는 달리 하늘의 뜻을 그대로 받아들이는 나무가 좋다. 그뿐이겠는가? 자기 색깔을 갖고 자기 길을 묵묵하게 걸어가고 있는 정체성을 잃지 않는 나무가 좋다. 나무는 작다고 큰 나무 부러워하지도 않고, 활엽수라고 해서 침엽수를 부러워하지 않는다. 작으면 작은 대로 크면 큰 대로 자기 얼굴을 가지고 있는 나무가 마음에 썩 든다. 그래서 열매가 맺든 말든, 예쁘게 생겼든 밉게 생겼든 상관이 없다. 나무라면 무조건 분재된 인간보다 정이 더 간다. 왜냐하면, 분재인간에게서는 희망을 걸 수 없기 때문이다.

『세월이 갈수록 / 당신이 참 좋습니다. / 당신과 함께 있으면 / 맑고 편안합니다. / 태풍이 불어 불안했던 마음도 / 이내 안정을 찾습니다. // 유별나지 않은 수수함 / 웬만한 바람에도 끄덕 없는 한결같음 / 사계절 내내 푸른 모습 잃지 않는 / 당신을 닮고 싶습니다. / 같은 자리에 있으면서도 권태를 모르는 / 그 의연함과 싱싱함을 사랑합니다.』

이 글귀는 이해인 수녀님의 〈소나무 아래서〉라는 글에 있는 일부내용이다. 불가에서는 인연의 고리를 끊지 못하고 육체적 욕망의 지배를 받는 세간의 생사 번뇌에서 벗어나 해탈하여 깨달음을 얻은 세계 자체를 출세간(出世間)이라고도 하고, 그 깨달음을 얻기 위해 세상을 버리고 불도(佛道)로 들어감을 '세간에서 나온다'란 의미로 출세간 혹은 출가(出家)라고 한단다. 그런데 이와는 정반대로 세상 사람들은 세상으로 나와서 입신하여 부와 명예와 권력과 사회적 지위를 잡는 것을 출세라고 생각한다. 과연 어떤 것이 진정한 의미의 출세일까?

1995년 미국 미시간대학의 로널드 잉글하트 교수는 세계 43개국을 대상으로 세대간 가치관의 차이를 계량화해서 지수로 산출한 결과를 발표하였다. 그 결과 유럽이 23인데 반해 한국은 무려 70으로 단연 1위로 나타났다. 인터넷 강국이 된 지금 다시 조사한다면 그 격차는 더욱 클 것이다. 세대간 약간의 차이 정도는 발전의 원동력이 될 수 있지만, 큰 폭의 차이는 세대간 갈등의 원인이 되고, 국가 발전에 커다란 장애가 된다는 것이다. 이렇게 세대차가 크게 나타난 원인이 우리의 잘못된 인성교육과 가정교육에 있지 않을까? 오랜 경험을 통해서만 얻을 수 있는 지식과 지혜들이 승계되지 않고, 오히려 부정되고 배척된다면 우리 국가의 미래는 결코 밝을 수가 없다.

인성은 유치원 시절까지 대부분 형성되기 때문에, 일본의 어머니들은 아이들에게 존댓말로 교육을 시키며, 남에게 피해를 주지 않는 방법을 주로 가르친다. 유치원에서는 다른 아이들과 사이좋게 노는 것, 차례로 줄서는 것, 불이나 지진이 났을 때 질서 있게 대피하는 법 같은 것을 주로 가르친다. 반면에 우리는 어려서부터 음악이나 미술학원을 보내고, 유치원에서도 영어나 셈하기 등 지식교육에 치중한다. 그래서 이

나라에서 소위 엘리트라고 자처하는 사람들 중에는 사람들의 눈에 잘 띄는 나무의 잎이나 꽃 그리고 열매가 되려는 자는 많아도, 음지에서 그 나무의 생명을 지탱하는 뿌리가 되려는 사람은 적은 것이 아닌지 모르겠다.

나무는 예수님과 부처님을 많이 닮았는가 보다. 이분들이 하느님의 뜻에 순응하지 않았던가. 산소를 내보내고 탄소를 빨아들이는 나무처럼 이분들은 우리에게는 생명을, 자신을 위해서는 십자가를 지셨다. 나무는 이분들을 닮았나 보다. 모든 인간은 이분들의 그늘 밑에 쉬어가니 말이다. 인간의 순수한 심성을 잃은 사람들이 많다는 것은 자연스러운 마음을 잃는다는 것이요, 꿈을 상실한 삶은 정체성을 잃은 비극적인 삶이 아닐까 한다.

(풍자문학, 2003년 가을호)

정직이 통하는 바보들이 살기 좋은 사회

재작년 7월 24일자 중앙일보에 의하면, 인도네시아의 한 국제학교에서 한국학생들이 시험지를 훔쳐 시험을 치렀다가 국제적인 망신을 샀다고 한다. 밖에서 샌 바가지만 탓할 일이 아니다.

대학진학률을 높이기 위해 내신에 반영되는 시험문제를 미리 알려주고 시험을 치르는 것이 국내 고등학교의 공공연한 비밀이 아니던가. 학생들은 재작년에 이어 작년에도 휴대전화를 이용한 대학수학능력시험 부정이 조직적으로 이루어졌음이 검찰조사결과 밝혀졌다.

이는 높은 성적을 받는다면 어떤 방법을 써도 좋다는 우리 학생들과 선생님들의 도덕불감증을 만천하에 드러낸 셈이다. 일단 목표가 주어지면 수단과 방법을 가리지 않고 '하면 된다'는 수법은 1961년 시작된 개발독재시대 이후 지금까지 이 나라 발전의 기본 전략이었다. 그리고 지금도 '하면 된다'는 전략으로 국민 1인당 소득 2만 달러의 고지도 금방 점령할 수 있을 거라고 생각하고 있는 듯하다. 그러나 이 전략은 이제 더 이상 유효하지 않다고 많은 사람들이 생각하고 있는데도 관련자들은 이점을 제대로 자각하지 못하고 있는 듯하여 아쉽다.

또한 사단법인 한국서예협회와 한국서가협회가 각각 개최하는 '대한민국 서예대전'과 '대한민국 서예전람회'심사 과정에서 입상을 대가로 뒷돈이 오간 사실도 경찰에 적발되기도 했다(2003. 7. 3. 동아일보). 미술계 인사들은 "서예대전에 대한 의혹과 문제는 초대작가 타이틀을 가진 사람만이 기득권을 갖는 서예계의 오래된 관행이어서 어제오늘의 이야기가 아니다"라고 하면서, 이렇게 공모전 주최자들이 상을 남발하고 있는 가장 큰 이유는 한 작품을 출품하는 데 대략 4만~5만 원씩의 수익이 증대하기 때문이라고까지 한다.

뿐만 아니라 2002년 통계에 의하면 가맹점 수와 실제 신용카드 매출건수를 비교해 보면 법률사무소는 가맹점당 월 사용건수가 1년 1건, 병·의원은 월 3건이었다. 그리고 카드 가맹점인 법률사무소 가운데 96%는 단 한 차례도 신용카드 대금결제를 받지 않은 것으로 나타났다. 한편 소득 신고액이 월 1백50만 원 이하인 의사가 900여 명이 넘고, 세무·회계사는 300명에 달했다. 이 밖에 소득이 전혀 없는 납부 예외자로 신고 된 의사들은 500명이 넘고 그렇게 분류된 변호사·세무사·회계사 등 전문직 종사자들의 수는 1,500명이 훨씬 넘는다고 한다.

아무리 우리 속담에 "거짓말도 잘하면 논 닷마지기보다 낫다"라는 말이 있다지만, 부(富)와 권력을 많이 가진 사람들일수록 정직한 사람을 어리석은 사람으로 착각하는 것 같아 씁쓸하다. 한국인의 거짓말항생

제 내성이 세계 최고라는 불명예를 안게 된 것도, 이 항생제를 '오용'하고 '남용'한 결과가 아닌가 한다.

정직이 최선의 정책이라는 말은 불변의 진리이긴 하지만, 정직만을 유일한 가치로 여기고 살아갈 수는 없는 것은 우리 사회에 국한 된 것은 아닌 듯하다.

2002년 2월 영국 BBC방송 보도에 의하면, 「1924년에는 영국 국내정보국에서 조작한 '구내소련 국제부장이 영국 공산당에 무장투쟁을 촉구하는 편지'가 언론에 폭로되는 바람에 집권 노동당 총리가 다음해 총선 때 패배했다. 그리고 미국이 이라크와 걸프전을 준비할 때 한 쿠웨이트 여성(이 여성은 주미 쿠웨이트 대사의 딸이었다)이 미의회에서 이라크군이 침공해 아기가 있는 산부인과 인큐베이터를 뜯어냈다고 증언하도록 하여 전쟁여론을 확산시키는데 악용하였었다.」

그러나 "경찰은 검찰의 시녀에 불과하다. 경찰도 직장협의회를 구성할 필요가 있다"는 인터넷에 내부 비판 글을 올려 파면당한 경찰이 소송에서 이겨 복직하였다.

그리고 재작년 7월 25일 서울 영등포역에서 자신을 희생하고 아이를 구한(목숨을 건진 자식과 그 부모는 영악스럽게도 기차를 타고 몰래 몸을 피해버렸다) 철도역무원을 '이 시대의 천사이며, 우리 사회의 어둠을 밝히는 등불'로 여기면서 조속한 쾌유와 이전의 행복한 가정으로 되돌아오실 수 있도록 기도하는 사람이 많이 늘어나고 있음은 정직에 대한 희망이 살아있다는 증거의 하나로 제시하고 싶어진다.

1985년 9월 남영동 대공분실에서 '칠성판'에 묶여 전기고문과 물고문을 하면서도 태연히 시집간 딸 걱정과 대학입시를 앞둔 아들 걱정을 하는 제도화된 야만의 두 얼굴을 가진 고문기술자들로부터 집단폭행을 가한 뒤, "알몸으로 바닥을 기면서 '살려 달라'고 애원해 봐!"라고 강요하는 그들 앞에선 최소한의 인간적 자존심마저 짓밟는 야만의 비열함에 치를 떨었을 김근태라는 국회의원이 있다. 인간에 대한 신뢰가 산산이 부서지지 않을 수 없었을 그가 이번에는 그 스스로가 현 정치자금법을 위반할 수밖에 없었다는 사실을 고백하여, 다시 법정에서 "책임 있는 정치인들이 먼저 자신의 정치자금을 정직하게 밝히고 국민의 이해와 용서를 구해야 한다"고 말했다. 원칙과 상식을 가지고 살아가려면 추해지고, 꿈과 이상을 지키려면 비웃음거리가 되는 우리 사회의 야만성을 들춰냈다. 그리고 법원에서도 김의원에게 벌금 500만 원 및 추징금 2,000만 원을 선고하면서 "김의원이 정직하고 청렴한 정치인으로 인정받고 있고, 스스로 언론을 통해 양심고백한 점을 감안해 징역형 대신 벌금형을 선택했다"고 판시함으로써, 김의원의 고백은 용기 있는 행동으로 찬양받기에 이르렀음은 쓰레기통에서도 장미꽃이 필 수 있다는 단비의 징조로 보여진다.

『어느 날 난 낙엽 지는 소리에 / 갑자기 텅 빈 내 마음을 보았죠 / 그냥 덧없이 흘러버린 / 그런 세월을 느낀거죠 / 저 떨어지는 낙엽처럼 / 그렇게 살아버린 내 인생을.』

이 노래는 김도향님이 1980년 4월 26일 서울국제가요제 출품상을 받았던 〈난 참 바보처럼 살았군요〉라는 노래가사의 전반부이다. 이 글귀를 음미하다가 갑자기 재작년 5월 어느 목회자의 소박한 글이 생각난다.

『날씨가 더위로 푹푹 찌는 여름날이었다. 얼마나 더운지 가만있어도 땀이 줄줄 흐른다. 내가 목회하던 동네에서 팔순이 넘은 조○○ 할머니라는 분이 땀을 뻘뻘 흘리시면서 썩은 짚 풀 더미에서 무엇인가를 열심히 찾고 계셨다. 가만히 지켜보았더니 굼벵이를 잡는 것이 아닌가?
"할머니, 그걸 무엇에 쓰려고 열심히 잡아요?"
"우리 아들이 병에 걸렸는데 굼벵이가 좋다고 그래서요. 그래서 지금 굼벵이를 잡고 있어요."
큰아들이 암인가 하는 중병에 걸렸는데, 다른 약도 소용이 없고 굼벵이가 좋다는 얘길 누군가로부터 들었다고 하시면서 벌써 많이 잡았다며 좋아하시는 것이다. 그런데 그 아들은 그 동안 어머니의 속을 무던히도 썩인 놈이었다.』

황금만능의 절대적인 황금률을 섬기면서 사는 우리에게 있어서 팔십이 넘은 고령의 할머니께서 육십이 지난, 그것도 그 동안 당신의 속을 무척 썩이던 몹쓸 늙은 아들의 병에 쓰려고 굼벵이를 잡으시는 모습을 우리는 어떻게 해석하고 받아들여야 좋을까?

그래도 똑똑한 바보는 참 아름답게 보인다. 성산 장기려 박사(1911~1995)는 평생을 가난한 환자들에게 인술을 베푸느라 가난한 생활을 면치 못했다고 한다. 어느 해 정월 초하룻날 아침, 그 집에 머물고 있던 제자가 아침에 일찍 일어나 세배를 드렸다고 한다. 세배를 받은 성산은 "금년에는 나처럼 살아보게"라고 덕담을 해주었다. 제자는 깊은 감동을 받았지만 모르는 척 웃으며 "선생님처럼 살면 바보 되게요?"라고 대답했습니다. 성산은 껄껄 웃음을 그치고는 제자의 손을 꼭 잡으며 "그렇지. 바보 소리 들으면 성공한 거야. 바보로 살기가 얼마나 어려운 줄 아나?"라고 말했다고 한다.

많은 사람들은 바보가 되기를 싫어한다. 남보다 약삭빠르게 남을 지배하고 남에게 명령하고, 거만한 몸짓으로 존경받기를 원한다. 그러나 예수는 '너희는 높은 사람이 되고자 하면 남을 섬기는 사람이 되어야 한다. 으뜸이 되고자 하는 사람은 종이 되어야 한다(마태, 26~28)'라고 일렀다. 그러므로 예수나 석가는 '정말 지혜로운 사람이 바보가 되어야한다(1고린 3, 18; 마태 5, 40~48)'고 했다. 왜냐하면, 그래야 국가나 교회가 발전할 수 있고 가정이 생동할 수 있을 것이기 때문이며, 이 세상의 지혜는 하느님이 보시기에는 어리석은 것이기 때문이다(1고린 3, 19). 1989년 죽음의 벽이요, 남북분단의 상징인 판문점남북분계선을 넘어 기꺼이 감옥까지 감으로써 남북의 평화의 물꼬를 트는 데 묵묵히 기여한 사람들, 1989년 ○○은행 창립60주년 기념현상논문에 자의반 타의반으로 참여하여, 당시 국내 1위인 ○○은행마저도 도산징후가 군데군데 도사리고 있으니, 은행들은 경영혁신을 서둘지 않으면 망할 것이라고 눈치 없이 주장하여 생고생을 사서하면서도, 오히려 웃던 고지식한 바보, 누가 보지 않더라도 교통질서를 지키는 사람, 길거리에서 떨어진 지갑을 주워 경찰서에 신고하는 사람….

오늘날 우리 사회는 똑똑해서 손해를 보지 않으려는 사람들이 너무 많은 현실에서 장 박사와 같은 정직하고 아름다운 바보들이 그리운 것은 나만의 소망일까?

(풍자문학, 2005년 여름호)

권태와 욕망의 갈등을 넘어서며

가을은 남자의 계절이라 했던가? 매년 가을만 되면, 속궁합이니 스와핑이니 하는 말들이 바람을 탄다. 노무현 대통령은 2003년 10월 13일 기자회견을 통하여 오는 12월15일을 전후해 국민투표 방식으로 자신에 대한 재신임을 묻자고 제안한 이후, 사회 구석구석에서 재신임을 물어보고 싶다는 이야기가 한참 유행했었다.

지난 해 결혼정보회사 닥스 클럽에 따르면 최근 기혼 남녀 458명을 대상으로 전화 설문조사한 결과, 49.1%가 배우자를 재신임하고 싶을 때가 있었다고 답했다. 성별 응답 비율은 남성(51.2%)이 여성(47.4%)보다 높았다.

그리고 "언제 배우자를 재신임하고 싶어지나"라는 질문에 남성은 '아줌마 티 낼 때(33.3%)', '다른 집 남편과 비교할 때(24.1%)', '사소한 일로 잔소리할 때(14.8%)', '부부관계가 원만하지 않을 때(10.2%)' 등의 응답을 했으며, 반면 여성은 '술 먹고 늦게 올 때(35.9%)', '친정

일에 무관심 할 때(20.5%)', '다른 여자와 비교할 때(17.1%)', '가사 분담을 전혀 하지 않을 때(10.3%)' 순이었다.

또 "어떤 배우자로 재신임하고 싶은가"라는 질문에 남성은 '능력 있는 여성(31.5%)', '바가지 안 긁는 이해심 많은 여성(25.9%)', '여성스럽고 애교 많은 여성(22.2%)' 순으로, 여성은 '자상하고 가정적인 남성(34.2%)', '능력 있는 남성(27.4%)', '술, 담배 안 하는 남성(15.4%)' 순으로 응답했다고 한다.

건강하거나 병들거나 비가 오나 눈이 오나, 오직 당신만을 사랑하면서 일평생을 행복하게 살겠노라고 주례 앞에서 서로에게 확신에 찬 맹세를 할 때는 언제고, 재신임 묻겠다는 것은 무슨 뚱딴지같은 말인지 모르겠다.

이혼 사유의 40%가 성생활의 불만족 때문이라는 보도를 어디에선가 읽은 적이 있다. 이와 같이 배우자와 섹스 만족도를 중요한 결혼 덕목으로 꼽는 구혼자들이 늘면서, 결혼 전에 속궁합을 보는 미혼 남녀들이 늘고 있다고 한다. 굿데이에 의하면, '웨딩커뮤니티 웨딩프렌드'가 예비신부 386명을 대상으로 실시한 〈예비신부들의 성의식 및 가족계획 설문조사〉에서 응답자의 75%가 첫날밤을 결혼 전에 치렀다고 답했다. 이들 중 96%는 결혼 전 지속적으로 성관계를 갖고 있으며 상대는 결혼 상대자가 69%로 나타났다. 결혼 상대자나 다른 남자라고 답한 예비신부는 24%였으며, 전혀 다른 사람이라는 응답은 7%였다'고 한다. 그리고 예비신부의 72%는 결혼 전에 속궁합을 맞춰 볼 필요성에 공감한다고 응답했다는 내용까지 덧붙이고 있다.

우리의 인생에 있어 결혼은 우리의 삶의 기쁨과 슬픔을 함께 할 반려자를 찾음으로써, 또 한번 우리의 인생이 바뀔 수 있는 기회를 만들어 나가는 과정이다. 그 첫 번째 과정은 가장 기초적인 욕구인 의식주(衣食住)문제를 해결하는 것이다. 왜냐하면, 배를 쫄쫄 굶고 있다면 그 어느 누구의 말도 귀에 들어오지 않고, 그 어느 일도 할 수 없기 때문이다. 그러나 요즘 시대에는 의식주 해결을 못하고 배고픔에 굶주리면서 결혼생활을 하는 부부는 적은 편이다. 그래서 그런지 오늘날에는 그 다음단계인 애정문제에 보다 많은 정열을 쏟고 있는 부류가 옛날보다 많아진 것이다. 이들이 '배우자 재신임을 묻고 싶다'라는 설문에 참여한 주부들일 것이다.

지난해 가을 KBS 1 방송에서도, 최근 혼전동거를 소재로 한 드라마가 인기를 끌면서, 젊은 세대들 사이에 혼전동거 인구가 80만 쌍을 넘어설 정도로 이젠 자연스러운 사회현상의 하나로 자리 잡고 있다고 한다. 한 번 배우자를 잘못 선택하여 한평생 후회하며 살기 보다는 결혼에 앞서 함께 살아봄으로써 좀 더 행복한 결혼생활이 정착될 뿐만 아니라, 급증하고 있는 이혼율도 줄어들 것이라는 점에서 일응 이해는 간다.

그러나 자신이 잘못 저지른 업보에 대한 치명적인 벌(물론 수혈 등 불가항력에 의한 경우도 있겠지만)인 에이즈에 감염되고도, 그 사실을 모른 채 지내는 '미확인 감염자'가 주변에 많이 늘고 있다. 즉, 동아일보(2003.10.23)에 의하면, 국내에서 에이즈 감염자는 하루 평균 1.4명꼴로 늘고 있다. 1985년 이후 올 9월 말까지 2,405명이 새로 에이즈에 감염됐다. 연도별로는 2000년 219명, 2001년 328명, 2002년 399명으로 매년 늘고 있는 현실에서, '결혼도 하기 전에 속궁합을 먼저 보는 것'은 우려되는 바가 크다고 아니할 수 없다. 뿐만 아니라 이혼을 하지 않기 위해 우선 일정기간 동안 살아본 뒤 결혼한다는 것은 논리적 모순이며, 결혼에 따른 의무와 책임을 회피하기 위한 수단으로 많이 악용할 가능성이 많고, 또 그런 일도 많다고 하는바, 필자는 속궁합이나 혼전동거생활에 대해 우려하는 입장이다.

또 결혼 후에는 스와핑 부부가 늘고 있다고 한다. 이들 대부분은 결혼도 하기 전에 속궁합을 먼저 본 부부들이 아닌가 한다. 물을 건너온 '스와핑'이란 단어의 뜻은 '부부 집단 성교환'이라고 우아하게 말하지만, 톡 까놓고 말하면 부부간에 파트너를 바꿔치기 하는 것이 아닌가? 이는 영화배우 시고니 위버가 얼음같이 차가운 미소를 흘리며 남편이 보는 앞에서 남자 파트너 손을 잡고는 모텔 안으로 유유히 사라지던, 영화의 한 장면이 아니다. 시청자들은 그 영화를 보면서 일탈의 기쁨이라든지 대리만족을 느낄 뿐이다. 그것을 보는 시청자들은 불륜이든 운명적 사랑이든 간에 '이건 드라마일 뿐이야' 하고 머리 속에서 한번 걸러지기 때문에 그대로 행동하는 사람은 극소수일 것이다.

그런데 대한민국 땅에서 2003년 10월 15일 전후의 신문이고 방송에서 화제가 된 스와핑 보도는 실제 상황이다. 모 기관이 실시한 조사통계에 따르면 전국에 스와핑족이 6,000쌍이 넘는단다. 그 모임 중에는 '법관·의사·기자·목사' 등 상류층까지 있단다. 날로 늘어나는 스와핑 부부들은 부와 권력이 쟁취가 교육이 목표로 되어버린 자본주의 사회에서의 물질적인 부와 권력의 풍요로움은 어느 정도 달성했지만, 그 경제적인 풍요로움을 지혜롭게 사용할 수 있는 정신적인 능력(철학)을 가르칠 수 없었던 우리나라의 가정교육이나 학교교육, 사회교육 결과에 따른 부산물인 것 같다. 왜냐하면, 섹스는 이러한 정신적인 공황 상태에 빠져 있는 인간들에게 늘 자기의 위기를 모면하는 데 절실하게 요구되는 마약역할을 하기 마련이기 때문이다.

사실 스와핑이라는 부부들 간의 불륜은 어제 오늘 일어난 일이 아니다. '스와핑'은 1960년대 초 미국에서 시작됐다. 그 당시의 '스와핑'이란 용어는 '중고 물물교환'의 뜻으로 사용됐었다. 즉 유모차나 중고품 녹음기 등을 상호교환하면서 사용한 말이다. '스와핑'이 부부 성교환으로 발전한 것은 1970년대 초. 미국의 지하신문들로부터 시작됐다. 당시 지하신문들은 '스와핑'을 연상할 수 있는 자사(自社) 광고를 내보냈다. 당시 이 상업성 광고는 "체격, 용모, 지적 능력 등 일정 수준의 부부가 서로 교환될 수는 없을까"라는 매우 자극적인 광고를 내보낸 것이다. 이 광고는 일반 광고와 비교할 수 없는 폭발력을 발휘했다. 이런 광고가 나간 후 실제 스와핑이 사회문제로 떠올랐던 것이다. 현재 미국 등 유럽에서는 집을 빌려 놓고 일정기간 동안 '스와핑'을 즐기는 일명 '스와핑 파티'가 성행하고 있는 실정이다. 또 이웃 일본 등에도 '스와핑 바'가 있어 술을 즐기다 서로 느낌이 통하면 손을 잡고 나가는 장면을 심심치 않게 볼 수 있는 것으로 알려지고 있다. 하지만 한국에서는 아직 음지에서 은밀하게 이루어지는 수준이긴 하다.

일찍이 삶의 허무함을 가르쳐 준 쇼펜하우어의 주장처럼 어쩌면 우리의 삶은 권태와 욕망의 갈등 속에 갇혀 있는지도 모르겠다. 그것이 이른바 '짜릿한 경험을 추구하는 모임(짜경모)'의 대표적 형태인 스와핑으로 출구를 찾고 있다. 니체가 신을 죽이고 뱀에게 힘을 실어준 이후로 마침내 '버터플라이'가 우리들 가정에 날아들었다. 이로 인해 자신의 존재를 이어가는 소중한 성(性)은 사창가 상거래의 차원을 넘어 우리의 가정 내부에서 부부들 사이에 서로 즐김의 대상이 됐다. 참으로 염려스러운 일이 아닐 수 없다.

1997년 IMF외환위기 이후에 죽 경기가 불황이다. 경기가 좋지 않으면 흔히 여자의 치맛자락이 짧아진다고 한다. 우리 사회에 횡행하고 있는 노래방 도우미의 상당수가 가정주부라는 사실도 이런 측면을 잘 반영해주고 있다. 하지만 스와핑 현상은 이와는 다른 측면을 지니고 있다. 왜냐하면 노래방의 가정주부가 가정의 경제적 어려움 때문이라고 한다면, 스와핑은 그저 권태로움으로부터의 해방을 위한 즐김일 뿐이기 때문이다. 물론 전자(前者)도 성을 도구로 삼는다는 점에서 후자에 근접해 있다. 전자나 후자 모두 자본주의의 발전과 더불어 시민사회의 욕구 논리가 우리의 가정을 파고들면서 발생하는 현상들이다. 전자가 고통의 현장이라면 후자는 쾌락의 현장에 속할 것이다. 정신과 전문이들은 "스와핑을 즐기는 사람은 성적환상을 현실화하려는 욕망에 사로잡힌 경우가 많다"며 "특별히 정신병이라고는 할 수 없으나 정신과 상담 등을 통해 자아를 바로 잡는 것이 중요하다"고 강조하고 있다. 어느 사회에서나 찬반주장은 있게 마련이다. 스와핑 문제는 개인적인 선택의 문제이므로 법이 끼어들어선 안 된다는 주장과 스와핑이 성문화를 타락시켜 그들 자식들의 가치관과 사회가치관을 흔들어 놓을 우려가 크기 때문에 법으로 규제를 해야 한다는 주장이 그것이다.

"하느님은 언제 어디에나 계시지 않기 때문에 어머니라는 존재를 만들어주셨다"는 탈무드의 구절이 아니더라도, 모든 어머니는 하느님의 창조사업에 헌신하는 여신과 같은 존재이다. 삼국유사에 따르면 부여와 고구려인들이 고주몽의 어머니 '유화'를 곡모신으로 제사 지냈고, 신라에서도 혁거세의 어머니를 서술성모로, 즉 여신으로 본 것이다. 물론 하느님의 거룩한 창조사업에는 어머니 혼자서만 되는 일은 아니다. 그러나 아버지보다 어머니의 영향이 너무나 큰 것은 경험적인 사실이다. 그래서인지 사모곡에서도 어머니와 아버지의 사랑을 낫과 호미의 차이로 비유했을 것이다.

오늘날 스와핑으로 문제가 되고 있는 부부들은 물질과 권력은 많이 가지고 있겠지만, 불쌍한 정신장애자들이다. 그러므로 무엇인가 무료하게 느끼고 부족하다고 느낄 때는 주위에 불우한 이웃과 자연을 벗 삼으면서 자신을 성찰해보는 노력이 필요할 것이다. 이런 성찰은 아무나 할 수 있는 것은 아니다. 이들에게 이러한 정신적으로 다듬어서 새사람으로 만들 수 있는 수단은 종교적인 힘 외에는 불가능하다. 그러므로 가정파탄 생기기 전에 부모로서 어느 문필가의 '부부들의 기도'를 묵상하며 착한 심성을 회복하여, 내가 늘 당연히 여기고 있는 내 모든 것들에 대하여 그 의미를 되찾고 진정으로 행복한 삶의 길을 갔으면 싶다.

『하느님 / 남남이었던 저희가 만나 부부로 하나 되게 하시니 감사드립니다. / 비록 서로 다른 삶에 익숙하고, 서로를 수용할 수 없는 갈등과 아픔이 / 저희를 엄습할 지라도 저희 부부 지금 맺은 사랑 / 한 마음 한 몸으로 꽃피워 열매 맺게 하소서 // 이기심으로 인해 정 주기를 꺼려하는 마음으로부터 자유로워지게 하시고 / 서로의 허물을 크게 보는 눈은 가리어 주시고 / 약점과 아픔을 캐고 찌르는 심보는 잘라 주시고 / 인격을 깎아내리는 언사는 불태워주소서 // 내가 아끼고 사랑해야 할 사람이 바로 내 아내임을 / 바로 내 남편임을 가슴에 간직하게 하소서 // 내가 토닥거리고 품어야 할 사람이 바로 내 아내임을 / 바로 내 남편임을 평생 잊지 말게 하소서 // 사랑은 아낌없이 자신을 내어주며 희생하는 것임을 / 내 아내를 통하여 내 남편을 통하여 증명하기를 원합니다. // 지금 저희가 약속한 이 사랑의 언약이 / 마침내 주님 곁에 가는 그 날 당신 앞에 열매 맺는 보속이게 하소서 / 그리하여 지금 바로 그 열매를 위하여 / 내 아내를 이 세상의 그 어떤 여인보다 소중하게 여기게 하시고 / 내 남편을 그 어떤 남자보다 크게 여길 수 있게 하소서 / 아 멘』

(풍자문학, 2004년 가을호)

엘리트와 이리 떼

우리사회에는 훌륭한 엘리트들이 여러 곳에서 활동하고 있다. 엘리트(elite)란 원래 '선택된 사람들, 선량(選良), 정예(精銳), 사회 중추(中樞)' 등을 뜻하는 프랑스어로서 대중(mass)과 대립되는 말이다. 일반적으로는 정치·경제·사회·문화의 각 영역에서 정책의 결정, 조직의 지도, 문화의 창조에 참여하는 소수자를 말하며, 그들의 지배·지도를 받는 대중은 수동적 존재에 불과하다고 이해한다.

엘리트론이 특별히 주목받게 된 시기는 20세기 초부터 제1차 세계대전 후 나치스가 대두할 때까지의 시기이다. 이 무렵은 국민의 정치참여에 문호를 연 것처럼 보인 선진 자본주의 국가의 정치체제가 현실적으로는 소수자의 지배에 불과하다는 여론이 일어나자, 그러한 상태가 정치세계에서는 피할 수 없는 필연이라는 생각에서, 그 사실을 설명하려는 노력이 많았다. 그것이 엘리트론의 형태로 나타난 것이며, G.모스카, G.J.오르테가, V.H.파레토, R.미헬스 등이 대표적인 학자들이다. 파레토는 시대에 따라 엘리트의 자격은 변하며, 어떤 때는 남성 또는 여성이, 어떤 때는 고령자가, 어떤 때는 육체적으로 강건한 자가, 또 어떤 때는 지식이나 도덕성이 뛰어난 자가 엘리트가 된다고 생각하였다. 그러나 그는 동시에 인류의 역사는 묵은 엘리트가 몰락하고 새로운 엘리트가 등장하며, 항상 엘리트가 지배한다는 점에서는 변함이 없다고 주장하였다.

그런데 엘리트 중에는 불우이웃이나 힘없는 민중들에게까지도 관심을 갖고 힘들고 궂은일에 앞장을 서는 선량한 진짜 Elite('엘리트'로 발음)들이 있는가 하면, 불법자금을 매개로 공생하는 재벌과 정치인·군납비리와 연관된 장성들, 공무와 관련된 법인카드를 달라고 해서 개인 또는 부서구성원들의 입을 즐겁게 만드는 고위관료 등 국민의 고혈을 뽑아먹으면서도 성공한 사람들이 누리는 과실(果實) 중 부스러기쯤으로 당연시하는 뻔뻔스러운 Elite('이리떼'로 발음)들도 있다. 후자는, 다음의 칼 샌드버그(Cal Sand-berg)의 〈황무지(Wilderness)〉라는 시에서 고발한, 자기 자신의 영달을 위하여 다른 사람에게 해를 끼치는 사납고 못된 엘리트의 탈을 쓴 교활한 이리 떼 그룹에 속한다.

『내 속에는 이리 한 마리가 있다 / 은빛과 회색 빛나는 이리 / 냄새 맡고, 궁리를 하고 / 바람과 공기에서 물건을 취하고 / 어두운 밤중 속에 코를 내밀어 / 잠자는 동물을 잡아먹고 / 털을 감추고 / 몸을 도사리고 꼬고 있다』

이리 혹은 늑대라고 번역되는 이 동물(canis lupus)의 히브리어는 zeeb, iyyim로 성서에 열세 번쯤 나오는데 모두 사나운 악의 비유로 쓰이고 있다. 이 동물은 한번 먹이를 보면 결코 놓치는 법이 없는 집요함과 사냥을 하기 전 주위를 면밀히 관찰하는 세심함의 습성이 있어 황야에서 어느 맹수 못지않은 사냥솜씨를 과시하고 있는 짐승이다.

『거짓 예언자들을 조심하여라. 그들은 양의 탈을 쓰고 너희에게 나타나지마는 속에는 사나운 이리가 들어 있다(마태7,15)』

『이 성읍 안에서 고관들은 짐승을 잡아 찢는 이리와 같아, 죄 없는 사람들을 죽이며 남의 재산을 털어먹고 있다(에제22,27)』

소크라테스와 사도 바울은 사람의 영혼은 두 마리의 말, 즉 순한 말과 야생마에 의해 이리 끌리고 저리 끌린다고 말하였고, 정약용도 목민심서에서 이 대목을 '빼앗고 싶을 때 주기를 청하고, 가두고자 할 때 풀어주기를 청한다'는 허허실실 '반간(反間)'의 가장 조심해야 할 수법이라고 지적하고 있다. 즉, 성가대에서 성가를 부르던 히틀러는 분명 좋은 사람이다. 그러나 유대인을 600만 명씩이나 살해하는 히틀러는 나쁜 사람이듯이, 똑같은 사람인데 어떤 때는 선하다가 어떤 때는 악해진다는 것이다.

그렇다면 대~한민국을 동방예의지국이며 조용한 아침의 나라라고 칭송이 자자한 우리의 현실은 어떤가? 잠에서 깨어 신문을 들여다보기가 두렵다. 재벌에서 정치인들에게 차떼기로 불법선거자금을 제공하였는가하면, 노무현 대통령은 2003년 12월 14일 4당 대표와의 청와대 회동에서 "불법 선거자금 규모가 한나라당의 10분의 1을 넘으면 정계를 은퇴할 용의가 있다"는 말씀으로 바람직하지 못한 짓을 했음을 인정했다. 군납 등 이권과 관련된 비리부패의 장성이나 장차관들의 얘기도 끊이지 않는다. 또 현직 형사가 납치강도로 돌변한 기사와 심지어 가장 섬김의 자세로 살아야 할 '교회 안 성폭력의 93%가 목회자에 의하여 발생한다'라는 기사마저 나온다.

직접민주주의는 그 옛날 3천~4천 명 규모의 그리스의 도시국가에서나 가능하지, 국민수가 수천만 명에 이르면 국민은 그저 투표할 때만 일시적인 나라의 주인이다. 그래서 미국의 부시대통령은 상대 후보보다 54만 520표나 적게 득표하고서도 백악관을 차지한 현상까지 나올 수 있는 것이다. 물건을 만드는 주인인 노동자는 소외당하게 되고, 나라의 심부름꾼이라는 공무원과 국회의원이 거꾸로 국민 위에 군림하는 것도 다 사회의 규모가 크고 복잡해져서 그렇다. 종교도 구성원이 소규모이던 원시종교공동체에서는 성직자와 평신도, 스님과 신도라는 위계질서가 없었는데, 커지다가 보니까 높은 이와 낮은 이, 전문가와 배우는 사람으로 나뉘었다. 이런 이유에서 유럽의 경제학자 슈마허(E. F. Schumacher)는 이미 오래 전에 '작은 것이 아름답다(Small is beautiful)'는 구호를 제창했는지도 모른다.

논어(論語) 자한(子罕)편에 나오는 '세한 연후 지송백지후조(歲寒然後 知松柏之後彫)'라는 구절이 떠오른다. '날씨가 추워진 뒤에야 소나무와 잣나무가 늦게 시든다는 사실을 안다'는 뜻이다. 사람도 마찬가지다. 대부분의 사람들은 평상시에는 남에게 해를 끼치지 않고 선하게 살아간다.

그러나 사람의 됨됨이는 활엽수와 침엽수의 차이가 늦가을 무렵부터 드러나듯이 위급한 상황이나 이해관계에 봉착했을 때 확연히 달라진다. 이처럼 보통 때 사람들의 행동은 여름철 활엽수와 침엽수를 분간할 수 없는 것처럼 분간하기 어려운 것이 사실이다. 석가가 80평생 여러 차례 죽을 고비를 넘긴 것도, 소크라테스가 독주를 마시고 처형당한 까닭도, 예수가 불과 33세로 십자가에 못 박힌 이유도 따지고 보면 어리석고 욕심 많은 이리 떼와 같은 인간들이 많았고, 그래서 세상이 더욱 어지러웠기 때문이었다. 그래서 석가는 이렇게 가르쳤다.

『너희 것이 아닌 것은 버려라. 한때의 안락은 영원한 고통이며, 한때의 고통은 영원한 안락이 될 것이다.』

오는 4월에는 우리사회 부패부정의 온상이며, 이리 떼 중의 으뜸으로 자리매김 되어 오던 국회의원선거가 있다. 이리 떼를 솎아내어 엘리트들로 국회를 채우지 못하면 그들이 주인인 우리의 피를 다시 뽑아먹을 것이 아닌가? 뿐만 아니라 〈한국학술진흥재단〉마저도 "연구비지원 논문의 형식적 선정의 방법을 매개로 학문적 권력 체제의 중심기관이 되면서 오히려 새로운 학문의 출현을 방해하고 있다"는 비판의 글도 꾸준히 발견되고 있다.

예수께서는 엘리트의 삶을 사는 방법을 몸소 보여주고 있다. 예수님은 순종하는 아들로서 아버지 하느님을 사랑하고 그분께서 뜻하는 것을 행하셨다. 예수께서는 '섬김을 받으러 온 것이 아니라 섬기러 왔고, 많은 사람을 위하여 목숨을 바쳐 몸값을 치르러(마태 20,28)' 오시어 제자들의 발도 씻어 주셨고, 십자가에 달려 죽기까지 하느님의 뜻에 순종하셨다. 착한 목자란 아버지 하느님의 '뜻'을 자진하여 실천하는 분임을 뜻한다. 그런데 편견과 우월감 그리고 학벌・파벌 등 다른 선진국에서는 찾아볼 수 없는 여러 문제점이 이글거리고 있는 이 사회에서 선하게 살기가 그리 쉬운 일은 아닐 것이다. 아니, 선한 일보다 오히려 마피아와 같은 강한 이리 떼의 향수를 동경하는 마음이 생기도록 자극되는 것은 어쩜 당연한 현상일지도 모른다.

그러나 젊음은 그저 주어지는 것이지만, 인생은 각자의 꿈을 심고 가꾸어가는 것이 아닌가? 그러므로 이런 저런 연유로 자신의 노력은 배제하고 이런 사실들에 절망하고 분노만 할 것이 아니라, 엘리트의 꿈을 심고 잘 자랄 수 있는 여건을 내가 만들지 않으면 누가 하겠는가?

부질없는 것은 다 버리고 단순하게 살 수는 없을까? 시인 워드워즈(Wordworth)는 '어린이는 어른의 아버지(the father of man)'라고 했다. 순진성에 있어서 그렇다는 얘기다. 어린이의 세계는 천진난만한 세계이다. 사물을 있는 그대로 단순하게 보자. 자기 입장에서 보는 것이 아니라 사물 자체를 그대로….

하느님, 이리 떼의 심성이 잘 자라나지 못하도록, 권력이나 이권이 많은 자리의 유혹을 물리쳐주셨음에 감사합니다. 세상이 아무리 어렵더라도 홍윤숙님의 〈간장종지〉를 마음속 깊이 음미하면서 바르고 단순하게 살아가려고 노력하겠나이다.

『항상 깨어 준비하라 하시는데 / 삶의 고달픔이 나를 잠들게 합니다 / 세상의 찬바람이 내 눈을 흐리게 합니다 / 진실로 내가 완전히 깨어 눈을 뜬다면 / 사막이나 낙도로 가야 합니다 / 가사 한 벌 걸치고 수도승처럼 속세를 떠나야 합니다 / 세상에서 사는 일, 반은 자고 반은 깨어 / 선과 악, 교회와 시장, 천국과 지옥을 오고가는 일이 아닐런지요』

(풍자문학, 2004년 봄호)

노무현 대통령에게 드리는 소망

영화 '왕의 남자'(이준익 감독)가 드디어 꿈의 기록인 전국 관객 일천이백만 명 동원기록을 달성했다고 야단들이다. 배급사인 시네마서비스는 "토요일인 지난 3월 11일 '왕의 남자' 관람객은 73,070명이 추가돼 전국 누계 1,201만 5,420명을 기록했다"고 한다.

지난해 12월 29일 개봉된 '왕의 남자'는 지난달 11일 개봉 45일 만에 한국영화 역사상 세 번째로 관객 1,000만 명을 돌파했고, 개봉 67일 만인 지난 3월 5일 종전 최다관객 기록인 '태극기 휘날리며(2004년 1,174만 명)'를 넘어섰다고 한다.

이는 그간 우리 사회의 금기 영역에 속했던 동성애를 지극히 정상적인 시선으로 바라보며, 주류 문화의 한 부분으로 받아들일 수 있는 가능성을 제시한 것으로 보는 사람들도 있다.

이런 와중에 노무현 대통령은 이 영화를 벤치마킹해서 유시민 의원을 보건복지부장관에 임명했다는 얘기가 항간에 파다하다.

국회청문회에서 박재완 의원은 “유 내정자가 지난 2001년과 2004년에 연평균 7,000만 원과 8,000만 원의 사업소득수입이 있었음에도 신고명세서에 공란으로 처리하며 불성실한 신고를 했다”고 포문을 열었다. 전재희 의원 역시 99년 7월부터 13개월 동안 유 내정자가 국민연금을 미납했다고 집중포화를 날리면서, “지난 2004년 일본 관방성장관, 야당 대표는 국민연금 미납으로 사임했다”며, “개혁은커녕 국민연금제도를 지탱하는 자진신고 의무를 무너뜨려 위태롭게 할 상황이기 때문에 명예롭게 자진사퇴하기 바란다”고 자진사퇴론을 꺼내들기도 했다.

이처럼 야당은 물론 국민여론 대부분도 유 내정자 임명에 대해 맹비난하고 있음에도 불구하고, 청와대와 열린우리당이 유 내정자를 장관으로 임명한 것은 오는 5.31 지방선거 때문이라는 이야기이다. 이 집단들은 오는 지방선거의 승기를 잡기 위해, 노대통령의 측근이며 국회의원 선호도에서도 1위인 유시민 의원을 왕의 남자로 내세워 자신을 지지하던, 소위 진보세력의 결집이 필요했을 것이다. 즉 한나라당이 유 내정자를 계속 두드리면 두드릴수록 진보세력 결집을 호소해 지방선거 승기를 잡는다는 전략을 갖고 있다”는 것이다.

이 정도로 정치권에까지 영향력을 끼친 영화 ‘왕의 남자’의 초・중반 줄거리는 이렇다.

『조선 연산조 시대에 활동하던 남사당패의 광대 장생(감우성 분)은 힘 있는 양반들에게 농락당하던 생활을 거부하고, 자신의 하나뿐인 친구이자 최고의 동료인 공길(이준기 분)과 보다 큰 놀이판을 찾아 한양으로 올라온다. 타고난 재주와 카리스마로 놀이패의 리더가 된 장생은 공길과 함께 연산(정진영 분)과 그의 애첩인 녹수(강성연 분)를 풍자하는 놀이판을 벌여 한양의 명물이 된다. 공연은 대성공을 이루지만, 그들은 왕을 희롱한 죄로 의금부로 끌려간다.

의금부에서 문초에 시달리던 장생은 특유의 당당함을 발휘해 왕을 웃겨 보이겠다고 호언장담하지만, 막상 왕 앞에서 공연을 시작하자 모든 광대들이 얼어붙는다. 장생 역시 극도의 긴장감 속에서 왕을 웃기기 위해 갖은 노력을 하지만 왕은 꿈쩍도 하지 않으니 더욱더….

바로 그 때 얌전하기만 하던 공길이가 기지를 발휘해 특유의 앙칼진 연기를 선보이자, 왕은 못 참겠다는 듯이 크게 웃어버린다. 이들의 공연에 흡족한 왕은 궁내에 광대들의 거처, 희락원(喜樂園)을 마련해 준다. 궁에 들어온 광대들은 신바람이 나서 탐관오리의 비리를 풍자하는 공연을 선보이고, 왕은 즐거워한다.

하지만 중신들의 분위기가 싸늘함을 감지한 왕이 중신 중 한 명을 웃지 않는다며 탐관오리라는 명목으로 형벌을 내리고 연회장엔 긴장감이 감돈다. 연이은 연회에서 광대들은 여인들의 암투로 인해 왕이 후궁에게 사약을 내리는 경희(京戱)를 연기하고, 연산은 같은 이유로 왕에게 사약을 받았던 생모 폐비 윤씨를 상기하며 진노하여, 그 자리에서 선왕의 여자들을 칼로 베어 죽게 한다. 공연을 할 때마다 궁이 피바다로 변하자, 흥을 잃은 장생은 궁을 떠나겠다고 하지만, 공길은 알 수 없는 이유로 남겠다고 한다. 그 사이 왕에 반발한 중신들은 광대를 쫓기 위한 음모를 꾸미고, 왕의 관심을 광대에게 빼앗겼다는 질투심에 휩싸인 녹수 역시 은밀한 계략을 꾸민다.』

이 영화가 이렇게 흥행에 성공한 이유를 혹자들은 탄탄한 스토리가 좋다느니, 또는 동성애 코드가 확산될 조짐이라느니 그 원인을 찾느라 부산들이지만, 필자는 광대가 양반들은 물론 지존인 임금에게까지 자신의 생각을 당당하게 들이대는 그 용기와 삶에 대해 달관한 태도가 공감을 주는 큰 원인이 아닐까 한다.

『君君 臣臣 君不君 臣不臣(임금이 임금다우면 신하도 신하다울 것이고, 임금이 임금답지 못하면 신하도 신하다울 수가 없다).』

이 말은 임금을 보좌하는 높은 신하가 아닌 공길이라는 천출 광대가 지엄하고 패악스런 연산군에게 했다는 말이니, 아무리 생각해도 등줄기가 오싹해진다. 하찮은 신분의 광대가 현세의 삶에 집착하지 않고 통렬하게 왕을 비판했다는 것은 어느 누구도 감히 할 수 없는 짜릿한 일이었기에, 정신적으로나 경제적으로 점점 더 어려움을 겪고 있는 몰락한 중산층과 확대되어 가는 빈민층들에겐 더욱 더 통쾌한 대리만족을 느꼈으리라!

『시원한 바람 갖고 온 처서(處暑)에 놀라 / 서민 모기 입이 비틀어지기 시작하는구나, / 매는 새를 잡아 늘어놓는데… // 따가운 햇볕마저 누그러뜨리고 / 온 들판을 오곡백화 황금물결로 만들고 / 천고인비(天高人肥)의 희망을 심어주는 가을아 // 천지가 쓸쓸하기 시작하고 / 진동하던 우레 소리들도 / 땀방울이 걷히듯 잦아들게 한 가을아 // 이왕 비틀려면 / 콜레라 뇌염모기와 혈세(血稅)먹는 / 큰 모기 입이나 비틀어야지, 가을아!』

〈졸시, 「큰 모기입이나 비틀어야지」 전문〉

어느 날 택시기사가 "이 나라를 이 꼴로 만든 것은 노 대통령이 공부 안 하기 때문"이라고 신랄하게 불평하는 것을 들어야 했다.

"대통령은 지금보다 합격하기 더 어려운 시절에 사법시험에 합격할 정도로 공부도 많이 했고, 조선일보 칼럼에서 열거한 것처럼, 검찰 통치를 하지 않는 것, 정부와 당의 관계를 새로 정립한 것, 정치판에 재벌 돈을 끌어들이지 않는 것, 지역편중 인사를 해소한 것, 방사성폐기물 처리장 부지 선정에 성공한 것, 이라크에 파병한 것, 미국과 자유무역협정 협상을 시작한 것, 대북문제를 국내정치에 이용하지 않는 것 등 잘한 것이 많은데, 왜 나라님을 그렇게 욕하느냐?"고 질문을 했다.

그 기사(技士)는 부아를 참는 듯 톤을 높이면서 시간이 없으니, 대통령이 공부를 안 한다는 증거를 한 가지만 말씀드리겠다며 속사포를 쏜다.

『지난해 10월 노 대통령은 스웨덴과 네덜란드 독일의 사회협약 성공 사례를 언급하며 〈국민 대통합 연석회의〉 구성을 제의했다. 대통령의 경제 스승 이정우 전 대통령자문 정책기획위원장도 사회적 대타협의 필요성을 수없이 들먹여 왔다. 그렇지만 대통령이 들먹이던 유럽의 사회협약은 이미 퇴물로 취급받고 있다. 노르웨이의 노조 간부 아스뵈른발 씨가 2년 전 진보적 잡지 《먼슬리 리뷰》에 "사회협약은 깨졌다"고 한탄했을 정도다. 또한 스웨덴 정부 홈페이지에서도 "1930년대 협약을 이뤘던 사회는 변했고, 1990년대 경제 위기는 스웨덴 모델의 끝으로 보인다"고 했다.』

며 김순덕 칼럼에서 읽었던 듯한 내용을 거미가 꼬리에서 실을 뽑아내 듯 줄줄 꿰어 내려간다.

명색이 시인이며 수필가인 필자가 똑똑한 기사에게 모처럼의 주상을 듣지 않을 수 없었지만, 글 재료가 될 성싶어 얼른 메모하다 잔돈 받을 생각도 못하고 그냥 택시에서 내린 일이 있었다.

대통령에 대한 이런 저런 불만은 오랜 권위주의 정치에 길들여진 국민들이 노 대통령의 탈권위와 분권 행보는 반가우면서도, 한편으로는 낯선 것에 기인되는 면도 없지는 않을 것이다. 또한 노 대통령 지지자들은 노무현이가 대통령이 되면, 세상이 많이 바뀔 것이라고 생각했을 것이다. 적어도 원칙과 상식이 어느 정도 통하는 세상이 될 것이라고 확신했을 것이다. 이런 소박한 꿈은 깨어지고, 노무현 정부 3년간 전국 땅값은 평균 13%, 아파트 값은 18% 상승했는가 하면, 주가는 무려 121%의 상승률을 기록하여 임금 상승률보다 터무니없이 훨씬 빠르게 이뤄진 결과, 중산층은 점점 몰락하고 빈민층은 더욱 심화됨에 따른 반감이라고 치부할 수도 있을 것이다.

하지만 노 대통령 지지자들에게 "이명박 서울시장은 재임기간 중 청계천이라도 확실하게 살려놓았지만, 노 대통령이 재임기간 3년 동안 부동산 등 자산가격 1431조(兆)원 폭등시킨 것 말고, 이루어 놓은 것이 뭐가 있느냐고 말해보라"면 대답이 궁색해지는 것이 사실이다. 뿐만 아니라 노 대통령이 임기초반에 큰 소리로 외치던 시스템 정착은 오간데 없고 양극화가 해소되기는커녕 더 심화되고 있는가하면, 말 실수가 많아 정치인들이나 많은 국민들로부터 "공부를 많이 못했거나 용병술이 부족하다"는 말들을 들을 만도 하다는 생각이 든다.

집권 4년차를 맞는 노무현 대통령에 대한 평가는 긍정적인 것도 있고 부정적인 것도 있으며, 조금 더 지켜봐야 한다는 의견도 있다. 필자는 조금 더 지켜봐야 한다는 생각이다. 왜냐하면 자기의 권력을 일정부분 버리면서까지 탈권위와 분권을 지향한 노 대통령의 '확실한 업적' 하나는 국민들이 어느 정도 평가해줘야 한다고 나는 생각하고 있기 때문이다. 현재 우리의 경제 전체 규모가 세계 10위권이라 한들 아직 한국의 1인당 국민소득은 중진국권에 머물러 있고, 가만히 앉아서도 경제적 부를 더 많이 누리는 사람과 한 평생 고생을 하고도 느는 건 빚뿐인 사람들이 존재하는 누적된 어려운 환경을 개선하려는 정책적 노력을 기울이고 있기 때문이기도 하다.

그러나 대통령은 천덕꾸러기나 조롱의 대상이 되어서는 안 된다. 이는 정권이 국가를 이끌 도덕성과 자질을 최소한만이라도 갖추면 자연히 해소될 문제이기 때문에, 이것은 대통령의 기본능력에 속한 문제라 할 것이다. 박정희 대통령도 30여 년 전에는 별로 인기가 없었으나, 지금은 그를 가장 훌륭한 역대 대통령으로 꼽는 한국 사람들이 많다는 것만 봐서도 알 수 있다. 지금부터라도 잘하면, 노무현 대통령에 대한 평가도 많이 달라질 수 있다고 본다.

노무현 대통령을 비롯한 대통령의 꿈을 품고 있는 선량들에게 바라는 나와 국민들의 소망은 단순하다.

『구름이 연륜 더해 / 생명의 단비 되고 // 초록 잎은 단풍 되어서도 / 시심(詩心) 일깨우듯이 // 그대의 사려 깊은 노을로 노숙자와 흡혈귀 없는 / 살기 좋은 나라 영그는 忍石되시기를!』

〈拙詩, 「노 대통령에게 드리는 소망」 전문〉

(월간 문학의 窓, 2006년 3월 호)

자살이 지도층 최후의 보루가 되지 않기를…

『4월은 가장 잔인한 달 / 죽은 땅에서 라일락을 키워내고 / 추억과 욕망을 뒤섞으며 / 봄비로 잠든 뿌리를 뒤흔든다 / 차라리 겨울은 우리를 따뜻하게 했었다 / 망각의 눈으로 대지를 덮고 / 마른 구근(球根)으로 가냘픈 생명을 키웠으니』

영국시인 T.S.엘리엇의 장편시 《황무지(荒蕪地)》 중 〈죽은 자의 매장(埋葬)〉의 일부 내용처럼 시인은 봄을 맞아 자연의 부활을 노래하고 있지만, 우리 주변에서는 유난히 자살이 잦았다. 그리고 자살은 외국과 한국 모두 봄·가을에 많지만, 특히 봄에 더 많은 것으로 알려져 있다.

비리혐의로 검찰 조사를 받던 유명 인사들의 자살이 잇따르고 있는 것은 보기에도 딱하다. 검찰 조사를 받거나 앞둔 상황에서 스스로 목숨을 끊은 인사는 작년 4월 국민건강보험공단 이사장 재직 시절에 인사 및 납품관련 비리 혐의로 검찰조사를 받던 박태영 전남지사까지 5명에 이른다. 재작년 8월 현대비자금 사건으로 조사를 받던 정몽헌 현대아산 이사회장이 투신자살한 이후, 부산지방국세청 공무원 전모씨(작년 2월), 안상영 부산시장(작년 2월), 남상국 전 대우건설 사장(작년 3월)이 잇따라 죽음을 택했다. 일부 정치권과 언론은 이들의 자살사건이 있을 때마다 사회·국가적 책임을 촉구하며 대서특필하고 있다. 또한 반인륜적인 자녀동반 자살, 살해 사건도 적잖았다.

그러나 불법 체류 단속과 부당한 대우 등에 삶의 의미를 상실한 외국인 노동자의 자살, 노동정책에 항거해 분신자살한 노동자, 특히 고단한 삶의 무게를 견디지 못하고 목을 매 죽은 소녀가장 사건은 우리 모두의 가슴을 가장 아프게 한다.

물론 자살이 우리나라에만 발생하고 있는 것은 아니다. 자살에 대한 통계는 가장 믿기 어려운 것이라는 견해가 지배적이지만, 세계적으로는 연간 80만 명가량이 자살하고 있으며, 우리나라도 인구 10만 명당 26명이 자살함으로써 자살률에서 세계 3위이다. 자살은, 스피노자나 칸트와 같은 철학자의 말이 아니더라도, "인간은 누구나 자기에게 주어진 생명을 보존해야 할 책임이 있다"는 관점에서 문제가 있는 것이다.

인간을 포함한 모든 생물의 가장 큰 욕구 중 하나가 자기 생명을 지키려는 욕구이기 때문에, 심리학자 등이 수세기에 걸쳐 꾸준하게 복합적인 관심을 가져왔지만, 인간의 행동 중에 가장 설명하기 힘든 부분이 자살이다. 그 중 자살에 대한 유형과 원인을 사회적 입장에서 처음으로 재정립한 사람은 에밀 뒤르켕(Emil Durkheim)이다. 그는 《자살론》이라는 책에서 자살을 '이기적' 자살, '이타적' 자살 그리고 '아노미적' 자살 등 세 가지로 나눴다.

일반적으로 이기적 자살은 정신질환과 연관되는 경향이 많다. 사회 규범이 개인의 행동을 규제하는 기능을 잃을 때, 개인 간의 결합력이 약한 사람에게 나타나며, 우울증, 급성 정신병, 현저한 스트레스 상태 등이 이 같은 자살의 원인으로 지목된다.

반대로 이타적 자살은 개인이 특정한 사회를 위해 자신을 희생할 때 일어난다. 이는 사회의 통합이 지나치기 때문에 개인의 관심이나 생명이 과소평가되는 사회에서 많이 일어난다. 일제의 '을사조약' 강제체결에 항거하며 자결한 충정공 민영환 선생, 열악한 노동조건 개선 등을 부르짖으며 분신한 노동운동가 전태일 열사 등이 그 부류에 속한다.

마지막으로 무통제적 자살, 혹은 아노미적 자살은 사회의 변동기 때 가치의식의 붕괴로 인해 개인의 방향감각이 상실되거나 안정감이 없어질 때 발생한다. 즉, 개인이 사회에 적응하려고 노력하던 중 도저히 감내할 수 없을 정도의 과도한 억압 상태에서 나타난다.

특히 최근 들어 유행병처럼 번져가는 지도층 인사들의 이런 행태는 결코 바람직한 일이 아니다. 명예와 명성이 높았던 사람이거나, 그 그늘에서 안주하던 사람이거나, 그 안주권이 훼손되거나, 그로부터 소외받는 일을 당했을 때, 이들은 최후의 보루(堡壘)로 자살을 선택하는 경향인 듯싶다.

그러나 지도층으로서 잘못을 저지르지 않는 것이 우선이겠지만, 비록 잘못을 저질렀다 해도 그에 대한 대가를 치르고 다시 인생을 시작하는 것이 당당한 자세이며, 진정한 '노블레스 오블리제'라고 볼 수 있을 것이다. 이들이 진정 우리 사회의 지도자들이라면 자신들에게 밀려오는 압박을 죽음으로써 면피해 버릴 것이 아니라, 정면으로 대응하여 무죄임을 밝히든지 아니면 유죄임을 의연하게 인정하고, 그 대가를 치르는 용기 있는 모습을 보여줬어야 하지 않겠는가?

이런 관점에서 가족을 포함해 주변의 모든 사람에게 상처를 주고 이런 식으로 생을 마감하는 것은, 책임을 지는 것이 아니라 오히려 책임을 회피하는 비겁한 짓이라고 아니할 수 없다.

정부나 검찰에서는 이들 자살이 미화되어 변칙의 대명사인 부정부패 의혹을 땅속 깊이 묻어버리는 문화를 바꿔야 한다. 연구 결과에 따르면 저명인사의 자살 사건이 발생하면 일반인의 경우에도 자살률이 평소의 14.3배나 높아진다고 하는 바와 같이, 부정부패를 저지른 사람은 무덤에 가서라도 책임을 면할 수 없다는 책임의식을 심어줌으로써 자살충동을 줄여나가야 할 것이다.

또 변칙은 통하지 않도록 사회문화를 정착해 나가야 한다. 어느 대학의 신문사가 남녀 재학생 218명을 대상으로 커닝에 대한 설문 조사를 했더니, "전체의 61%의 학생은 커닝에 대해 '사정상 할 수도 있다'라고 대답했고, '절대 안 된다'는 33%였다. 커닝을 한 경험이 있느냐는 물음에 대해서는 남학생 76%와 여학생 74%가 있다고 대답했고, 최고 학년인 4학년은 무려 96%가 커닝을 경험한 것으로 대답했다."는 기사를 읽은 적이 있다. 따라서 학생 때부터 변칙으로 성공할 수 없는 사회시스템을 정착시켜 나가야, 헌신짝처럼 버려지는 주검의 문화를 더 이상 확산되는 것을 막을 수 있을 것이다.

특히 지금까지 언론에 보도된 여러 자살 사건 중 지금까지도 우리들 가슴 깊이 파고들며 아프게 하고 있는 것은 경기도 평택에서 병든 홀어머니와 두 동생을 부양하던 열다섯 살 소녀가장이 고단한 삶의 무게를 견디지 못하고 목을 매 죽은 사건이다. 그 소녀는 "차라리 고아로 태어났으면 좋았을 걸…, 차라리 거리의 풀 한 포기로 태어났으면 좋으련만…, 차라리 바람에 휘날리는 모래 한 줌으로 태어났으면 좋으련만…, 내게 미래란 보이지 않는다"는 유서를 남겼다고 한다. 그 소녀는 마지막 가는 길에 두 여동생이 먹을 밥을 전기밥솥에 가득 지어놓았다고 한다.

재작년 국제투명성 기구(TI)의 부패인식지수(CPI)조사에서 한국은 조사대상 133개국 중 청렴도 면에서 50위에 지나지 않았을 정도로 생활화된 부정부패 문화가, 삶의 고단함을 못 견뎌 목숨을 끊어야만 했던 소녀가장이 지어놓은 마지막 밥조차 빼앗아버린 것은 아닐까?

대한변협이 작년 5월 5일 펴낸 〈2003년 인권보고서〉는 신자유주의 대세 속에서 부익부(富益富)와 빈익빈(貧益貧)의 넓어져 가는 간극(間隙)으로 300만 명 이상이 기초생활마저 보장받지 못하는 적폐를 지적하고 생계형 자살 1일 3명꼴이라는 경찰통계를 들고 있다. 이렇듯 빈곤의 국민을 잡초(雜草)로 간주하여 '인간 이하'로 방치하는 것은 반(反)인권이 아닐 수 없다. 인권은 국가 존재의 이유 바로 그것이다. 헌법은 모든 국민의 인간으로서의 존엄과 가치와 국가의 확인·보장의무를 명시하고(제10조), 모든 국민이 인간다운 생활을 할 권리를 규정하고 있다(제34조). 그러므로 국가가 직접 나서서 이들을 보호해야 하지 않겠는가?

미국·프랑스·일본·중국 등 외국은 정부가 복지차원에서 자살예방과 대책을 마련 중이다. 그러나 국가적·사회적 해결책도 좋지만 무엇보다 가족과 부모·형제자매·이웃사촌의 따뜻한 관심과 배려가 기본이고, 한층 더 효과적인 것도 부인할 수 없는 사실이다.

매년 맞는 5월은 가정의 달이다. 근로자의 날·어린이날·어버이날·스승의 날·성년의 날·부처님 오신 날이 줄줄이 몰려 있다. 하나같이 사랑과 더불어 사는 삶의 보람을 강조하는 기념일들이다. 주변 사람들에게 따뜻한 관심을 가지고 따스한 손길을 내민다면 자살이라는 어두운 사회그림자는 조금씩 걷히게 될 것으로 보인다.

한스 루터의 말대로, 책임 있는 결단을 위해 중요한 것은 "인간이 얼마나 미래를 객관적으로 예측할 수 있는가 하는 것이 아니라, 그 대신 인간이 스스로 올바른 가치태도를 발전시킬 수 있는가, 아니면 없는가" 하는 것이다. 그러므로 김종익님의 〈잡초〉라는 시를 음미하면서, 과연 누가 진정한 잡초인지를 생각해 보는 계기를 삼아보면 어떨까 한다.

『지한 사람들아 / 잡초라고 함부로 짓밟지 마라 / 쇠뜨기 명아주 애기똥풀 / 개망초 질경이 며느리배꼽 / 식물도감에 버젓이 올라 있는 / 고향을 지키는 민초들이다 / 거친 산야 살찌게 하는 우리는 꽃이다 / 한 송이 꽃도 피우지 못하는 / 당신들이 잡초다』

(풍자문학, 2005년 가을호)

쓰레기 분류와 민초들의 힘

지난 9월 초에 당시 김두관 행정자치부 장관이 '오마이뉴스'와의 인터뷰에서 "여야 모두 정치에 있어 쓰레기 집단이다. 쓰레기도 분리를 해서 버릴 것과 재활용 할 것을 가려 재활용품을 다시 써야 한다"고 말해 매우 경솔하고 적절치 못한 발언으로 치부되었던 일이 있다. 정치권의 자기반성과 정화의 필요성에 대한 논란이 한창 벌어지고 있기도 하거니와, 시민단체 등 국민들 대부분도 김 전장관과 대동소이한 생각을 갖고 있을 것으로 보인다. 하지만 정치 부적격자를 솎아내 정치권에서 퇴출시키는 것은 유권자들의 몫이란 점에서는 제3자가 이러쿵저러쿵하는 것은 적절치 못하다는 생각도 든다.

그런데 필자가 사는 아파트광장에는 매주 일요일이면 그야말로 산더미란 말이 꼭 맞게끔 재활용품들이 수북이 쌓인다. 아무리 일회용품을 줄이고 물건을 안 산다고 해도 한 주에 한 번인 이 날을 놓치면 집안은 불편해진다. 주민들이 일찌감치 부지런을 떨며 재활용품을 버리는 데도 경비원아저씨께서는 일반쓰레기가 거기에 잘못 들어가 있지나 않은지를 일일이 체크하여 아름답게 마무리를 하고 있다. 그렇다면, 정치인들도 선거권자인 국민들이 직접 뽑는다고는 하나 건전한 시민단체나 뜻있는 인사들에 의한 체크과정은 일정범위 내에서 필요하지 않을까?

문제는 과연 '어떻게 인간쓰레기를 분류하고 재활용할 것인가'가 궁금할 뿐이다. 한 읍사무소 홈페이지 게시판에 적혀있는 분리수거 요령에 의하면, 종이류·캔류·병 종류·고철류·플라스틱류·의류·영농폐기물류 등은 재활용 가능한 쓰레기로, 가구·가전제품 등은 고쳐 사용할 수 있는지 여부와 관계없이 처리비용을 별도로 지불해야 치워주는 대형쓰레기로 분류하고, 나머지는 소각해야 될 일반쓰레기로, 크게 3가지로 분류하고 있다.

아파트에서와 같이 분리수거 시스템이 어느 정도 정착되어 있는 곳은 그나마 괜찮은데, 단독 주택인 경우에는 훨씬 더 불편한 것은 사실이다. 왜냐하면 자원을 재활용하고 환경을 보존하기 위해서 쓰레기 분리수거를 해야 하는 건데, 대부분의 경우 그런 이유보다는 쓰레기 종량제 때문에, 쓰레기 부피를 줄여보겠다고, 분리수거를 하고 있기 때문이다. 우리나라에서는 독일이나 일본과 같이 사회적 시스템이 합리적이지 못하다 보니, 수고는 이중, 삼중으로 들면서 효과는 별로 없다고 생각하는 사람들이 꽤 된다.

그러나 주부들의 힘은 세다. 집안의 쓰레기 분리수거부터 여성관련운동, 심지어 역사바로잡기 운동까지 다양한 방면에서 건강한 힘을 발휘하고 있다. 경제(經濟)는 '절약', '가정을 꾸리는 기술'이라고 한다. 그러고 보면 가정주부들은 경쟁력 있는 전문직업인들이다. 이들의 절약

정신은 창의성과 연구를 통한 노력의 결과이다. 남자는 돈을 대충 쓰는데 관심을 쏟지만, 현명한 주부는 수백 가지 돈이 나가는 것을 조절할 줄 안다. 낭비는 생각의 부족에서 생긴다. 그래서 절약이란 생각이 모자라는 사람을 생각하는 사람으로 바꾸는 일이다. 생각을 잘하고 못하는 것은 행복을 좌우하는 열쇠다. 은행연합회 집계에 따르면 개인 신용불량자가 경제활동인구의 14%를 차지하는 300만 명에 달하고, 그 60%인 176만 명은 신용구매, 현금서비스 카드론 등 신용카드 빚을 갚지 못한 것이라고 한다. 연체자의 50%는 20~30대로, 신용불량자 증가추세는 개인파산을 부르고 금융기관의 부실위험을 부른다. 한때 빚으로 살라고 권장하고 외상이 미덕이었던 사회에서 죽음을 부르는 역할을 하고 있는 신용카드의 빚은 절약정신을 잃어버린 신용사회의 일그러진 단면이 아닐까 한다.

『껍데기는 가라 / 사월도 알맹이만 남고 / 껍데기는 가라. // 껍데기는 가라 / 동학년 곰나루의, 그 아우성만 살고 / 껍데기는 가라. // 그리하여, 다시 / 껍데기는 가라 / 이곳에선, 두 가슴과 그곳까지 내논 / 아사달과 아사녀가 / 중립의 초례청 앞에 서서 / 부끄럼 빛내며 / 맞절할지니. // 껍데기는 가라 / 한라에서 백두까지 / 향그러운 흙가슴만 남고 / 그, 모오든 쇠붙이는 가라.』

인간쓰레기를 생각하니 신동엽님의 〈껍데기는 가라〉라는 글이 생각난다. 그러나 '인간쓰레기' 하면 1970년에 세상을 발끈 뒤집어 놓았던 젊은 김지하님이 발표한 〈오적(五賊)〉이라는 풍자시를 빼놓을 수 없다. 우리는 오적이라면 을사조약에서 일본에게 나라를 팔아먹은 이완용을 비롯한 다섯 놈으로만 알고 있었다. 그런데 김지하님은 재벌·국회의원·고급공무원·장성·장차관 다섯 놈들을 5적이라 했고, 그 표현은 김삿갓 스타일의 한자 조어를 이용하여 재벌(財閥)의 '재'자와 '벌'자, 국회의원(國會議員)의 '회'자와 '원'자, 고급(高級) 공무원(公務員)의 '원'자, 장성(長星)의 '성'자, 그리고 장차관(長次官)의 '차'자에 모두 짐승 탈을 뜻하는 한자 변을 사용하여 아예 이들을 인간이 아닌, 인간의 탈을 쓴 짐승들로 못을 박고 나섰다.

> -前略- 『남녘은 똥덩어리 둥둥 / 구정물 한강가에 동빙고동 우뚝 / 북녘은 털빠진 닭똥구멍 민둥 / 벗은 산 만장 아래 성북동 수유동 뾰죽 / 남북간에 오종종종종 판잣집 다닥다닥 / 게딱지 다닥 코딱지 다닥 그 위에 불쑥 / 장충동 약수동 솟을 대문 제멋대로 와장창 / 저 솟고 싶은 대로 솟구쳐 올라 삐까번쩍 / 으리으리 꽃궁궐에 밤낮으로 풍악이 질펀 떡치는 소리 쿵떡 / 예가 바로 재벌(재벌), 국회의원(국獪의猿) 고급공무원(고급功無猿), 장성(長猩), 장차관(暲차관)이라 이름하는, / 간뗑이 부어 남산하고 목질기기가 동탁배꼽 같은 천하흉포 오적(五賊)의 소굴이렷다. / 여봐라. 게 아무도 없느냐. 나라 망신시키는 오적(五賊)을 잡아들여라.』 -後略-

그로부터 33년이 지난 2003년에 들어서도 생활고에 찌든 30대 주부가 "엄마 살려줘 안 죽을래"하며 울부짖는 세 자녀를 껴안고 아파트에서 뛰어내린 뉴스는 우리를 슬프게 한다. 노동당원이며 정치국후보위원으로 간첩혐의를 받고 있는 S씨를 해외민주인사라는 명분으로 초청하여 국세를 낭비하고 있다는 기사도 있다. 여기에 더하여 군장성과 국회의원 및 장차관, 그리고 고급공무원의 비리관련보도와 정치인의 굿모닝시티 연루보도는 '노블리스 오블리제(Noblesse Oblige;지도층의 도덕적 의무)의 실종'을 보는 것 같아 우리 민초들을 통곡케 한다. 셰익스피어는 백합이 썩으면 잡초 썩는 것보다 더욱 고약한 냄새가 난다고 했다. 지도층의 이러한 윤리 상실로 사회 전반에 냉소주의를 만연시켜 온 지 꽤 오래다. 이런 것들이 발전의 동력인 신바람과 창의성을 파괴시키는 원흉으로 작용하여 왔다. '개같이 벌어 정승처럼 쓴다'는 그간의 성공숭배 에토스(ethos)는 노블리스 오블리제의 실종을 가져왔다.

또한 이번 추석 뒷날인 9월 12일 새벽 이 땅을 강타했던 '매미'라는 태풍 때문에 사망 · 실종 130명과 재산 4조 7,810억 원의 재해를 보았다. 이것은 정부가 지난 4월 감사원의 '루사'와 같은 태풍으로 인한 '자연재해 대비 실태 감사 결과'를 통해 재해 방재의 문제점과 분야별 개선 방안을 조목조목 들었었다. 하지만 이들 가운데 상당수는 개선되지 못한 채 이번에도 되풀이 되었다. 이는 '소는 자꾸 잃어버리는데 외양간은 그대로 방치한 정부의 책임'이 크다고 아니할 수 없다. 그러나 책임지는 사람은 나타나지 않고 있다.

뿐만 아니라 국정원이 살해를 당한 수지 김을 '간첩'으로, 살인한 남편을 '반공자유투사'로 조작하는가 하면, 전국 자치단체 및 군부대, 사업장 폐기물 소각시설 상당수가 발암물질로 알려진 다이옥신의 기준치를 초과해 배출하다 무더기로 적발되는 일도 있었다. 이런 현상들은 모두 권력이나 직위를 자신의 것으로 착각하는 인간쓰레기인 소인배들 때문에 생기는 파생물이 아닌가 한다.

요즈음도 특히 정부기관이나 공기업에서 '3고 신드롬'이 팽배해 있다고 한다. 여기서 말하는 '3고'란 골치 아픈 업무과제는 '덮어두고', 생색

안 나는 업무와 골치 아픈 업무는 동료나 다른 부서로 '떠넘기고', 시급한 정책현안들은 '썩히고'를 의미한다. 문제는 만성병이어서 단시일 내에 완치가 곤란하다는 데 있다. 따라서 인간쓰레기도 재활용 가능한 쓰레기와 비용을 지불해서라도 치워야 할 대형쓰레기 및 소각해야 될 일반쓰레기로 분류해서 처리하면 어떨까? 이 성스럽고 중차대한 작업에는 쓰레기분류 전문가인 주부들과 건전한 민초들의 힘을 빌어야 하지 않을까?

지난해 월드컵에서 보여준 붉은 악마들의 '꿈은 이루어진다'는 열정은 월드컵 4강을 가능케 했으며, 세계를 바꿀 수 있는 당당한 주체의 모습이었고 민초들의 약동하는 힘이었다. 그 힘은 날로 좁아지는 글로벌 사회에서 한국인의 활기찬 개성으로 부각시켰다. 세계 구석구석 수십 명의 한국인만 있으면 맨 먼저 생기는 것이 노래방일 정도로, 일본이 노래방의 뿌리인 데도 한국에서 더 번성하고 있다고 한다. 또 우리 민족은 원래 동정심과 눈물도 많은 사람들이다. 역사적으로 역경과 재난을 수도 없이 겪었기 때문일 것이다. '사랑의 리퀘스트'나 '수재민 돕기 성금'과 같은 TV 프로가 매번 성공을 거두는 것을 보면 알 수 있다.

이 나라의 쓰레기 분류의 성공여부는 주부들과 민초들의 힘에 의존할 수밖에 없다는 데 생각이 거듭 머무는 것은 필자만의 단순한 생각일까?

(풍자문학, 2003년 겨울호)

시인선서를 생각나게 하는 노벨문학상

금년(2005년)도 노벨문학상은 영국의 극작가 해럴드 핀터에게 돌아갔다. 이번 한국의 노벨문학상 수상자후보로 고은(72) 시인이 등재되었다는 소식에 많은 기대를 모았던 국민들에게는 아쉬운 소식이다.

신춘문예가 작품성을 가지고 심사한다지만 문인들의 의심의 눈초리가 번쩍이듯이, 노벨문학상도 작품성에 의해서만 결정된다고 생각하는 문인들은 많지 않을 성싶다.

그러나 필자는 노벨상 수상 '자격'의 기본은 작품성에 있을 것이란 기본생각에는 변함이 없다. 왜냐하면, 알프레드 노벨이 남긴 유언장에는 '이상주의적'(idealistic) 작품을 쓴 사람에게 상을 주라는 정신이 살아있음을 믿고 있기 때문이다. 이 기준은 한동안 꽤 엄격해서 작품 성향이 '이상주의적'이지 않다고 판단된 톨스토이, 입센 같은 작가들은 아예 제외되었다. 그러다가 '이상주의적'이란 말에는 '이상적(ideal)'이라는 의미도 포함된다는 쪽으로 해석이 확대되면서부터는 '뛰어난 문학적 업적을 보인 작가'를 뽑는 것으로 되어 있다. 작가의 '업적'은 전 생애에 걸친 작품 활동의 총량이지, 특정의 단위 작품을 말하지 않는다는 점을 미루어 보아도 작품성의 중요성을 가히 무시할 수 없을 듯싶다.

지금까지 노벨문학상을 수상한 국가들을 살펴보면, 프랑스가 가장 많은 13명에 이어 미국(11명), 영국(10명), 독일(7명) 등의 순서다. 노벨 문학상이 제정된 이래 100명 이상의 수상자가 나왔고, 이웃 일본에서 2명이 수상했는데 우리나라는 아직 수상자가 없다.

노벨연구소가 최근 선정한 세계문학 100대 작품에도 한국 작품은 끼지 못했다고 한다. 그렇다면 우리나라 문인이 노벨문학상 받기를 기대하는 그 자체가 시기상조일까?

그렇다면, 문제는 '한국 국민들이 우리 문학인들에게 노벨문학상 작품 수준에 달할 뛰어난 한국문학 창작품을 기대해도 좋을까?'이다. 물론 여기서 말하는 '수준'은 '작품의 우수성'이라는 내적 기준은 말할 것도 없고, 번역, 해외 독자 확보, 국제 평가, 소문 같은 외적 기준도 포함되어야 할 것이다.

지금의 서구 문화는 도덕적 파산과 자기모멸 때문에 깊이 병든 상처의 문화이다. 우리 문학도 그 병든 문화권 독자들과 세계의 여타 지역 독자들을 잡아끌 만한 영혼의 울림소리와 진지한 메시지 및 건강한 리듬을 갖고 있는 작품들도 없지 않을 듯싶다. 그러므로 내적 기준으로만 한다면, 한국문학도 노벨문학상 수상자를 낼 만하다는 생각은 필자만의 과대망상은 아닐 것이다.

하지만, "우리가 세계문학계에서 결코 뒤지지 않는 작품 세계를 가지고 있는데도 번번이 탈락하는 이유는, 한국 문학의 세계화를 위한 국가적인 목표 설정과 각계각층의 노력이 부족하기 때문"이라는 어느 평론가의 말이 내 마음을 당긴다.

지휘자 정명훈 씨도 대한민국에서 음악 활동하는 것에 대해서 회의를 느끼고 있다는 신문기사를 읽은 적이 있다. 그때 나는 '그 분이 여러 사정을 종합적으로 고려해서 내린 결론이겠지만, 이 나라에서 예술인으로서의 보람을 느끼기 어려운 것이 가장 큰 원인이었을 것'으로 판단했다.

대한민국에서 문학을 포함한 예술을 생업으로 하기란 정말 어렵다. 어려운 경제상황에서 문화예술 투자가 줄어드는 작금의 상황도 큰 영향을 미치겠지만, 결코 돈만의 문제는 아니다. 돈은 문화예술의 저해조건이 될 수 있을지언정 문화예술의 충분조건이 아니다. 필자는 과연 우리 사회에서 예술인의 부가가치 창출능력을 인정하는 풍토로 나아가고 있느냐라는 점에서 심히 회의적이다.

한국문화관광정책연구원에서 10개 예술분야에서 활동하는 예술인 1,947명을 대상으로 한 '2003년 문화예술인 실태조사'를 하여 발표한 바에 의하면, 국내 문화산업 규모는 40조 원을 넘어서며 급성장하고 있지만, 실제로 활동하는 국내 예술인 중 40%는 소득이 아예 한 푼도 없거나 있다고 해도 한 달에 채 10만원 도 벌지 못하고 있다. 반면에 4인 가족 최저생활비 수준인 '201만 원' 이상의 소득이 있는 예술가(예술 이외의 활동으로 인한 소득도 포함되어 있을 것으로 추정됨)는 고작 100명 중 17명인 16.9%에 지나지 않고 있다.

또한 너도 나도 경쟁적으로 사장(社長)이 되겠다고 하여 만든 전국적인 수많은 영세한 문학관련 출판업자들 중 상당수는 등단장사와 '등단용 작품, 문인들끼리 칭찬용 작품, 대중친화용 작품'을 문학지에 게재하는 것을 미끼로 문인들 호주머니에서 염출(捻出)하는 '강매성 유혹경영'으로 겨우 생계를 유지하고 있는 것이 현실인 것 같다.

그러니 '신춘문예용의 작품, 평론가 입맛용 작품'들이 덩달아서 문학계의 거목행세를 할 수 밖엔….

'왜 우리가 6·25전쟁이라는 엄청난 사건을 겪은 나라에서 《전쟁과 평화》, 《누구를 위하여 종은 울리나》, 《바람과 함께 사라지다》와 같은 대작을 만들지 못했을까?"라는 데까지 생각이 미치자, 슬픔이 나의 눈가를 간질인다.

그러나 필자는 이에 절망하지는 않는다. 한국 시인이 70년대 김지하 시인에 이어 고은 시인이 노벨문학상 후보에 올랐다는 것 자체만으로도 큰 희망이 보이기 때문이다.

사계절이 뚜렷한 금수강산 "대~한 민국"의 문인들이 월드컵 4강에 버금가는 깊이 있는 창작 잠재력에 기대를 걸고 싶다.

"가정이나 아내 없이도 지낼 수 있고, 돈이나 안락함 또는 건강 포기는 물론 사회로부터 조롱을 받더라도 지낼 수 있지만, 자기 자신보다 더 위대하고 자신의 생명 자체인 창조의 힘과 창조의 능력 없이는 살 수가 없었다"는 빈센트 반 고흐와 같은 문학에 미친 문인이 나타날 것 같다는 예감도 든다.

오늘은 지난해 한국시인협회장이 발표한 '시인선서'가 유난히 필자를 붙잡고 놓지를 않는다.

『시인이여. / 절실하지 않고, 원하지 않거든 쓰지 말라. / 목마르지 않고, 주리지 않으면 구하지 말라. / 스스로 안에서 차오르지 않고 넘치지 않으면 쓰지 말라. / 물 흐르듯 바람 불듯 하늘의 뜻과 땅의 뜻을 좇아가라. / 가지지 않고 있지도 않은 것을 다듬지 말라. / 세상의 어느 곳에서 그대 시를 주문하더라도 / 그대의 절실함과 내통하지 않으면 응하지 말라. / 그 주문에 의하여 시인이 시를 쓰고 시 배달을 한들 / 그것은 이미 곧 썩을 지푸라기 詩이며 , 거짓말 詩가 아니냐. / 시인이여, 시의 말 한 마디 한 마디가 그대의 심연을 거치고 / 그대의 혼에 인각된 말씀이거늘, 치열한 장인의식 없이는 쓰지 말라. / 시인이여, 시여, 그대는 이 지상을 살아가는 인간의 삶을 위안하고 / 보다 높은 쪽으로 솟구치게 하는 가장 정직한 노래여야 한다. / 온 세상이 권력의 전횡(傳横)에 눌려 핍박받을지라도 / 그대의 칼날 같은 저항과 충언을 숨기지 말라. / 민주와 자유가 유린당하고, 한 시대와 사회가 말문을 잃어버릴지라도 / 시인이여, 그대는 어둠을 거쳐서 한 시대의 새벽이 다시 오는 진리를 깨우치게 하라. / 그대는 외로운 이, 가난한 이, 그늘진 이, 핍박받는 이, 영원 쪽에 서서 일하는 이의 맹우(盟友)여야 한다.』

(월간 모던포엠, 2005년 12월호)

한국의 기술조폭 기쁨조에게 드리는 소망

"미련한 놈 잡아들이라 하면 가난한 놈 잡아들인다"란 말이 '오죽 했으면 우리 사회에서 공감하는 속담으로 자리를 잡았을까'하는 생각이 든다. 이는 돈이 없으면 잘난 이도 못난이 대접밖에는 못 받는다는 뜻으로, 배금주의에 젖은 세상인심을 비꼬는 말이리라.

나는 신문이나 TV를 가급적 보지 않으려는 사람 중 하나이다. 가끔 보거나 듣게 됨에도 불구하고 내 눈을 아프게 하는 안쓰러운 제목들도 제법 많다.

「한은, "폭탄주 강요 몰아내라" 호소에 곤혹(연합뉴스; 2003.12.24), 참여연대 "국감 '술자리' 의원 윤리특위 회부해야"(오마이뉴스; 2005.09.27), 검찰, 과기부·예산처 공무원 향응 조사(SBS; 2005.11.18), 女검사 32명 "폭탄주에 상명하복 이젠 그만"(매일경제; 2005.12.5), 진실 드러난 朴정권 용공

조작(서울신문; 2005.12.8), 기업간부 53% "性접대 여전"(서울신문; 2005. 12.15) 등등…」

노무현 정권 이후 많이 완화되었다고는 하지만, 사회지도층은 너나 할 것 없이 썩어빠진 냄새가 물씬거린다. 끼리끼리 똘똘 뭉쳐 제 잇속만을 챙기다 걸리면 재수 나쁘게 걸린 것이라며, 은폐와 오리발을 내미는 철면피들이 고위공직자로 득세하고 있는 소리가 끊이지 않는 것을 보면, 구제불능이라는 생각도 가끔 든다.

퇴직자를 챙겨주는 문화가 살아 있거나 퇴직했던 자가 금의환향하는 경우가 있는 곳에는 기술조폭 기쁨조문화가 공통적으로 존재한다. 그곳 구성원들은 이에 순응하지 못하면 용퇴를 하거나 찬밥신세를 면키 어렵기 때문에 거부감도 많지 않은 편이다.

이런 현상은 북한에는 더 심하다. 김정일 기쁨조는 사전에 엄선한다고 한다. 이런 정보는 1997년 북한공작원에 의해 피살된 김정일의 처조카 이한영 씨와 2001년 12월 조선일보통일문제연구소의 발표에 의해서 그 자격요건 등이 하나씩 구체화되기 시작했다.

기쁨조 출신 단원들은 한결같이 김정일 취향인 '둥근 얼굴에 귀염성 있는 미인'이라는 것도 흥미롭다. 기쁨조의 기준은 키 160㎝ 이상으로 몸매가 날씬해야 한다. 그리고 사상성분이 투철한 20세 전후의 미모의 여성이어야 기쁨조가 될 수 있다. 이러한 일차적 조건이 맞는 사람은 성분조사와 성병 등 엄격한 신체검사를 거친 후 일정기간 분야별로 사전교육을 시켜 각처에 배치된다. 기쁨조의 적임자로 뽑히면 당 간부의 자식이라도 거역할 수 없는 것은 당연하다. 또 이 사실은 2003년 2월 10일 발매된 일본의 주간지 《주간현대》에서 '김정일의 밤'이라는 제목으로 기쁨조의 양성 과정과 역할에 대해 상세하게 기술되고 있다.

기쁨조는 성적인 유희를 담당하는 만족조, 마사지를 전문으로 하는 행복조, 춤과 노래에 정통한 가무조 등 3가지로 나뉘어 있는데 장기간의 교육 과정을 통해 전공이 정해진다고 한다. 연령은 14~25세로 엄격한 심사를 거친다. 우선 이성교제의 경험이 무조건 없어야 한다. 두 번째는 머리에서 발끝까지 2차례에 걸친 정밀 검사에서 통과되어야 한다. 세 번째는 특히 철저한 장기와 비뇨기 검사가 통과되어야 한다. 네 번째, 공개적으로 이루어지는 검사에서 처녀성이 입증되어야 한다.

필자가 느낀 유능한 한국의 기술조폭 기쁨조들의 공통적인 자격요건을 요약하면,

첫째, 우선 머리가 잘 돌아가야 한다.

"눈을 가리고 사악한 것을 보지 말고(See no evil), 귀를 막고 사악한 소리를 듣지 않으며(Hear no evil), 입을 막고 사악한 말을 하지 않는(Speak no evil)다"라는 현자의 가르침을 "본인이 책임질 위험이 있는 일은 보지 말고, 본인이 부담스러운 처지에 놓일 가능성이 있는 일은 듣지 말며, 개인 영달에 도움이 안 되는 일은 아예 발설하지도 말라"로 사동해석 할 정도의 기본능력은 되어야 한다. 이들 간에는 이 계율에 따라 상사가 저지르는 부조리는 못 본 척 하고, 민원이 죽 끓듯 해도 부처가 책임질 일은 못들은 척 하며, 관료사회의 잘못된 관행도 본인에게 이익이 없으면 지적하지 않는 것이 절대 불문율이리라.

둘째, 항상 원칙보다는 처세능력을 개발해야 한다.

'안 되는 줄 알지만 목구멍이 포도청'인지라 폭탄주나 노래 한 곡 뽑으라고 명령하면, 번개같이 조아림은 물론 두목의 방귀소리는 아름다운 노

래 같다고 애살스럽게 아부하는 속물체질까지 두루 갖추어야 한다.

끝으로는 "합심전력, 일치단결, 일사분란"이란 구호의 끈으로 서로를 단단하게 동여매어야 한다.

일찍이 다산 선생은 공직자가 행해야 할 처신에 대하여 분명한 방침을 《목민심서》를 통해 제시하고 있다. 즉, "권문세가라고 해서 후하게 섬겨서는 안 된다(權門勢家 不可以厚事也)"라고 갈파하셨다. 이어서 이렇게 행했던 훌륭한 사람들의 이야기도 열거하고 있다.

성희안(成希顔: 1461-1513)이라는 고관은 중종반정 때의 주역으로 정국공신(靖國功臣)이 되어 영의정이라는 높은 벼슬에 이른 권문세가의 인물이었다. 정붕(鄭鵬: 469-1512)은 학문이 높은 선비로 그 무렵에 청송부사(青松府使)를 지낸 분이다. 성희안이 정붕에게 청송에서 많이 나는 잣과 벌꿀을 보내달라는 요구를 했다고 한다. 여기에 정붕의 태도를 보면 얼마나 훌륭하게 처신했던가를 금방 알 수 있다.

"잣나무는 높은 꼭대기에 있고 벌꿀은 백성들 집안의 벌통에 있는데 부사로 있는 사람이 어떻게 이런 물품을 얻을 수 있겠습니까(松在高峯頂上 蜜在村家桶中 爲太守者何由得之)"라고 재치 있는 답변으로 정중하게 거절했다고 한다. 이런 답변을 받은 성희안은 부끄럽게 여기고 영의정이라는 고관이 시골의 말단수령에게 사과를 했다는 것이다.

이러고 보면, 상관의 옳고 바른 요구와 부탁에는 의당 지체 없이 순종하는 것이 하급 공직자의 당연한 도리이지만, 아무리 높은 상관이나 권문세가라 하더라도 그 요구가 바르지 못하고 부당한 내용이라면 의연히 버티며 응하지 않아야 한다는 것이 다산의 주장이다.

'미련한 사람이 범 잡는다'고는 하지만, 미련하게 산다는 것이 속세의 맛을 느끼며 사는 사람에게는 얼마나 많은 고통을 가져다주는지를 겪어본 사람이 아니면 짐작하기조차 어려울 것이다. 그러기에 더 있고 싶어도 내가 늙어 내가 짐이 될 것이 염려되기 때문에 〈소록도에서 43년 봉사하다 빈손으로 오스트리아 고향으로 돌아간 수녀들〉과 관련된 2005년 12월 3일자 서울일보의 사랑의 기쁨조 관련기사는 미련이 담벼락을 뚫은 향기로 적셔올 수밖엔….

『무려 43년 동안 자신들과 동고동락한 '벽안(碧眼)의 천사' 마리안느(Marianne Stoe ger) 수녀와 마가렛(Margreth Pissarek) 수녀가 이른 아침 아무도 모르게 섬을 떠났기 때문이다.

주민들은 "보답은커녕 고맙다는 말 한마디도 못했는데…"라며 눈시울을 붉혔다. 할아버지와 할머니들은 성당에 모여 두 수녀를 위한 밤샘기도로 아쉬움을 달래야 했다.

지난 62년 28살 젊은 나이에 소록도에 들어온 그리스도왕의 수녀회 소속 두 수녀. 두 수녀의 봉사활동을 소개하기 위해 그동안 수많은 신문·방송사 기자들이 소록도에 들어가 접촉을 시도했지만 인터뷰는커녕 사진 한 장 못 건져 나왔다. 떠난다는 말을 미리 하지 않은 이유도 주민들에게 이별의 아픔을 조금이라도 덜 주기 위해서였다.

두 수녀는 육지로 나오는 배에서 소록도가 시야에서 멀어질 때까지 눈을 떼지 못하며 눈시울을 적셨다고 한다. 43년 생활을 정리한 짐이라곤 낡은 여행 가방이 전부였다. 마리안느 수녀는 "43년 전 부모 형제를 떠나 소록도에 올 때는 기뻐서 웃었는데 막상 떠나려니 눈물이 앞을 가린다"고도 했다.

이들은 60년대 초부터 모국 오스트리아 가톨릭 부인회에서 보내준 의약

품과 지원금 등으로 환우들에게 예수 그리스도의 사랑을 전했다. 지원금은 주로 쓰러져가는 초가를 현대식 주택으로 개량하는 데 썼다. 그 때는 한센병 환우들에 대한 국내 관심이 전무하다시피한 시절이었다.

뿐만 아니라 환우들 장애교정수술을 주선하고 물리치료기를 도입해 재활의지를 북돋으며, 한센병 자녀 영아원운영 및 보육사업, 재활치료와 계몽, 자활정착사업 등에 공들여왔다

빗자루가 망가지면 청테이프를 붙여 사용할 만큼 청빈하게 살면서 환우들에게 사랑을 쏟았던 두 할매 수녀는 친구와 은인들에게 남긴 편지에서 "이제 우리가 없어도 환우들을 잘 보살펴주는 간호사들이 있기에 마음 놓고 떠난다"며 "부족한 외국인에게 보내준 여러분의 사랑과 존경에 감사한다"고 말했다.』

우리 스스로 우리 아픈 곳을 감싸지 못해 부끄럽기 짝이 없다. 제 아픔 버려두고도 남을 위해 사는 사람들이 아직도 많기에 이 사회도 살 만한 곳으로 유지되고 있다고 믿어진다.

그래서 다산 선생은 부당한 부탁을 과감히 물리치는 그런 공직자들이 많아지기를 바라고 바랐던 것이었으리라. 그는 "목민심서"에서 공직자라면 건전하고 화목한 가정생활의 중요성을 강조하고 있다. 요즘처럼 가족윤리가 붕괴되고 이혼율이 높고 안정된 가정이 적어지는 시대에 수신제가(修身齊家)의 의미는 더욱 크게 다가온다.

그는 소견이 천박한 공직자의 부인들이 저지르는 사치스런 생활이 얼마나 큰 죄악인가도 역력하게 설명하면서, 고관대작의 부인으로서의 영광도 훌륭한데 하필이면 온갖 장식물로 의복을 사치스럽게 하고 먹는 음식까지 호화롭게 한다면 모두의 미움을 사기 마련이라는 것이다.

우리나라는 동해물과 백두산이 마르고 닳도록 하느님이 보우하는 나라이다. 그러므로 일제식민시대 환경이었으면 매국노 이완용을 능가할 잠재력을 가지고 있는 한국의 뻔뻔한 기술조폭 기쁨조들을 걱정하며 괴로우나 즐거우나 마음을 다하여 나라와 국민을 사랑해야 하는 것은 당연하지 않겠는가!

『구름이 연륜 더해 / 생명의 단비 되고 // 녹엽은 단풍 되어도 / 시심(詩心) 일깨우듯 // 그대 노을로 / 밝은 사회 일깨우는 달존(達尊)* 되시기를!』

〈졸시, 「그대에게 드리는 소망」 전문〉

(풍자문학, 2006년 여름호)

* 달존(達尊); 세상사람 모두가 존경할 만한 사람.

가엾은 팔푼이 군상들

바다와 하늘의 색은 모두 푸르다. 그러나 그 푸르름을 만들고 유지하는 방법에는 차이가 있다. 바다는 자신의 색을 간직하고 드러내기 위해 모든 것을 받아들이는 반면, 하늘은 자신의 푸른색을 드러내기 위해 구름을 떠밀어낸다. 같은 푸른색을 간직하기 위해 바다는 받아들이고, 하늘은 버린다.

우리의 일상생활에서도 이러한 작용들이 반복되고 있다. 우리는 태어나면서 죽는 그 순간까지 깐족이라든가 가엾은 팔푼이들이 엮어내는 정신적인 도전이나 물질적인 우에 대한 응전과 삭임 그리고 버림을 반복적으로 하며 엮어가고 있는 것이다.

1989년 ○○은행 창립60주년기념 현상공모논문에 응모하라는 권유를 받고 자의반 타의반으로 "금융시장개방과 국제화시대의 금융기관 건전성장조건 및 은행발전 기본방향에 관한 실증적 연구"라는 제법 미래지향적인 제목을 붙여 글을 쓴 일이 있다. 결론의 요지는 "우리나라 일반은행 중에서 경영을 가장 잘하여 온 것으로 평가받아왔던 ○○은행의 경영건전도가 이 정도라면, 우리나라 금융기관들은 부실대출자산누적으로 인한 대란이 올 것으로 예상되니 경영전반에 혁신적인 대책을 강구해야 한다"는 다소 당돌한 내용의 결론이었다.

이 글로 우수논문상을 받아놓고도 괘심죄에 걸려 한 달 동안 고생한 일이 있다.

어느 일터에서에서는 강의에 참여한 모든 교수와 강사들은 매 교육과정을 마칠 때마다 피교육생들로부터 「만족, 보통, 미흡」으로 구분한 종합평가를 받고, 교·강사를 포함한 연수생들의 의견을 종합하여 강사를 교체하거나 과정을 개선하도록 규정되어있다. 일부 가엾은 팔푼이들은 이 규정을 교묘하게 역이용하여 장난치기도 한다.

A씨는 당시 《현금운용 분석사례 연구》과목강사로 모셔온 모 여자대학교 K교수에 대한 연수생들의 평가 중 「미흡」54.2%의 숫자를 18.8%로 줄이는 대신 그 차이 35%를 「보통」평가로 상향조작 하여 보호하는 미덕(?)을 발휘하고, 매번 우수한 평가가 나오는 분에 대한 「만족」87.5%라는 평가숫자는 66.5%로 21%를 깎아 「보통」평가란에 가산하는 등의 장난을 치나 발각되있었다.

또 B씨는 강사후보로는 등록되어있으나 평가기간 내에 해당과정 강의를 한 시간도 하지 않았던 서울 변두리에 위치한 모 대학교 L교수의 이름으로 "과정개선에 대한 의견제출"이라는 자료를 만든 후, 이것을 근거로 해당교육과정을 자기 멋대로 바꾸려고 하는 것을 발견하고서 분개를 했던 일.

C, D씨 등은 교수들이 대외적으로 유명해지는 것을 시기해서 그런

지 또는 교수들의 약점을 잡고 있는 것이 그네들이 살길이라고 생각하는 사람들인 것처럼, 교수들의 외부출강과 시판저술활동을 저지할 목적으로 뒷조사를 하다가 들켜서 구차한 변명을 늘어놓아야만 했던 분들이다.

E씨는 방학 없이 출근하는 교수는 방학 철에 쉬는 대학교수들보다 그만큼 연간 책임의무 강의 시간수를 더 늘려야한다는 기발한 아이디어(?)를 최근 공식자리에서까지 내놓고 잘했다고 의기양양 하는 가엾은 철부지이다.

또 F씨는 교수들이 임원후보 경쟁에 머리를 아예 내밀 수 없도록 《노조투쟁회보》를 통해, 임원은 (행정)부장들 중에서 추천하지 않으면 재미가 없을 것이라는 취지의 다소 위협적인 언행도 불사해오기도 했었다. 분수 넘는 몸짓은 허망(虛妄)한 삶을 잉태한다는 기본조차 아는지 모르는지….

이런 저런 유형들은 사회지도자들의 영악한 언행들을 본 받은 것은 아닐까?

역대 통치자들은 집권하면서 대부분 개혁을 외쳤지만 과욕이 졸속과 부패로 혼란만 부추긴 채 결국은 개혁의 주체가 개혁의 대상이 반복되어왔다. 마땅히 이 사회의 빛과 소금이 되어야할 교회언론들도 입에 자물쇠를 채운 채 동호회소식지로 편안한 안주를 선택하면서 헌금액수 늘리기에만 급급하여왔었다.

멀쩡한 사람을 고문하여 간첩으로 둔갑시켜 16년 동안 억울하게 옥살이를 포함한 21년간 간첩누명을 씌워놓고도 양심의 가책을 느끼지 않는 또라이들이나, 영향력을 행사하여 공공손실을 입히면서까지 행담도 개인사업을 도와주고도 오리발을 내미는 고위책임자들, '연봉 1억원 보장'에 솔깃하여 6,200억원 기술을 계획적으로 빼돌리는 행위 등 다양한 사회적인 병리현상에 비하면, 이들 가엾은 팔푼이들의 언행은 조족지혈(鳥足之血)에 지나지 않는 수준이라 할 수도 있을 것이다.

『우리가 이 슬프고 미친 파리를 떠날 수만 있다면, / 우리는 도망가리라. 그곳이 어디라 하더라도, / 기꺼이 찾으러 가자. / 의미 없는 소음과 질투하는 마음으로부터 먼 / 우리들의 나무와 잔디가 있는 조그만 공간 / 꽃피는 자그만 집과 가끔 씩의 고독 / 약간의 침묵과 푸른 하늘 / 지붕에 앉은 한 마리 새의 노래와 그늘이 있다면 / 아~ 그밖에 뭐가 더 필요하단 말인가?』

프랑스의 대문호 빅토르 위고처럼, '슬프고 미친' 이 세상의 꼴도 보기 싫어진다. 그러나 패배자로 보이는 것은 죽기보다 싫은 것이 엘리트 사나이들의 자존심이다. 이런 저런 생각을 하던 어느 날, 거울 앞에는 험상궂게 일그러진 얼굴이 나를 노려보고 있었음을 발견한 것이다. 충혈 된 눈동자와 얼굴 여기저기에 붙어있는 군더더기 속에 살기가 숨어있는 얼굴이다.

소싯적에는 개성 있게 생겼다는 말을 수 없이 들었건만, 지금 거울 속에 보이는 나는 아니다. 상처투성이의 세월을 한참 더듬어 본다. 삭혀지지 않은 미움의 독이 이리도 깊을 줄이야….

갑자기 학창시절 눈물을 펑펑 쏟으며 새벽닭이 울 때까지 시간가는 줄도 모르고 읽다가 잠이 들어 지각하고 벌까지 받게 하였던 "레미제라블"의 주인공 장발장이 스쳐간다, 제기랄….

그는 어떻게든 선하게 살아보려고 몸부림친다. 그럴 때마다 그를 끈질기게 따라다니며 괴롭히는 것은 형사 '쟈벨'이었다. 한 번은 장발장이 소도시에서 시장에 당선되었다. 이 때도 그의 과거를 추적하여 탈옥범이라는 사실을 공개한다고 쟈벨은 위협했다.

마침 그때 프랑스 혁명이 일어나고 세상이 바뀌어졌다. 장발장을 지지하는 청년들은 그를 위협하고 공갈하는 쟈벨 형사를 사로잡아 죽이려고 했다.

그러나 장발장은 쟈벨을 죽이지 말라고 지지자들에게 부탁한다.

쟈벨 형사는 장발장에게 물었다. "이 세상에서 제일 먼저 죽이고 싶은 사람이 나일 텐데 왜 살려주느냐"고.

이 때 장발장은 말한다.

"이 세상에는 넓은 것이 많다. 육지보다 넓은 바다를 바라보라. 넓은 하늘을 바라보라. 그러나 더 넓은 것은 용서할 수 있는 마음"
이라고 한다.

이 말을 들은 차갑고 잔인하기까지 했던 쟈벨은 장발장의 용서를 받자 눈물이 줄줄 흘러내린다.

나는 왜 이 책을 읽으면서 눈물을 흘렸었을까? 왜 사람들은 장발장의 용서에 감동을 할까? 이는 심신을 갈기갈기 찢고 썩혀 새싹으로서 틔워내는 과정에서 정제된 향기 때문이 아닐까?

명색이 원수까지 사랑하라는 가르침을 받아오던 터가 아닌가? 지금 겪고 있는 고통은 장발장의 것에 비하면 아무것도 아니지 않는가? 그럼에도 참고 견디기 어려웠다.

이 팔푼이 군상들은 성격장애환자들이나 범법자와 너무 흡사한 면이 많은 것 같다. 어쩜, 그렇게 생각하는 것이 편할지 모르겠다.

괴씸죄를 주도한 G씨는 후일 파면되어 해외에 나가 살고 있으며, 당시 전무 H씨는 은행장이 된 후 감옥에서 참 인생 공부를 할 수 밖에 없는 영어(囹圄)의 몸이 되었었다는 소식을 들었었다.

또 A씨는 성격이 대체로 온순하며 내성적이어서 밖으로 화를 크게 내지도 못하고, 외톨이처럼 보이며 온종일 자리에 틀어박혀 지내는 성격인 편이다. 그리고 얼핏 보기에는 도인(道人)같아 보이나 즐거움이나 타인의 일에 관심이 거의 없으며, 문제를 제기하면 자신 없는 태도를 곧잘 취하는 것으로 보아 『분열성 성격장애』가 조금 심한 것으로 관찰된다. 그 후 직장생활에 적응이 어려워서인지 스스로 물러났다.

그리고 B씨는 정상과 비정상 사이를 이따금씩 넘나든다. 그 현상은 마치 어릴 때 버림받은 기억이 어른이 되어 나타나는 현상으로 늘 '날 버리지마'하는 강박관념이 잠재되어 있을 때 나타나는 현상과 흡사하다. 그리고 의심이 많아 사실대로 얘기해도 믿지 못하는 성격일 뿐만 아니라 문제가 생기면 철저히 남의 탓으로 생각하는 경향이 강한 것 같다. 동시에 어릴 때 성적(性的)인 학대를 당한 적이 있는 사람이 잘 걸린다는 『경계성 인격장애』 환자와 흡사하다는 점이 눈에 들어오기 시작했다. 그 후 비슷한 불미한 일이 탄로되어 징계를 받게 이른다.

나머지 분들은 변하지 않으면 스스로 도태된다는 현실을 "규정 또는 법 문구를 들먹이며 뭉치면 살고 헤어지면 죽는다." 는 생존철학으로 타개하려는 모습은 돋보이는 편이다.

나는 지금껏 성공한 삶을 살지는 못한 것 같다. 이순(耳順)에 이르는 동안 이런 분들과 마음의 상처를 주고받으면서, 얼굴에 깊이 팬 두개의 큰 골자기와 조각조각 주름살이 접혀있으니 말이다.

세월이 약이라고 했던가? 수십 년이 지나는 동안 그들을 원망했었음에 초라함과 부끄럼이 섞인다. 과거의 더럽고 치졸한 아픈 상처를 끄집어내고도 후회하지 않을 정도로 여유 있는 오늘의 문인이라는 인생길을 만들어준 밑거름이 되었기에, 오히려 그들에게 감사해야 할지도 모르겠다. 그러나 원망했던 그림자를 마음의 언저리에서 깨끗하게 지워버리기는 쉽지 않다. 하지만, 서준식 님의 "얼마나 어려운가?"라는 글을 가끔 읽으며 수양하며 〈가엾은 팔푼이 군상들〉을 아름다운 추억으로 일구어봐야겠다.

『관찰하지 않고 인간을 사랑하기는 쉽다. / 그러나 관찰하면서도 그 인간을 사랑하기란 얼마나 어려운가? / 깊은 사색 없이 단순 소박하기는 쉽다. / 그러나 깊이 사색하면서 단순 소박하기란 얼마나 어려운가? / 자신을 속이면서 낙천적이기는 쉽다. / 그러나 자신을 기만하지 않으면서 낙천적이기란 얼마나 어려운가? / 어리석은 자를 증오하지 않고 포용하기는 쉽다. / 그러나 어리석은 자를 증오하면서 그에게 사랑을 보내기란 얼마나 어려운가? / 외롭지 않은 자가 온화하기는 쉽다. / 그러나 속절없는 고립 속에서 괴팍해지지 않기란 얼마나 어려운가? / 적개심과 원한을 가슴에 가득 품고서 악과 부정과 비열을 증오하기는 쉽다. / 그러나 적개심과 원한 없이 사랑하면서 악과 부정과 비열을 증오하기란 얼마나 어려운가?』

(풍자문학, 2005년 가을호)

제5부

여행과 등산

빈 손 뻗으며 1달러만,
구걸하는 핏기 없는 어린 얼굴

걸을 수만 있으면 생활전선에 나서야하는
동물적 감각만 남은 어린 새싹

4인 가족 하루 생활비
US $1 벌기위해 이리 뛰고 저리 뛰는,

무표정의 어린 일꾼,
희망 접은 캄보디아 어린 눈동자.

베풂에 고마워하기보다 지갑 털어간다는
안내원 엄포에 괜스레 마음만 시리다

불가사의 유적지 앙코르와트

◉ 여행 첫날 : 희망 접은 캄보디아 어린 눈동자

『빈 손 뻗으며 1달러만, / 구걸하는 핏기 없는 어린 얼굴 // 걸을 수만 있으면 생활전선에 나서야하는 / 동물적 감각만 남은 어린 새싹 // 4인 가족 하루 생활비 / US $1 벌기위해 이리 뛰고 저리 뛰는, // 무표정의 어린 일꾼, / 희망 접은 캄보디아 어린 눈동자. // 베풂에 고마워하기보다 지갑 털어간다는 / 안내원 엄포에 괜스레 마음만 시리다』

이 시는 필자가 지난 해 설 연휴기간(2005년 2월 7일 ~11일)에 7대 불가사이 문화재로 알려진 캄보디아 앙코르와트 여행첫날 일정인 인공호수인 '서바라이 호수'를 관광하는 과정에서 느끼고 들은 것을 호텔로 돌아와서 만든 글이다.

연휴여행을 마음먹은 것부터가 내게 불가사이한 일로 다가온다. 부모님과 시공을 초월한 만남이 가능해서 그럴까?

우연히 모 그룹 계열회사 감사로 재직 중이던 고관승 동창으로부터 걸려온 안부전화를 받는 과정에서 이심전심으로 4박 5일 앙코르와트 부부여행계획을 쉽게 결정할 수 있었다. 여행사는 오케이투어로 정했고, 비행기도 우리나라와 캄보디아와는 직항로가 없으므로 대만 국적의 원동(遠東)항공을 전세로 이용할 수밖에 없었다.

아침 11시에 인천공항을 출발한다. 둘째 사위가 아들역할을 대신해 주었다. 해외나들이는 처음이 아닌데도 항상 어린애처럼 설렌다. 구름 위로 올라가니 보기 싫은 것들은 보이지 않고 심성을 새롭게 하는 상상들로만 차있다. 뭉게구름, 조개구름도 보이고 저 멀리 푸른 바다도 잘 다녀오라며 하얀 손수건을 흔들어댄다.

하지만, 대만 카오슝 공항을 경유하여 오후 4시에 도착한 캄보디아 씨엠립 공항엔 베트남기가 새겨진 항공기 풍년이다. 중국 항공기도 몇 대 보인다. 캄보디아국기를 단 비행기는 어느 구석에 있는지 보이지도 않는다.

오늘은 여기서 출발하여 인공호수인 '서바라이 호수'관광하고 호텔에 투숙하는 일정이다. '서 바라이 인공호수'를 다녀오는 내내 나의 가슴을 아프게 하는 것들뿐이다. 걸을 수만 있는 애들은 모두 나와 장사와 구걸이다. US $ 1은 이곳 4인 가족 하루 최저생계비에 해당한다고 한다. 외형은 캄보디아국가인데, 베트남을 비롯한 주위 열강들에게 먹히고 있는 냄새가 물씬거린다. 정치가지도자를 잘못만난 것이 이 모양 이 꼴이라고 생각하니 괜시리 심통만 건드린다.

◉ 여행 2일차 : 서울의 별과 캄보디아 별

아침 일찍 일어났다. 날씨는 청명하다. 이곳에서도 우리나라에서 뜨는 해가 동쪽에서 새로운 기분으로 내게 다가온다.

『저 해는 나의 해 / 저 해는 너의 해 / 하나 뿐인 모든 이의 해 // 아침엔 동쪽하늘에서 새 빛을 / 낮에는 생명의 양식을 / 저녁노을 안식(安息)빛을 아낌없이 주는 너 // 능력 십분 발휘하면 / 눈이 멀거나 타버릴까 봐, / 빛을 너무 아끼면 눈감을까 봐, 조심조심 // 무한능력 겸손미덕 모나지 않는 / 창조주걸작품 영명한 태양, / 그대는 빛 너머 하나뿐인 내 인생의 나침반』

이라고 즉석 흥얼거림이 〈빛 너머 하나뿐인 내 인생의 나침반〉이란 시제로 되살아났다.

아침 식사를 했다. 오늘은 앙코르와트를 관광하기 전단계의 유적지들인 바꽁, 쁘레아꼬 사원을 본 후, 오후에는 반티스아이스레이 등 순서로 주변관광을 한다.

바꽁은 9세기 후반에 지어진 힌두교사원으로서 앙코르의 초기 수도였던 곳으로 이를 중심으로 신(神)들이 살고 있다는 메루산의 상징으로 세원 사원이며, 쁘레아꼬 사원은 9세기 후반에 힌두교사원으로 세워서 왕의 조상을 모시는 사당인 '성스러운 곳'으로 여기고 있는 곳이라고 한다. 또한 10세기 후반에 세워진 이곳 유적 중 가장 아름다운 사원 중 하나인 반티스아이스레이 사원은 규모는 크지 않으나 보존상태가 양호한 것이 눈에 들어온다.

하지만 가는 곳마다 구걸하는 어린이들 모습에 마음은 썩 가볍지 않다. 저녁에 호텔로 돌아왔다. 내일은 바로 불가사의 유적지 앙코르와트를 찾는 날이다. 마음을 가다듬어야 본전을 찾을 수 있을 것인데…!

부인들이 실내 풀장에서 수영하자고 제의를 한다. 그런데, 남자들은 물안경이며 수영복을 구할 수 없었다. 자유형과 평형으로 유유(悠悠)히 다니며 재잘거리는 모습을 구경하는 것도 별미로 다가온다. 그러는 사이 밤이 깊어가고 별들은 반딧불이가 되어 내게 다가온다. 우리나라에서 살던 별들이 이곳으로 이사를 왔나보다. 내 어릴 적 시골마당에 멍석 깔아놓고 그 위에 누워서 별 하나 나 하나 하며 함께 놀던 그 별들도 보인다. 친구와 둘이서 평상겸용 벤치에 나란히 누워 도란도란 얘기 나누며 시간가는 줄도 모르고 뒹굴던 추억이 삼삼히 떠오른다.

『하늘에선 / 별들이 소곤소곤 // NOKOR PHNOM호텔 수영장벤치에 누워 / 별 하나 나 하나 젖어드는 동심 // 도란도란 모습에 시샘하듯이 / 주름살까지 보인다고 재잘재잘 // 서울에선 뿌옇던 큰 별 모습도 / 캄보디아에선 더 크고 맑게 반짝반짝』 <졸시, 「서울의 별과 캄보디아 별」 전문>

◉ 여행 3일차 : 앙코르와트의 천국과 지옥

좋은 여행을 위한 기도로 마음을 달래본다. '앙코르 톰(Angkor Thom)남문, 바이욘, 바푸욘, 코키리테라스, 레퍼왕테라스키푸롬 사원, 앙코르와트' 순의 일정이다.

앙코르와트에서 북쪽으로 약 2km를 가면 고대 크메르 제국의 수도

이면서 대승불교 건축물인 앙코르 톰이 나온다. 이 톰은 12세기말에서 13세기 초에 걸쳐 자야바르만 7세에 의해 세워졌는데, 중심부에 있는 바이욘 사원은 200여 개에 달하는 부처님의 얼굴로 유명하다. 당초에는 모두가 금으로 덮여있었다고 전해진다. 이곳은 상주인구도 대략 100만 명에 이르렀던 왕궁과 숙소 등 각종 건물을 갖춘 앙코르 제국의 중심지였었으나, 대부분 목조 건축물이었기 때문에 지금에 와서는 그 흔적을 찾아볼 수 없다. 동서남북 사면의 중앙에는 바이욘 사원으로부터 시작되어 뻗어나간 20여m의 높이로 상층부에 사람의 얼굴을 사면으로 새겨놓고 아래쪽에는 머리가 셋 달린 코끼리 형상을 새겨놓은 문이 각각 있다. 동쪽에는 '승리의 문'으로 불리는 문이 코끼리 테라스에서 뻗어나간 길목에 하나 더 있어 모두 5개의 문이 있다. '고푸라'라고 불리는 문은 상부에 얼굴이 사면으로 조각되고, 문의 양쪽으로는 코끼리의 머리가 조각되어진 탑문으로, 자동차 한 대가 간신히 빠져나갈 수 있을 정도의 넓이다.

아쉬운 점은 원형에 가깝게 남아있는 것은 남문(크레앙)뿐이며, 나머지 문들은 심각하게 훼손되어 있다는 것이다.

앙코르와트(Angkor Wat)는 -앙코르 유적시 전부를 밀하기도 한다- 12세기 초에 수리야바르만 2세에 의해 건축된 힌두 사원이나 훗날 대승불교의 사원으로 바뀌었으며 앙코르 여러 유적지 가운데 대표적인 유적이다. 원형이 가장 잘 보존이 되어있으며 고대 크메르 예술의 상징으로 평가되는 건축물이기도 하다. 이 사원은 조각과 구성, 균형 면에서 완벽함을 자랑함으로써 세계 7대 불가사의의 하나로 불리어지기도 한다.

유적지 내의 모든 사원들이 동쪽을 향하고 있는데 비해 앙코르와트만 서쪽을 향해 지어졌기 때문에 앙코르와트는 장례를 위한 사원이었을 것을 추측하고 있다. 입구에는 조그만 강이라고 해도 될 만한, 넓은 해자(垓子)가 앙코르와트를 둘러싸고 있다. 폭이 200m 길이가 5km에 달하는 해자는 앙코르와트를 외적의 침입으로부터 보호할 뿐만 아니라 우주의 바다를 상징하기도 한다.

해자를 가로질러 놓은 200m 길이의 다리를 지나 앙코르와트로 들어서면 긴 통로가 사원까지 연결이 되어있다. 사원 근처에 다다르면 다시 통로 양쪽으로 연꽃이 피어있는 연못이 있어서 그림자를 물에 떨군 앙코르와트의 멋진 모습이 연출된다. 앙코르와트 본 건물은 완벽한 좌우 대칭을 이룬 사각형의 사원이다. 긴 회랑이 사각형으로 바깥을 두르고 여기에서부터 계단을 오르면서 3단의 층을 이룬다. 1층의 회랑은 그 길이가 무려 800m에 이르는데 인도의 신화인 라마야나의 이야기와 천당과 지옥, 크메르 역사 등이 부조로 벽면을 가득 채우고 있고, 2층의 회랑에는 불상들이 봉안되어져 있다. 특히 천상의 무희인 '압살라'의 조각과 회화는 많은 기둥과 벽들에서 찾아볼 수 있고, 창문의 조각 장식도 그 규모의 웅장함과 섬세함에 절로 감탄을 자아낸다. 메루산을 상징하는 거대한 중앙탑은 다시 위에 사각형의 한 층을 이루고 그 위의 각 모서리에 같은 크기의 크메르 양식을 한 탑이 서있고, 중앙에는 가장 높은 탑이 서있다. 각 탑들은 모두 같은 모양으로 아래는 사각형이지만 위쪽은 둥근 연꽃 모양을 하고 있어 마치 옥수수를 세워놓은 것 같다.

중앙탑으로 오르는 계단은 각 면마다 세 곳씩이 있지만 경사가 70도 넘는 몹시 가파르게 만들어진 계단이어서 쉽게 사람들이 오르내리기는 힘들게 되어있다. 그래서 이곳은 과거에 왕과 승려들만 출입할 수 있는 곳이었으며, 특히 서쪽 중앙계단은 왕만 오를 수 있던 계단이었다고 한다.*

14세기 샴족의 침략 이후 인류 역사에서 사라졌던 앙코르와트의 독특하고 아름답고 웅장한 크메르 제국의 황금기를 말해주는 대표적인 석조 유적은 이 곳을 찾는 사람들을 흥분시킬 수밖엔!

『수라야만 2세가 1110년대 30년에 걸쳐 완성한 사원 / 입구는 탄생상징 동쪽이나 이 곳만은 죽음상징 서쪽에 / 높이 65m 길이 5.5km의 세계7대 불가사의 문화유산 // 힌두신화와 우주관이 빚어 낸 크메르왕국의 앙코르 왓/ 적갈색 성벽으로 둘러싸인 사각형구조 / 천상계, 인간계, 지옥계를 보듬는 종합예술 신전 // 1층은 지옥인 미물계를 / 2층은 연옥인 인간계를/3층은 왕과 고승들만의 올라갈 수 있는 곳 // 각 계단은 40개 층 / 경사도는 70도, / 머리를 낮추고 네 발로 기어야만 오를 수 있는 곳 // 사원남쪽면의 동측회랑에 양각된 지옥과 천국 풍 / 과욕하면 톱질당하고 법어기면 뼈를 부러뜨리고 족쇄를, / 시낭송하며 평화로이 차를 마시고 있다, 천국에서는』

〈졸시, 「앙코르와트의 천국과 지옥」 전문〉

◉ 여행 4일차: 킬링필드 유골들의 충고

오늘은 관광 마지막일정이다. 톤레삽 호수(수상난민촌), 킬링필드, 크메르전통 조각전시관을 들리면서 공항으로 이동한다.

씨엠리업 남쪽으로 15 Km를 가면 바다만큼 넓은 황토빛의 똔레쌉(Tonle Sap) 호수라는 아시아에서 가장 큰 호수가 눈앞에 펼쳐진다. 이 호수에는 베트남 난민 등의 소수의 수상족들이 살며, 호수주변에는 매우 가난한 캄보디아인들이 살고 있다. 호수의 어족자원은 풍부하나 생활이 빈곤한 난민촌을 이룬다.

* 선묵스님의 "캄보디아" 많이 참조

톤레삽 호수(수상난민촌)

사람들은 이 곳을 일몰을 보기 위해 많이 찾는다지만, 내겐 일몰보다 가난한 난민들의 삶의 모습이 크나큰 감동으로 다가왔다.

『울퉁불퉁 비포장 길 따라 들어선 난민촌, / 아시아에서 제일 크다는 황갈색의 삶의 터전 / 캄보디아 씨엠립 톤레삽 호수 // 우기엔 깨끗하다지만, / 물씬거리는 악취, 코에 익은 듯 / 건드리면 흔들리는 막대기로 엮은 하천위의 칸막이 // 시커먼 하천 물로 쌀 씻고 빨래하고 세수하면서도 / 내세(來世)에 대한 믿음하나로 / 태연하게 웃으며 다정하게 미소 짓는다, 이들은 // 배우지 못함과 가난, 배경과 외모를 탓하지 않고 / 현재의 삶을 오손도손 엮어가는 불사조 오뚝이, / 잊을 수 없는 순진한 캄보디아 난민촌 얼굴들.』

〈졸시, 「잊을 수 없는 캄보디아 난민촌 얼굴들」 전문〉

'킬링필드로 알려진 캄보디아, 위대한 인류문화유산 앙코르와트, 불행한 역사를 지닌 순박하기만 한 크메르' 등 다양하게 불리는 캄보디아의 기후는 늘 더운 편이다. 엄밀하게는 8계절이 있다는데, 일반적으로는 우기와 건기로 나눈다. 우기는 5월 중순에 시작하여 11월 중순에 끝이 난다고 한다.

면적은 181,035㎢로 남한의 1.9배 정도이며, 산악지방이 국토의 66%이지만 대부분의 산들이 그다지 높지 않고 밀집해 있어서, 어디에서나 지평선을 쉽게 볼 수 있을 만큼 넓은 평야를 가진 자연자원이 풍부한 천혜의 나라였다. 그럼에도 불구하고 크메르노동자당(Khmer Worker's Party)을 결성하여 게릴라전을 통해 권력을 장악한 후 1975~79년 캄보디아를 통치한 급진적인 공산주의 정치가인 폴 포트(Pol Pot) 일당이 나라를 이 정도로 황폐화시켰다는 것이다. 이 집권기간 중 숙청 기근 강제노역 등으로 희생자수는 캄보디아 인구의 4분의 1에 해당하는 800만에 이른다고 한다.

또 '킬링필드'는 미국의 비호를 받던 론 놀 장군의 우파 군사정권을 몰아내고 75년 집권한 크메르 루즈(집권자는 Pol Pot)가 숙청을 단행하는 과정에서 이뤄진 집단학살이다. 크메르 루즈 집권 동안 최대 30만 명에 달하는 지식인과 시민이 처형됐고 굶주림과 강제노역을 포함해 모두 170만 명이 숨진 것으로 추산된다고 한다. 잠시 묵념을 올리는 순간 가슴이 뜨거워진다.

『말이나 글재주가 많다고 / 손바닥에 굳은살이 없다고 / 굶주림·고문·처형·중노동으로 / 국민 1/4의 목숨을 앗아갔습니다, 폴 포트가 // 떵떵거리며 살았던 사람들은 / 가난하게 살아보라며/재산을 몰수하고 / 외딴 곳으로 추방당했습니다, 폴 포트에게 // 초등학교 4년차 교사의 한달 봉급은 /

킬링필드 유골탑

US $30 정도랍니다 / 저소득층 4식구 하루생활은 / US $1로 꾸려나가야 합니다, 지금 // 당동벌이(黨同伐異)하지 말고 / 자연과 국민이 더불어 아우르는 / 푸른 희망을 설계하고 가꾸라는 / 킬링필드 유골들의 충고에 가슴이 찡했습니다.』

〈졸시, 「킬링필드 유골들의 충고」 전문〉

우리나라 영공으로 들어서니 추운 기운을 느낄 수 있었다. 비행기 안에서 두툼하게 몸치장했다. 인천국제공항엔 큰사위와 둘째사위가 미리 나와 기다리고 있었다. 누가 뭐래도 내 조국이 참 좋다. 대~한민국 짝짝짝짝짝!

(2006. 1. 29)

집사람 따라나선 나가사끼 성지순례

전에도 집사람 따라 솔뫼성지 등 몇 몇 국내 성지를 순례할 때까지만 해도 나의 발걸음은 무거운 편이었다. 집사람이 편안해야 가족전체안녕에 따스한 햇살이 있을 것 같아 묵묵히 따라나섰을 성도 싶다.

허나 지금은 나도 순례엔 적극적인 성향으로 바꿔지고 있다. 분에 넘치게도 예전엔 생각도 못했었던 시인이요 수필가라는 버거운 모자를 쓰면서부터 그렇게 변하는 것 같다. 성도(聖徒)가 경영하는 순례전문여행사에서 주관하는 2박 3일(2005.9. 8~9.10) 일정의 나가사끼 단체 성지순례의 길에 끼어들었다.

▣ 순례 1일차 : 죽어서도 영원히 사시는 프란시스코 하비에르 신부

아침 6시 30분에 인천국제공항으로 집결하란다. 일찍 서둘렀으나 집사람이 속해있는 신심단체인 레지오단원 중 한 템포 느린 자매님이 있어 20~30분 늦게 공항직행 리무진버스에 올랐다. 이로 인해 불평하는 사람은 없었다. 보통사람들과 똑같은 속세를 먹고사는 사람들이지만 신심을 가진 사람과 아닌 사람과의 차이를 여기서도 발견할 수 있는 상쾌한 아침이다.

순례는 08시 10분에 대한항공으로 인천공항을 출발하여 09시 20분에 후쿠오카 공항에 도착한 후 히라도 지역에 소재한 다비라 성당, 성 프란시스코 하비에르 기념성당을 답사한 후에 히모사시 성당에서 십자가의 길과 미사를 드리는 일정이다.

여러 성지 중에서 '성 프란시스코 하비에르 기념성당'은 동방의 사도 성 프란치스코 하비에르를 기념하여 만든 성당이기에 나의 눈을 머물게 한다.

그 분은 서구 열강의 정복 민족인 스페인 사람이었지만, 세계를 정복하는 데에 골몰했던 스페인과 포르투갈 대부분의 정복자들과는 달리 구걸과 단식 그리고 맨발로 다니며 고행하던 이냐시오(死後에 피정과 영성수련의 수호성인으로 추앙받고 있음)님을 따라 하느님께 자신을 봉헌하신 분이다. 그는 1506년 스페인 나바라(Navarra)와 하비에르(Javier)에서 태어나 1534년에 이냐시오와 함께 예수회를 창립하였다. 그때는 파리에서 수학하던 때였다. 1541년에 성 이냐시오의 권고를 따라 포르투갈령 인도로 가서 선교하였다. 열심히 기도하고 참회하는 모범을 보였으며 여러 지역을 돌아다니며 뛰어난 설교로 많은 이들을 감동시키고 변화시켰다. 그는 더 널리 복음을 전하려고 수천 킬로미터씩 떨어져 있는 여러 지역을 찾아다녔다. 인도(1542~43년, 48년, 51~52년)와 스리랑카(1544~45년), 몰러카스제도(1545~47년) 그리고 일본(1549~51년) 등지에서 선교 활동을 했으며, 1552년에 선교지인 중국으로 들어가던 도중 상찬 섬에서 나이 46세의 아까운 나이로 세상을 떠났다. 내 자신과 비교해 본다.

『살아간다는 것은 / 담쟁이 넝쿨이 벽에 착 달라붙어 / 허공을 저어대며 정신없이 기어오르듯이 / 내 몸뚱아리 하자는 대로 헤매는 것 // 봄에는 여름만 되면/여름엔 가을만 오면 / 모든 것이 안정되고 / 더 이상의 방황은 없을 줄 알았었는데… // 불혹(不惑)의 나이 40에는 / 자신의 얼굴에 책임을 지라고 / 아브라함 링컨은 말씀하셨다지만, / 나에겐 부록(附錄)이었던 그 나이 // 귀뚜라미 등 타고 온 가을 앞에 서서 / 이순에 다다라서야 겨우 얼굴책임을 생각하니, / 태양 앞에서 허상인 안개가 수줍게 안기듯 / 허전한 나그네 얼굴 붉힐 수밖엔….』 〈졸시, 「가을 앞에 서서」 전문〉

▣ 순례 2일차 : 여기에도 조선인 순교성인이

오늘은 미군기지인 사세보를 거쳐 99개 섬으로 이루어졌다는 큐쥬큐시마 해상국립공원 진주양식장을 유람선을 타고 둘러본 후 나가사키로 이동한다. 26성인순교기념관을 둘러보고 히가시나가사키 성당에서 미사 및 신자교류 인사를 잠깐 하고 평화공원, 원폭자료관을 차례로 답사하는 일정이다.

1549년 7월에 프란시스 사비에르(Francis Xavier) 신부의 전도를 받고 기독교를 허용한 일본 최고 지배자였던 오다 노부나가(織田信長)의 후계자로 일본을 통일한 도요토미 히데요시(豊臣秀吉)는 예수회 신부들을 만나 명나라와 조선을 정복하여 전역에 교회를 세우고 그들 백성들을 천주교인으로 만들겠다고 호언하면서 1592년 임진왜란을 일으켰다. 실제로 일본에 포로로 끌려간 조선인들 가운데에는 기독교에 개종한 사람들이 다수 있었고, 도요토미 히데요시 이후, 1611년 도꾸가와 이에야스(德天家康)의 천주교 박해 때에는 무려 21명의 조선인이 순교하였다.

그런데 이보다 훨씬 앞선 1597년 2월 5일에 도요토미 히데요시가 천주교를 박해한 일이 있었는데, 이때에 나가사끼(長崎)에서 조선인 바오로 이바라끼, 그의 동생 네오 이바라끼, 그의 아들 12세의 소년 루도비꼬 이바라끼가 순교하였다. 이들은 임진왜란 때 포로로 잡혀가서 일본에 살면서 기독교에 입교한 후에 성 프란치스코회에 입회하여 신앙생활을 했던 한국인들이다. 이들 3인은 1862년 6월 8일 교황 비오 9세에 의해 시성되었으며, 가족흉상은 서울 합정동 절두산 성지 서쪽 광장 끝 쪽에 세워져 있다.

또, 오다 쥬리아도 한국인 최초의 기독교인들 중의 한 사람이다. 임진왜란(1592-1598) 때 적장이었던 고니시 유끼나가(小西行長, 세례명 아우구스티노)가 전쟁고아가 된 조선인 어린 소녀 한 명을 일본으로 보내어 부인 유스티나에게 기르게 하였다. 이때부터 이 소녀는 고니시 집안의 양녀가 되어 일본에서 학문과 기독교 신앙을 익히게 되었다. 토요토미 히데요시(豊臣秀吉)가 도꾸가와 이에야스(德天家康)에게 패하면서 히데요시의 부하였던 고니시 유끼나가가 1600년에 처형되었고 집안도 몰락하였지만, 쥬리아의 미모와 총기가 이에야스의 눈에 띄어 측실로 간택되었다. 그러나 쥬리아는 자신에게 주어진 부귀영화를 버리고 하느님만을 따랐다. "만일 이에야스 장군이 여인들을 자주 불러 가는 것처럼 나를 자기 침실에 들라고 하더라도 내가 거기서 피하는 것은 어렵지 않습니다. 만약 그것이 여의치 않을 경우에는 차라리 죽음을 택하겠습니다"라고 말할 정도로 그녀의 신심은 고고하였다. 이에야스는

1611년 천주교를 박해할 때에 쥬리아를 회유하였으나, 그녀는 "하느님의 은혜를 저버릴 수 없다"며 거절하였고, 1612년 4월 20일에 오오시마(大島)로 유배당하였다가 다시 니이시마(新島)를 거쳐 사람이 거의 살지 않는 고쯔시마로 옮겼다. 쥬리아가 고쯔시마에까지 오게 된 이유는 그녀가 가는 곳마다 사람들이 감화를 받고 기독교에 귀의함으로 지방의 관리들이 상부에 진정을 한 까닭이었다. 쥬리아는 고쯔시마에서 서너 세대밖에 되지 않는 섬 주민들에게 글과 사랑을 가르치며 기도로 생활하다가 1651년경에 자유인이 되었다. 섬 주민들은 쥬리아가 죽은 뒤로 330년이 넘도록 그녀를 섬의 수호자로 받들며 지금도 생화를 바치고 있다고 한다(절두산 순교 기념관 개관 20주년 기념 화집, 28~29쪽 참고).

▣ 순례 3일차 : 임들의 영산(靈山)으로 이슬질 뿐이어라

마지막 일정은 미니데지마를 경유, 나가사키 공항으로 이동하여 귀국하는 날이다. 이번 순례에서 다시 느낀 점은 일본인들은 속모를 사람들이라는 점이다.

해충의 피해가 주변 임야로 번지는 것을 막기 위하여 간벌하듯, 일본인들의 그리스도교인으로 귀의하지 못하도도록 듀듀이 박해하는 등 교묘한 수단을 동원하여 왔다는 점이다. 가톨릭이 우리 한국보다 250년이나 앞서 일본에 전래되었지만, 1억 5천만 인구 중 가톨릭 신자 수는 약 40만밖에 안 되는 것은 이 영향이 크다.

또 이러한 일본인들의 근성은 나가사키시장(伊藤一長)이 피폭 60주년을 맞이하여 지난(2005년) 8월 9일에 발표한 〈나가사키 평화선언문〉에서 일본의 잘못을 사죄한 문구를 발견할 수 없는 데서도 나타난다. 원폭

자료관의 영상매체를 통해 원폭가해자는 미국이며 피해자는 일본, 한국 등 동남아국가라는 점만을 반복 강조함으로써, 이 곳을 방문하는 관광객들과 전후의 일본 젊은이들에게까지도 일본은 가해자가 아니라 피해자라는 것을 은근히 쇠뇌교육을 하고 있는 현장은 참 가관이었다. 그래서 일본엔 조직적으로 거짓말하는 것을 죄악으로 보기보다는 지혜로 간주하고 있는 위정자들과 이리 떼(elite)들이 많은지도 모를 일이다. 독도는 자기네 땅이고 한일식민지통치는 한국의 요청에 의한 것이며, 한국근대화를 촉진시킨 쾌거라고 말하는 사람들도 있는 실정이니 말이다.

큰 고기는 깊은 물속에 있다는 것을 느끼는 것을 보면, 나의 인생낭비 죄가 큰가보다. 권한만 주장하고 책임은 회피하면서도, 엘리트라고 자처하는 일부 국민들이 더욱 안쓰러워진다.

『성지순례는 하느님과 손을 맞잡는 것이며, / 가톨릭이 우리 한국보다 / 250년이나 앞서 전래되었다고 하기에 / 참여한 나가사끼 성지순례 // 왜놈들은 교인들을 거꾸로 매달아 고문도 하고 / 뜨거운 물에 담그는 등의 악랄한 박해로 / 수많은 신자들을 순교케 했는가 하면, / 포로로 끌려온 쥬리아를 오오시마로 유배했구나 // 이바라끼 姓의 조선인 세 교형자매는 시성되었고, / 쥬리아의 이웃사랑의 삶에 감동받은 주민들은 / 그녀를 이 섬 수호자로 받들어 왔음을 / 확인할 수 있음은 크나큰 은총이어라 // 성지순례는 가장 좋은 기도이며 / 하느님의 암향을 살갑게 느낄 수 있다지만, / 깊은 신앙심이 고즈넉한 이 가슴엔 / 임들의 영산(靈山)으로 이슬질 뿐이어라』

〈졸시, 「나가사끼 성지순례」 전문〉

(2005. 9. 10)

제주에서 가장 먼저 아침을 여는 섬, 우도

4월 6일 아침. 하얀 뭉게구름이 아침 햇살로 세수를 하는 동안, 안개는 어디론가 서서히 숨어버린 맑은 날씨이다. 아마, 자식들이 장성하고서 처음 나선 가족단위 4박 5일 일정의 여행을 축복 속에 마무리하고픈 이곳 고향의 깊은 정인 듯싶다.

너무 늦잠 잤다. 아마 못을 사용하지 않고 통나무로 지어 아늑함과 가족적인 분위기에 취할 수 있도록 배려한 자랑스런 후배 문혁진님의 체온이 그대로 묻어 숨쉬는 펜션(Pension)인지라, 여행 중이라는 사실을 잠깐 잊어버렸나 보다.

유럽의 노인들이 연금과 민박경영으로 여생을 보내는 뜻에서 붙여진, 전 가족의 서비스를 특징으로 삼는 민박풍의 작은 호텔, 펜션을 떠나기가 아쉬워서, 불모지 돌밭을 정성으로 일구어 무공해 과수원과 초원을 변모시킨 숙소 전경과 주변을 캠코더에 담았다. 후배부부와 함께 기념사진도 남겼다.

10시가 지나서야 '우도 → 성산일출봉 → 김녕만장굴 → 삼성혈→ 오후 6시까지 제주국제공항 도착'의 마지막 여행일정을 소화하기 위해 2박의 아쉬움을 머금은 채로 남제주군 표선면 표선리 2098-11번지에 터 잡고 있는 로그빌리지에 안녕을 했다.

70연대 초 공무원생활을 하던 의현이 외할머니가 출장차 우도에 잠깐 들렀었던 것을 제외하고는 생면부지이다. 가슴이 설레는 기대 속에 '성산포항 → 우도항→ 우도봉→ 검멀래와 동안경굴→ 하고수동 해수욕장 → 산호사 해수욕장 → 우도항→ 성산포항'의 우도방문코스로 삼았다.

우도는 성산포 동쪽 약 3.8km 떨어진 곳에 물소가 누운 형상을 가진 화산섬이며, 섬 둘레는 17Km 이상으로 제주도의 부속섬 중에서 면적으로는 가장 큰 여의도의 3배 규모 면적의 섬이다. 우도에는 헌종 10년(1844년)에 김석린 진사일행이 입도하여 정착하였으며, 그 후 입도한 주민들은 영일동과 비양동, 고수동 등 8개 동으로 분산하여 동네를 이루기 시작했다고 한다.

우도에는 물이 자생적으로 생겨나지가 않아서 예로부터 빗물을 받아 저장하였다가 식수로 사용해 오다가, 최근에 와서 담수시설을 갖추면서 비로소 물 부족사태가 해결되었다는 정보를 갖고 성산포항에서 우도행 페리호에 렌트카와 식구들의 몸을 의탁했다.

출항을 하자 세어지는 바람에 15분여 동안 배안에서 파도를 함께 탄다. 앞뒤로, 가끔은 좌우로 움직이며 간다. 바다 위로 굴렁쇠처럼 굴러오는 우도가 보고 싶은 얼굴로 다가서는가 싶더니, 드디어 파도 옆구리

넘나들며 입 맞추는 바람결에 어느새 우도에 도착했다.

익히 들어온 섬이지만 막상 그곳에 발을 디뎌보니 제주의 옛 정취가 남아있고, 작지만 곳곳에 기막힌 볼거리를 간직하고 있음에 흐뭇하다. 도착하자마자 푸른 양탄자를 깔아놓은 듯, 펼쳐지는 초원이 반긴다. 조선 후기까지 섬 전체가 조랑말을 키우던 목장이었음을 기념하는 듯, 조랑말이 관광객을 반갑게 기다린다.

구불거리는 오솔길과 까만 돌담, 그야말로 평화로운 시골 풍경이 호젓하게 펼쳐진다. 바람과 외손자 의현이의 칭얼대는 소리를 간이 오케스트라화음으로 착각하는 사이에 섬에서 가장 높은 해발 132m 우도봉에 이르렀다. 이 곳에서 내려다보는 우도의 절경이 아련하다. 눈이 시리도록 푸른 초록빛이 바람에 따라 물결이 되어 내 품에 안긴다. 수많은 오름들을 한 품으로 감싸 안은 한라산의 자태는 엄마 품처럼 포근하다. 본섬 쪽으로 하얀 안개가 낀 듯한 날씨 속에서 바라보는 정취는 황홀한 신비경에 눈을 떼고 싶지 않다. 산책길 섶에 피어있는 야생화는 때 묻은 가슴을 더욱 설레게 한다.

우도봉에서 담수 정수장을 지나 다다른 곳은 검멀레 동굴로 들어가는 입구이다. 검멀레 동굴은 우리나라에서는 최초로 동굴음악회를 열었던 곳으로 유명하다. 검멀래 해수욕장 끝에는 '콧구멍동굴'이라 불리는 굴이 있는데 이곳이 바로 우도 7경에 해당하는 '동안경굴'이다. 시간 관계로 그 속을 들여다보지 못하는 아쉬움을 남기기로 하였다.

다시 해안도로를 따라 싱그러운 바다 냄새를 맡으며 옥빛바다가 펼쳐있는 하고수동 해수욕장에 도착했다. 시시각각 변하는 에메랄드빛 바다이다. 한쪽으론 파릇파릇 보리밭이 이어지는 풍광이 정말 이색적이다.

바람을 등지고 미끄러지듯 달려 우도의 중심부인 중앙동을 거쳐 하얀 산호모래로 형성된 산호사 해수욕장 '서빈백사'에 이르렀다.

『물가에 조약돌은 / 작아지는 게 꿈이래요. // 흐르는 물살에 날마다 / 목욕재계를 하고 // 날마다 작아지게 해주십시오 / 날마다 닳아지게 해주십시오 // 졸졸 물속에서 애원을 하지요 / 물살은 헌신적으로 이들을 굴려줍니다. // 언젠가는 작아지다가 작아지다가 / 모래알이 되어버리고 // 모래알이 되어지다가 / 종내에는 수명을 다하고 말지요. // 그런데 내 조그만 그리움은 / 날이 갈수록 큰 그리움으로 // 서서히 / 지구가 되어 가고 있답니다.』

라는 이양우님의 〈조약돌의 철학〉이 스쳐간다.

아~! 하는 감탄사가 절로 나온다. 눈부시게 부서진 산호와 거울처럼 맑아 연한 비취색으로 은근히 속살을 드러낸 갯바위. 그 위엔 언제나 에메랄드 빛, 아름다운 바다색깔로 한국의 사이판이라 불릴만한 물결로 부럽다. 이곳은 1997년의 남자와 1999년의 여자가 우편함이라는 매개체를 이용, 편지를 주고받으며 시간을 넘어 선 사랑을 하게 된다는 황당한 내용을 가진 영화 〈시월애〉와, 최근 전도연 주연의 영화〈인어공주〉를 촬영한 장소로, 동양에서는 유일한 곳으로 천연기념물 제438호이다.

성산일출봉 밑 성산포항에서 3.8㎞ 지점, 뱃길로는 15분 거리의 지척인 우도를 일출봉에 올라 한 번 더 감상하기로 했다. 서울로 갈 비행기에 탑승할 시간이 촉박한 관계로 비교적 다리 힘이 남아 있는 둘째 사위와 단둘이서만 오르기로 했다. 짙푸른 바다와 기암절벽으로 잘 어우러진 성산일출봉은 정상으로 올라가면서 둘째 사위의 호기심과 기대로 차 있었다. 높이가 182m이었지만 가파른 오르막길이라 그도 조금 힘들고 지친 기색이다. 일출봉에 오르니 박영수님의 〈일출〉이라는 시가 아련하게 떠오르면서 피로는 어디론가 사라지는 기분이다.

『밤바람 몰아치는 / 추암 전망대 // 철썩 처얼썩 성난 파도 / 바윗섬 때리는데, // 동녘 바다끝 붉게 물든 / 수평선 너머로 // 보일듯 말듯 속 태우는 / 무정한 햇님』

성산일출봉에서 바라보면 금방이라도 손에 잡힐 듯 바로 코앞에 보이는 섬 속의 섬 우도…. 사람들은 그 섬을 바라보며 물소 한 마리가 마치 머리를 내민 양, 바다 위에 떠있다고 말한다. 아니 소가 영락없이 누워있는 형상이랄까? 그래서 이곳을 물에 뜬 두둑이라고도 부르는가 보다.

제주에서 가장 먼저 아침을 여는 섬 우도(牛島). 마라도가 어미 섬 제주의 남단이라면 우도는 동두(東頭)이다. 바닷가에 옹기종기 모여 있는 낮은 지붕의 아담한 집들과 넓게 펼쳐진 들판, 섬을 둘러싼 파란 수평선…. 서정적이고 특색 있는 제주 섬마을 풍경과 아늑한 풀밭의 정취, 푸른 제주 바다와 맞닿은 하얀 백사장의 풍경이 인상적이었다.

벌써, 아름다운 검은 모래 · 흰 모래 · 산호사 모래와 소를 닮은 모양을 하고 있는 너에게 이해인님의 목소리로 〈너에게 띄우는 글〉을 남기고 공항으로 가야할 시간이다. 느릿느릿한 발걸음에 커다란 눈망울을 가진 소의 이미지처럼 마음이 느긋해져야 할 텐데, 벌써 오후 4시 반이다. 다른 일정은 아쉬움으로 남겨두고 떠나야겠구나.

우도여! 안녕.

『사랑하는 사람이기보다는 진정한 친구이고 싶다. / 다정한 친구이기보다는 진실이고 싶다. / 내가 너에게 아무런 의미를 줄 수 없다 하더라도 / 너는 나에게 만남의 의미를 전해 주었다. / 순간의 지나가는 우연이기보다는 영원한 친구로 남고 싶었다. / 언젠가는 헤어져야할 너와 나이지만 / 아름다운 추억으로 남을 수 있는 친구이고 싶다. // 모든 만남이 그러하듯 / 너와 나의 만남을 영원히 간직하기 위해 진실로 너를 만나고 싶다. / 그래, 이제 더 나이기보다는 우리이고 싶었다. / 우리는 아름다운 현실을 언제까지 변치 않는 마음으로 접어두자. / 비는 싫지만 소나기는 좋고 / 인간은 싫지만 너만은 좋다 // 내가 새라면 너에게 하늘을 주고 / 내가 꽃이라면 너에게 향기를 주겠지만 / 나는 인간이기에 너에게 사랑을 준다.』

(2004. 5. 20)

전설 따라 떠난 산방산

우리 가족일행은 여행 2일차인 어저께(4월 3일)는 아침 일찍 일어나 어머님 산소에 들러 애들과 함께 문안인사를 드렸다. 어머님 유택(幽宅)은, 일산 호수마을의 탁 트인 전경과 같이 앞뒤가 시원하게 열려있다. 푸른 산과 넘실대는 푸른 바다며 내 고향의 옆 동네인 외도동에 우뚝선 ○○아파트도 보인다.

저녁 7시에 형제자매와 조카 및 직계 손자뻘 되는 가까운 친척들과의 만찬예약시간에 늦지 않도록 삼성혈을 제외한 신비의 도로며, 산굼부리 분화구, 목석원 및 소인국테마파크 등 제주시내 주요 관광지를 다녀왔다.

여행 3일째인 오늘 아침 날씨는 쾌청하다. 아침 6시경에 기상해서 뒤척이다가 큰외손자 의현이를 안고 해변가로 나갔다. 바다 특유의 내음과 맑은 공기는 이곳에서 아니면 맛보기 어렵다. 의현이도 무척 좋아한다. 아침바다 갈매기도 자기보다 순백한 사람을 처음 보는 듯, 금빛을 등에 이고 날아와서는 의현이에게 살짝 인사를 건넨다. 의현이도 싫지는 않은 양, 처음 보는 것도 아닐 텐데, 갈매기 나는 방향을 따라 눈맞춤을 계속 한다. 이곳을 떠나기가 싫은 모양이다.

아침을 대충 때우고 '한림공원(협제동굴과 민속촌)→ 분재예술원 → 차귀도 → 송악산 → 산방산 → 용머리해안'을 관광한 후, '남제주군 표선면 표선리 2098-11에 소재한 로그빌리지'펜션에 숙박하기로 계획된 일정에 따라 북제주군 한림읍에 소재한 '한라리조트'를 출발하였다. 12번 West해안도로를 따라서 한적한 길을 달리니 이국적일 뿐만 아니라 상쾌한 아침이다.

송악산 기슭에 자리 잡은 화장실에 잠시 들른 후 내려다보이는 산방산에 도착하니 오후 1시다. 제주도 남서쪽 바닷가(남제주군 안덕면 사계리)에 위치한 산방산을 처음 보는 순간, 탈모증이 있는 머리가 연상될 만큼 나무가 간간이 자라고 있을 따름이다. 커다란 암벽 때문에 부분 부분에 나무가 자라지 못하는 것 같다. 산방산은 조면암이 돌출되어 형성된 괴상형 화산으로 장축이 약 1,250m, 단축이 약 750m이며, 둘레가 약 6.1㎞이고, 해발 높이는 395m이다. 산 전체가 조면암체의 한 덩어리로 형성되어 있는데 기암괴석과 상록수로 덮여있고, 그 모양이 종과 같아서 종상화산(鐘狀火山)이라고 불리기도 한다.

『산방산에는 옛날 오백장군이 있었는데 이들은 제주섬을 창조한 '설문대할망'의 아들들로 주로 한라산에서 사냥을 하면서 살았다고 한다. 하루는 오백장군의 맏형이 사냥이 제대로 되지 않아 화가 난 나머지 허공에다 대고 활시위를 당겨 분을 풀었다. 그런데 그 화살이 하늘을 꿰뚫고 날아가

산방산의 전경

옥황상제의 옆구리를 건드리고 말았다. 크게 노한 옥황상제가 홧김에 한라산 정상에 岩峰(암봉)을 뽑아 던져 버렸는데, 뽑힌 자리에 생긴 것이 백록담이고 뽑아 던진 암봉이 날아가 사계리 마을 뒤편에 떨어졌는데, 이게 바로 '산방산'이라는 전설이다.』

백록담과 산방산은 그 생성과정이나 시기가 전혀 다르지만, 한라산 정상의 분화구와 둘레가 같고 산방산의 암질과 백록담 외벽(남서벽)의 암질이 같은 조면암질로 이루어져 있어 의미심장한 전설임에 감탄을 자아내기에 충분해 보인다. 이곳 남측 암벽에는 지네발난·풍란 등 희귀식물이 자생하고 있을 뿐만 아니라, 앞의 탁 트인 전망 때문에 더할 나위 없는 좋은 풍경을 연출하고 있어서 1986년 2월 8일 천연기념물 제376호로 지정되어 보호되고 있다. 산방산에서 자라는 유관속식물(維管束植物)은 79과 186속 33변종 1아종으로서 모두 235종류가 알려져 있다

산방산은 산 속의 방처럼 생긴 굴이 있다고 하여 붙여진 이름이며, 산방산 남측허리 해발 150m 쯤에 길이 10m, 너비 5m, 높이 5m 되는

산방굴사(山房窟寺)의 부처님과 스님

해식동굴인 산방굴이 바다를 향해 특색 있는 경관을 이루고 있다. 이 굴에서는 천장에서 수정같이 맑은 물이 방울 떨어져 굴 안에 고이기 때문에 예로부터 수도승들이 불상을 모셔놓고 수도했다는 곳이다. 고려 말 고승 혜일도 산방법승이라 하여 이곳에서 수도했다고 전해지고 있으며, 천장에서 뚝뚝 떨어지는 물에는 산방덕이라는 처녀에 관한 전설이 스며져 있다. 또 굴 앞에는 백년이 된 듯한 노송이 수문장같이 버텨 서 있는 곳에서 앞을 보면 용머리 해안과 수평선 멀리 형제섬, 가파도와 최남단 마라도 등 빼어난 경관으로 찾는 이의 가슴을 설레게 한다.

특히 산방산 앞자락의 바닷가, 산방산 휴게소에서 10여분 걸어 내려가면 수려한 해안절경과 마주치게 된다. 이 해안은 해안가에 형성된 언덕모양이 마치 용이 머리를 들고 바닷가로 들어가는 모습을 닮았다 하여 '용머리 해안'이라 불리고 있다. 오랜 세월 동안 쌓이고 쌓여 이루어진 사암층 해안절벽과 모진 파도가 때려서 만들어 놓은 해안절경이 산방산과 어우러져 멋진 경관을 만들어 내고 있다.

용머리해안 전경

『전설에 의하면 용머리가 왕이 나타날 훌륭한 형세임을 알아차린 진시황이 호종단을 보내어 용의 꼬리부분과 잔등부분을 칼로 끊어버렸는데, 이때 피가 흘러내리고 산방산은 괴로운 울음을 며칠간 울었다고 한다.』

용머리로 들어가는 입구에는 1653년 8월 16일 이곳에 표착한 네덜란드인 하멜의 표착기념비가 서 있고, 용머리를 관광하기 위해서는 한 시간 정도면 충분할 것이다.

벌써 큰 사위가 서울본사에서 급히 상경하라는 연락을 받고 산방산 밖방을 끝으로 비행기 시간에 맞춰 공항으로 출발해야 할 시간이 되었다. 먼저 보내자니 못내 섭섭하다.

그리고 산방굴사 신화의 매력에 더욱 끌린다.

『옛날 이곳에서 출생한 산방덕이라는 처녀가 있었다. 이 여자는 사실 산방산의 정기를 받고 태어난 암굴의 여신이었다. 여신이긴 하였으나, 인간세계에 나온 이상, 인간적인 고뇌에 부딪히지 않을 수 없었다. 이성이 그리워진 것이었다. 열렬한 사랑 끝에 드디어 고승이라는 남자와 결혼했다. 단란한 부부 생활을 하는 그들에게 악독한 권력자가 나타났다. 산방덕의 미모에 빠진 그는 남편에게 누명을 씌워 재산을 몰수하고 귀양을 보냈다. 그는 자신의 권력을 이용하여 감언이설과 위협으로 자기의 야욕을 채우려 들었다. 인간의 세계가 이처럼 죄악에 가득 차 있으리라고는 생각지 못했던 산방덕은 인간 세계에 내려왔음을 한탄하면서 다시 산방굴에 들어가 바위가 되어 버렸다는 것이다. 지금 그 바위 밑에는 물방울이 떨어지고 있는데, 이것은 자기의 불행과 인간 세계의 죄악을 슬퍼하여 흘린 산방덕의 눈물이라 한다.』

이 설화에 비추어 보아도, 예나 지금이나 많이 가진 자들의 욕심, 관료의 부패, 지식인의 타락, 무자비한 폭력이 난무했었던 데까지 생각이 미치자 씁쓸함이 마음속 깊이 스며든다.

여기에 조금 더 머물면서 묵상하고 싶다. 하지만 그럴 입장이 아니다. 이해인 수녀님의 〈마음이 마음에게〉를 묵상하며, 오늘 하루를 보듬어야 하려나 보다.

『내가 너무 커 버려서 / 맑지 못한 것 / 밝지 못한 것 / 바르지 못한 것 // 누구보다 / 내 마음이 / 먼저 알고 / 나에게 충고하네요 // 자연스럽지 못한 것은 / 다 욕심이에요 / 거룩한 소임에도 / 이기심을 버려야 / 순결해진답니다 // 마음은 보기보다 / 약하다구요? / 작은 먼지에도 / 쉽게 상처를 받는다구요? // 오래오래 눈을 맑게 지니려면 / 마음 단속부터 잘 해야지요 // 작지만 옹졸하진 않게 / 평범하지만 우둔하진 않게 / 마음을 다스려야 / 맑은 삶이 된다고 / 마음이 마음에게 말하네요.』

(2004. 4. 17)

동양 유일의 해폭 정방폭포

가족제주관광 4일째인 오늘은 '일출랜드(미천굴) → 제주신영영화박물관 → 정방폭포 → 천지연폭포 → 천제연폭포 → 주상전리대(지삿개) → 여미지식물원'을 관광한다.

서귀포 주요 폭포를 탐방할 차례이다. 감회가 새롭다.

필자는 1971년도에 정방폭포와 가까운 곳에서 살았었기 때문이다. 그 당시에는 오후 5시 반쯤에 직장업무를 마무리하고 이곳에 오면 싼값에 해녀들이 직접 비다 속에서 잡아 올린 전복, 소라, 문어, 뱀장어와 소주를 먹을 수 있었다. 가끔 나이가 지긋하신 해녀들과 소주라도 나누어 먹으면서 이런 저런 세상사 이야기를 듣곤 했었다. 지금도 아련하게 떠오르는 것은 취기가 오른 노해녀의 〈남편을 원망하는 내용의 타령〉 가사 내용이다.

『점복, 구쟁기, 궈득하게 잡아당(전복, 소라, 가득하게 잡아다)

혼 푼, 두 푼, 모영 나두민(한 푼, 두 푼, 모아 놔두면)
서방님 술값에 몬딱 들어 감쩌(남편의 술값에 모조리 사용되더라)』

척박한 제주의 자연환경과 역사가 그들을 그렇게 단련시켰다. 오늘의 상품화된 웰빙과는 거리가 먼 삶이었지만, 그들 삶의 깊은 향기를 담고 있는 옛 추억이 새록새록 떠오른다.

어느새 표선면에 자리 잡은 숙소인 로그빌리지를 출발하여 남원를 거처 서귀포시내 진입 직전에 위치한 정방폭포에 도착하였다. 천지연, 천제연과 더불어 제주도 내 3대 폭포 중의 하나인 정방폭포는 서귀포시 중심가에서 약 1.5㎞ 동남쪽에 위치해 있다.

천지연(天池淵)폭포는 서귀포시 시가에서 서쪽으로 약 1km 가량나간 곳에 있으며, 마치 하늘에서 떨어지는 듯한 착각이 드는 물줄기에 폭포 아래에는 바닥이 보이지 않을 정도의 깊은 소(沼)가 형성되어있다. 소가 넘쳐 서귀포항 앞바다까지 개울이 되어 흘러가는데, 이 폭포에는 제주도에서만 서식하는 천연기념물 27호의 무태장어가 산다.

천지연폭포 주변과 계곡에는 천연기념물 제163호로 지정된 담팔수 자생지다. 담팔수는 우리나라에서 안덕계곡, 천제연, 효돈천 등 제주도 남쪽해안과 섭섬, 문섬 등에서만 자라는 귀한 나무로 천연기념물 제182-8호로 별도 지정, 보호되고 있다.

그리고 천제연(天帝淵)폭포는 제주도 서귀포시 중문동에 있는 폭포로서, 옥황상제를 모시는 칠선녀가 별빛 속삭이는 한밤중이면 영롱한 자줏빛 구름다리를 타고 옥피리 불며 내려와 맑은 물에 미역 감고 노닐다 올라간다고 하여 천제연, 곧 하느님의 못이라고 부르게 되었다는 유래가 있다. 울창한 난대림지대 사이로 3단 폭포가 떨어지는 천제연폭포의 모습은 실로 장관인데, 제1폭포에서 떨어져 수심 21m의 못을 이루고, 이 물은 다시 제2폭포, 제3폭포를 거쳐 바다로 흘러 들어간다. 특히 제1폭포가 떨어지는 절벽 동쪽의 암석동굴 천정에서는 이가 시리도록 차가운 물이 쏟아져 내리는데 예로부터 백중, 처서에 이 물을 맞으면 모든 병이 사라진다고 하여 많은 사람들이 찾았으나 지금은 수영이 금지돼 있다.

천제연 계곡에는 아름다운 일곱 선녀상을 조각한 '선임교'라는 아치형 다리와 '천제루'라고 불리는 누각이 세워져 있어 주변경관을 한층 더 돋보이게 한다.

동양 유일의 해폭인 정방폭포는 바다로 직접 떨어지는 동양 유일의 해안폭포로서 높이 23m, 폭 8m, 깊이 5m에 이른다. 수량(水量)이 강우량에 따라 크게 좌우되므로 여름철에 더욱 장관을 이룰 것은 자명한 일이다. 바다를 향하여 기염을 토하는 듯 억겁을 지나온 숨결이 출렁거리는 결코 화려하지 않으나 담백하고 평범한 진경이 있다. 까만 절벽에 하얀 비단자락이 되고 햇빛을 받아 생겨낸 오색의 영롱한 무지개색 폭포수는 동양 최고의 절경이다. 이 폭포를 '정방하폭(正房夏瀑)'이라고 부르는 것도 여름철에 바다에 나가서 한라산과 정방폭포 그리고 그 주변 해안의 어우러진 절경은 말로 표현할 수 없을 정도라고 하여 붙여진 이름이며, 제주를 일컫는 영주 10경의 하나로 삼는다.

아주 오랜 옛날이었다. 중국 진시황은 세상을 모두 자기 손아귀에 넣

동양 유일의 해폭 정방폭포

고 권세를 부리면서 술과 여자와 노래 속에 살면서 세상에서 영생을 누리려고 하였으나 차차 자기 육신이 늙어감에는 어쩔 수가 없었다. 막강한 군사를 이끌어 놓고 만리장성을 쌓아 왜군의 침노를 막을 수는 있었으나 생명을 연장하는 일은 스스로의 힘으로 이룰 수 없다는 사실을 절실하게 느끼기 시작하였다. 왕은 모든 신하들을 모아 놓고 "사람이 죽지 않고 영원히 사는 방법이 없는가" 하고 물었다. 누구도 그 해답을 말하는 자가 없었다. 그런데 꾀 많은 서불(徐市)이라는 신하가 있었다.

"소인이 듣건대, 저 동쪽나라 작은 섬 영주라는 곳 영산 한라산에 사람이 먹으면 영원토록 살 수 있다는 불로초가 있다고 하옵니다. 소인이 성심을 다하여 그 약초를 캐어 오고자 하옵니다."

왕은 귀가 번쩍 뜨였다.

"오, 과연 네가 가장 나를 잘 섬기는구나. 만약 네가 그 불로초를 캐어온다면 이 나라의 절반을 너에게 주겠다."

서불은 "아뢰옵기 황송하오나 그것을 캐어 오는 데는 많은 시간과 노력이 필요하옵니다. 그러하오니 황공하옵니다만, 동남동녀(童男童女)

오백을 차출하여 주시면 합니다"라고 아뢰었다.

"동남동녀 오백이라, 무엇에 쓰려는고?"

"예, 한라산은 지세가 험하고 불로초는 아무 눈에나 띄는 것이 아니므로 마음과 몸이 정결하고 흠이 없는 동남동녀들의 눈에만 띈다 하오니 필요합니다."

왕은 서불에게 그가 원하는 대로 모든 물건 및 선남선녀들과 함께 제주로 보내었다. 그들은 한라산과 섬을 한바퀴 돌았으나 불로초를 찾지 못하고 정방폭포에 이르러 구경을 하고 되돌아가다가 정방폭포의 아름다움에 흠뻑 취해 절벽에 '서불과차(徐市過此)'라는 글자를 새겼다고 한다. 서귀포(西歸浦)라는 지명도 서불이 서쪽으로 돌아갔다고 하여 붙여진 이름이라고 전한다.

이들 이외에도 1649년 9월에 부임한 목사(牧使: 지방관직) 김수익도 〈정방폭포에서〉라는 제하에 다음과 같이 정방폭포의 절경을 잘 표현하고 있다.

『떨어지는 폭포수가 바다에 못을 빚는 / 황홀한 저 절경을 표현할 길이 없네 / 다시 폭포를 바라보니 여위인 듯 푸른데 / 은하에 붓을 씌우니 구천으로 떨어지네』

어디 그뿐이랴, 목사(牧使) 이원조는 〈이원조 탐라록〉에서 1841년 9월 22일 서귀진을 점거하고 난 후에 정방폭포를 그렸는데,

『백척의 큰 물결 바다를 채찍하고 / 계곡을 나는 폭포 나그네 시름을 씻겨 주어도 / 고향 떠나온 마음 달랠 길이 없는데 / 이수와 삼신산이 이 곳

에 모인 듯 // 멧부리 적셔온 물결 따라 피어나는 오색구름 / 나그네 홀로 홍로에 기대어 달을 안고 돌아오네 / 바다로 이어지는 저 물결 뜻을 아시는가 / 계곡인 듯 산인 듯 어우러지는 천지연 숲을 // 서귀포 앞 바다에 바둑처럼 떠 있는 섬들 / 멀리서 바라보니 그 물빛 소리 아름답네 / 계곡의 새 울음소리 메아리 되어 돌아오는데 / 일어나 동녘을 보니 반가운 손 찾아와 기다리네.』

서귀포의 바다는 이 폭포와 어우러져서 아름답다. 섭섬, 범섬, 문섬이 아름답고 짙푸른 바다색과 해안절경이 또한 신비롭다. 이 아름다운 바닷가에 은빛 물안개 날리며 거대한 물줄기가 우레 같은 소리를 내며 떨어진다.

어른들은 기념사진 남기기에 여념이 없으나, 내 품에 안긴 16개월 된 손주 의현이만이, 잃었던 전설을 생각해내고 어찌할 수 없는 향수(鄕愁)에 먼 데 산을 바라보는 사슴처럼, 절경에 도취된 듯 눈을 떼지 못한다.

(2004. 4. 18)

선배 따라나선 진도 여행

찾아보면 주위에 훌륭하신 분들도 제법 있다. 재임 3년 임기를 20일 정도도 채 남지 않은 상황이었음에도, 부원장과 교수 및 부장들과 함께 '신비의 바닷길'로 유명한 진도에서 MT를 갖기로 추진하시는 이강남 전(前)원장 뜻이 신선하게 다가왔다. 그 분의 인품에 끌려 그해(2003년) 4월에 1박2일 일정의 MT에 참석하기로 하고 회비를 선급했던 기억이 싱그럽다.

그 분은 4년 인생선배이시지만, 인생관리에 있어서는 10여 년 이상 앞서신 분이다. 항상 여유 있는 자태와 인자하신 모습은 직원들을 편안하게 한다. 그 분은 전공분야인 국제금융 이외에도 문학이면 문학, 그림이면 그림, 음악이면 음악 등 다방면에 일가견을 갖고 있는 분이다. 특히 그림에 있어서는 국선에 이미 입선하였고, 퇴임 후엔 예술수필집 출간과 함께 개인전도 가졌던 분이다.

일산에서 4월 5일 아침 6시에 출발하여 강남고속버스터미널에서 7시 30분 출발하는 진도행 특급버스에, 1996년 일본 여가수 텐노 요시미가 불러 엔카(演歌)부문 10주 연속 1위를 차지한 〈진도이야기(珍島物語)〉의 가사 내용을 더듬으면서, 일행 9명과 함께 7시간 반 동안 몸을 싣기에 이르렀다.

『바다가 갈라져요 / 길이 열려요 섬과 섬이 이어져요 / 이쪽 진도부터 저쪽 모도리까지 / 바다의 신이여 감사합니다. / 영등살의 소원은 하나 / 뿔뿔이 흩어진 가족과 만남 / 아, 나 여기서 기도하고 있어요. / 당신과 사랑이여 다시 한번』

위 〈진도이야기〉의 노래가사는 '한국판 모세의 기적'이라 불리는 전남 진도의 바닷길 장관을 목격한 텐노가 만든 노랫말로서 일본에서 노래방 신청 곡으로 10위 이내에 꼽힐 정도로 인기를 누렸었다고 한다.

해마다 음력 3월 밀물과 썰물의 차이가 가장 큰 시기에 진도군 고군면 회동마을에서 의신면 모도를 잇는 길이 2.8㎞, 폭 40여m 바다가 갈라지는 것에 맞춰 열리는 영등(靈登)축제가 30회 가까이에 이른다. 진도 영등축제는 이 고장 사람들이 바람의 신(神)인 영등신(靈登神)에게 한 해의 풍요로운 어업과 농사를 기원하던 행사였는데 여기에 뽕 할머니의 전설이 겹쳐 축제의 형태로 발전했다.

조선시대 초 이곳 회동리에 많은 주민들이 옹기종기 모여 살았다고 한다. 마을 뒷산에 커다란 호랑이가 살았는데 자주 마을로 내려와 피해를 주자, 마을 주민들이 의논 끝에 마을을 떠나 앞 위치한 섬(현=모도)으로 달아나기로 하였으나 일행 중 지금의 뽕 할머니만 배에 오르지 못하고 모두가 마을을 떠났던 것이다. 이에 할머니는 매일 매일 모도(섬)마을로 떠난 가족들을 만나기 위해 용왕님께 빌어 바다가 갈라지길 갈망하였는데 이미 할머니가 숨진 연후에야 바닷길이 열렸다고 한다. 바닷길이 열리자 할머니의 안부를 위해 찾아 나선 마을주민들은 이미 숨을 거둔 할머니의 마음을 기리고자, 매년 음력 3월에 뽕 할머니의 제사와 마을의 안녕과 풍어를 기원하는 재를 지내며 할머니의 넋을 달래는 것이란다.

진도의 신비의 바닷길이 세계적인 축제로 알려지게 된 것은 1975년 주한 프랑스 대사인 '피에르 랑디'씨가 진도 여행 중 자신의 눈앞에 펼쳐진 바닷길 현장을 목격하고, 귀국 후 "나는 한국의 진도에서 모세의 기적을 보았다"라고 프랑스 신문에 '한국판 모세의 기적'을 소개하고, 이를 일본의 NHK-TV에서 촬영 방영한 것이 세계적으로 유명해졌다. 이 영등축제는 투박하지만 자연과 어울려 살았던 선조들의 토속적인 삶이 아직도 물씬 배어있는 섬. 인생무상을 노래한 상여꾼들의 만가(輓歌), 망자의 혼을 달래는 씻김굿, 유족을 위로하는 다시래기 등 전통 장례의시과 들노래・강강술래가 남아있는 섬. 이러한 진도의 전통문화와 어우러져 영등축제는 해가 갈수록 인기가 높아지고 있다는 것이다.

그러나 우리 일행의 일정과 맞지 않아서 한국판 모세의 기적을 직접 체험할 수 없었던 점은 못내 아쉬움으로 남겨야 했다.

진도에는 진돗개보전지역이라는 특성 외에 고려 원종 때 삼별초가 해안을 방어하기 위해 이 성을 쌓았다는 남도석성, 진도읍에서 서남쪽 방면으로 8㎞ 지점에 위치한 이곳의 명소 남진 미술관, 정통남화의 성지라 할 수 있는 소치의 화실이었던 운림산방이 있다.

그리고 857년(문성왕 19년) 도선국사가 창건하여 1648년(인조 26년)에 의웅이 중건하여 오늘에 이르고 있다는 쌍계사(雙溪寺)와 그 이외에 직접 답사하지는 못했지만, 400~500년 내외 수령의 보안림인 곰솔숲이 해수욕장의 은빛과 곰솔림의 초록빛이 대조를 이루고, 해안을 따라 관매8경과 관호8경이 전설과 더불어 기암절벽(방아모양의 방아섬, 서들바굴 폭포, 하늘다리 등)과, 수림경관은 한 폭의 그림을 연상케 한다는 관매도 해수욕장. 남도석성(南桃石城)과 함께 삼별초의 대몽항쟁의 유적지로 유명한 용장산성 등 여러 관광자원이 원형을 비교적 잘 보존하고 있었다. 필자에게는 운림산방과 남진미술 및 남도석정이 퍽 인상적이었다.

우선 운림산방(雲林山房)은 조선말 남화의 대가 소치(小痴) 허련(許鍊)이 말년에 기거(起居)하던 화실의 당호로서 일명 운림각(雲林閣)이라고도 불리는 곳이다. 이곳은 절묘한 가옥배치와 적당한 자리에 자리잡은 수목, 그리고 연못에 노니는 잉어가 소치의 그림 혼을 보여주는 기분이었다. 소치는 추사 김정희의 제자로서, 이곳에서 미산(米山) 허영(許瑩)을 낳았고 미산이 그림을 그렸으며 의제(毅齊) 허백련(許百鍊)이 미산에게서 처음으로 그림을 읽힌 곳이기도 하다. 이와 같이 유서 깊은 운림산방은 소치(許鍊)-미산(許瑩)-남농(許楗)-임전(許文)등이 4대에 걸쳐 정통남화를 이어준 한국남화의 본거지로서 소치의 후손은 현재 소치를 위시하여 4대째 화가로 활동하고 있다.

그리고 남진미술관은 서예가 장전(長田) 하남호 선생이 사비(私費)를 들여 1989년 11월 29일 800여 평의 대지 위에 100평의 본가, 연원관, 양서제, 그리고 150평의 지상 3층 미술관이 건립되어 서예, 동양화, 조각, 분재 등이 전시되어 있다. '남진(南辰)'이라는 명칭은 장전

선생의 이름 가운데 자인 '남'자와 부인의 이름 '진'자를 합하여 지은 것이다. 이곳에 전시된 작품들은 장전 하남호 선생이 소장해오던 작품들로 국사책에서 나오는 유명 인사들의 국보급 미술품들과 김정희, 홍선 대원군, 김옥균 등 유명인의 친필 등이 다양하게 전시되어 있는 것을 직접 볼 수가 있었던 점은 매우 감명적이었다.

마지막으로 불의에 저항하는 민족혼으로 가슴을 찡하게 적신 것은 사적 제127호로 지정되어 있는 남도석정이었다.

남도석성은 고려 원종 때 삼별초가 해안을 방어하기 위해 이 성을 쌓았다는 높이 4m, 폭은 2.5~3m가량이며, 둘레가 526m인 옛 성이다. 성 앞에 남도포(南桃浦)는 동쪽에 금갑포와 함께 제주도 등 남쪽으로 드나드는 관문이자 남해와 서해 해로를 잇는 위치에 있어서 왜구들이 오는 길목이 되므로 해안방어의 중요한 거점이다. 삼별초란 좌별초, 우별초, 신의군을 총칭한 것으로 1232년 고려 최씨 정권이 몽골 침략을 피해 강화도로 천도하자 대몽 항쟁에 나섰으며, 개경 환도가 단행된 1270년 이에 불복해 난을 일으켰다. 배중손이 지도하는 삼별초는 해전에 약한 몽고군과 맞서 싸우는데 적합하고 섬이 크고 땅이 기름져서 오래 버티더라도 자급자족할 수 있어서 진지를 이곳 진도로 옮기게 되었다. 그러니 1년 만에 함락됐고, 제주도로 옮겨간 김통정 휘하의 삼별초도 자주 본토의 전라도와 경상도를 공격하는 등 고려정부를 괴롭히며 2년가량을 버텼으나, 마침내 원종 13년(1273) 2월에 여몽연합군에게 진압되고 말았다. 이처럼 삼별초가 3년 가까이 버틴 것은, 그들 자체가 매우 전투에 뛰어나기도 했지만, 진도와 제주도 각처의 민심이 이미 외적(몽고)과 결탁하여 국민들을 쥐어짜는 고려정부를 떠나 삼별초 반란군에 호응하였던 숨결이 현대를 사는 현재에도 이들 지역, 특히 제주에서는 국회의원 선거결과로 많이 반영되고 있다는 점이다.

이곳 진도에는 중요무형문화재 제8호(강강술래), 제51호(남도들노래), 제18호(진도북놀이) 및 제19호(진도만가) 등 네 분이 살고 계시다. 이들은 이곳 농부의 부인들로서 어려운 환경 속에서도 꿋꿋하게 무형문화재의 반열에 올랐다는 그 자체로도, 필자를 포함하여 오늘을 사는 많은 지식층이라고 자처하는 사람들의 귀감이 될 만하다 하겠다. 이들 중에서 제8호와 제51호 문화재의 노래를 식사하는 아담한 방안에서 직접 들을 수 있었던 것은 퍽 행운이었다. 더욱이 의지의 한국여인을 보는 자리였기에 더욱 가슴이 뿌듯함을 느껴지는 의미 깊은 자리였다.

뿐만 아니라 개인적으로 잊지 못할 일은 귀경일인 4월 6일(일요일) 아침 6시 첫 미사에 참석했었는데, 나중에 그 성당에 도착한 이 원장께서 필자를 보더니 매우 기뻐하시는 모습에서 형님같은 포근함을 느끼기에 충분한 아침이었다.

이번 MT 일행 중 어느 귀한 분이 결혼 30주년 기념으로 부인에게 선물을 한다면 '다이아몬드 반지, 세계일주, 모피코트' 중 어느 것을 선물하면 부인이 더 좋아할 것 같으냐고 이들 무형문화재들에게 물어서, 이들을 당황하게 만들었던 안쓰러운 실수까지도 모두 추억으로 삼고 싶은 여행이었다.

생각만 해도 포근함을 느끼는 선배, 오늘따라 더 그리워진다, 풋풋한 인품이….

(2006. 1. 6)

태백산에서의 사색

지난해 1월 강원도 태백시에서 주관하는 눈꽃축제의 마지막 날인 일요일 새벽에 명륜산악회를 따라서 태백산등산에 참여한 적이 있다. 하얀 눈꽃축제 속에서 바람과 나무들이 어울려서 뿜어대는 오묘한 합창을 들으면서 산행을 즐겨본 지가 20여 년 만의 일이라, 가슴 설렘은 나만의 것은 아니었으리라.

해발 1,567m 고지의 태백산 천제단 주위에는 단군의 정기를 한 몸에 받으며 살아서 천년, 죽어서 천년, 그렇게 이천 년도 모자라 썩어서 천년, 그래서 삼천 년을 산다는 '주목'군락이 떡 버티고 서있고, 그 중부에는 어느새 행복을 찾는 누군가에 의해 1,000원권 지폐 대여섯 장을 입에 물고는 웃는 듯 마는 듯한 돼지머리가 놓여 있었다. 그 돼지머리를 중심으로 훗날 추억을 만들기 위한 기념사진을 남기기에 여념이 없는 행복한(?) 분들과, 불행은 멀리하고 행복만을 찾아오기를 비는 듯한 자세로 돼지머리를 향해서 머리와 허리를 연신 굽혔다가 펴는 이들로 붐비고 있었다.

또한 천년 가까이는 족히 버티어 왔으리라고 추정되는 청초하고 엄숙한 자태의 주목나무 앞에서 영하20~30여 도의 체감온도와 눈을 똑바로 뜨기가 어려울 정도의 눈보라는 아랑곳하지 않고, 어느새 많은 잎을 훌훌 털어버리고 엄동을 맞고 견디어낼 고난의 길을 뚫고 가려면 가급적 간편한 몸차림을 하라는 어느 성직자의 가르침을 되새기며, 인생의 진솔한 행복의 의미를 찾아보려는 듯 다소 고상한 모습을 하고 있는 모습의 사람들과, 이 고목을 정원수로 사용했으면 좋겠다고 다소 안쓰러운 행복의 꿈을 꾸는 사람들로 대조를 이루고 있었다.

이렇게 우리들은 날마다 그 나름대로의 미래의 행복한 날을 여러 형태로 꿈꾸며 살아간다. '좋은 대학에만 들어가면, 좋은 직장에 취직만 하면, 좋은 내 집을 마련하면, 돈을 많이 벌면, 정치가가 되면 정말 행복할 텐데'라고 생각하며 현재의 불행과 고통은 미래의 행복을 위한 준비라고 생각을 하면서….

그러나 일류 대학에 들어갔으니까 또는 정치가나 장관이 되었으니까 자신의 불행은 끝났다거나, 값나가는 좋은 내 집을 마련했다고 이제부터 나는 행복하다고 말하는 사람은 거의 없을 것이다. 이는 코스닥 등록으로 수백억 원대의 재산을 모은 벤처 사업가가 반드시 더 행복한 사람이라고 단정할 수 없는 것과도 같다. 최근 어느 여론조사기관에서 실시한 '당신은 행복한가'라는 설문에서 우리 국민은 40%가 행복하지 않고, 특히 나이든 사람일수록 즐겁지도 행복하지도 않다고 답했다고 한다. 그렇다면?

철학자들은 우선 자기중심적 태도에서 벗어나야 한다고 말한다. 버트런드 러셀(1872~1970)은 《행복의 정복》에서 행복의 조건으로 음식 · 집 · 건강 · 사랑 · 성취 · 소속집단에서의 존경 등 외적 여건도 필요하지만 무엇보다 자기집착으로부터 탈피, 인간과 사물에 대해 따뜻한 관심과 애정을 가져야 한다고 말했다.

감옥에 갇힌 것처럼 자기집착에 빠지면 열등감 · 두려움 · 시기 · 죄의식 · 자기연민 · 과대망상 등에 시달려 세상과 단절되거나, 인생의 다양한 길을 열어놓지 못하면 불행해진다는 것이다. 그는 또 행복한 생활은 선한 생활과 유사하지만 그렇다고 지나치게 자신을 부정하거나 의무감에 시달리는 도덕주의자가 되지는 말라고 한다. 의무감은 일에선 행복을 가꾸는 씨앗이 될지는 몰라도 인간관계에선 불행한 것이어서 나와 남 모두에게 행복을 안겨주지 못한다는 주장이다.

아놀드 토인비(1889~1975) 또한 "행복해지려면 자신을 세상의 중심에 두는 틀을 깨고 주위 사람과 다른 생물, 초인적인 것들까지 사랑하려는 노력을 기울여야 한다"고 얘기했다. 그는 "그러나 사람이 자기중심성을 이겨내는 것은 결코 쉽지 않으며, 따라서 이를 돕는 게 종교의 몫"이라고 덧붙였다.

또한 자신의 불행한 원인을 자신의 밖에서 찾고 있는 많은 사람들을 우리 주변에서 쉽게 발견할 수도 있다. 나는 머리도 좋고 성실하게 살아왔고 능력도 뒤떨어지지 않는데, 세계적인 재산가인 선박 왕 아리스토텔레스 오나시스의 자녀로 태어났었더라면, 미국에서 태어나지 못하고 한국에서 태어났기 때문에, 나쁜 상사를 만나서, 배우자를 잘 못 만나서 등 자신이 불행할 수밖에 없는 이유를 수없이 들면서 세상을 원망한다.

그러나 부모든 직장 상사든 그 어느 누구도 우리에게 빚진 것이 없다. 오히려 세상에 대한 자신의 책임만이 있을 뿐이다. 자신이 행복해지기 위한 시작은 자신과 자신을 둘러싼 세상과의 관계를 다시 설정하고 지금 흘러가고 있는 아까운 시간의 중요성을 깨닫는 데서 출발해야 할 것이다. 다시 말해서 우리가 그 동안 꿈꾸어 왔고 미래에도 계속 찾아 헤맬 행복에 대한 뚜렷한 실체가 존재하지 않는다는 것이다. 즉, 행복은 과거에도 현재에도 항상 자신의 마음속에 있었으나 모르고 지냈을 뿐이다.

미국의 사회학자 데이빗 리즈맨은 《고독한 군중》이라는 책에서 "현대인은 인간과 인간 사이에 있어야 할 애정을 점차 잃어가고 있으며, 깊은 고독감과 소외의식에서 벗어나지 못하고 있다"고 했다. 이것은 현대인이 지나치게 외부 지향적이기 때문에 언제나 자기 자신을 남과 비교하면서 자기를 평가하고 행복을 찾으려는 데에서 비롯된다는 것이다. 이런 사람들은 다른 사람이 새 옷을 입으면 나도 입어야 하고, 외제차를 사면 나도 사야하고, 파리나 뉴욕의 유명 상표를 못 가지면 행세를 못하는 것으로 아는 등, 다른 사람에 비추어서 자기 자신의 인생을 평가하려고 하는 사람이다. 유행에 지나치게 민감한 사람은 이러한 유형의 대표적인 사람이다.

이번에는 우리 국민이면 누구나 몇 번은 들어보았을 신라 시대의 유명한 고승인 원효대사를 통해서 행복과 불행의 실체를 찾아보기로 하자. 그는 당대의 명승 의상(義湘)과 함께 당시에 우리나라보다 더 문화가 앞선 당(唐)나라에 유학을 하기 위해서 신라의 수도 경주를 떠났다..

어느 날인가 날이 저물어 어떤 동굴 속에서 잠을 자다가 목이 말라

손에 잡히는 바가지의 물을 마셨다. 몹시 목이 말라 있었던지라 그 물이 매우 맛이 있었다. 그러나 그 다음날 아침 밝은 해가 떴을 때 잠에서 깨어나 보니 어제 저녁에 마셨던 물이 해골 속에 담긴 물이라는 것을 발견하였다. 몹시 기분이 역겨웠다. 원효는 이때 "어제 저녁에는 그처럼 맛있던 물이 왜 오늘 아침에는 역겹게 느껴지는 것일까?"라는 의문을 가졌다. 그는 모든 것은 실제로 존재하는 것 그 자체보다도 마음속에 달려 있다고 생각했다.

"그렇다, 모든 것은 마음먹기에 달려 있는 것이다(一切唯心造)."

원효는 동행했던 의상에게 "모든 것이 마음에 달려 있다는 것을 안 이상 내가 당나라에 가서 배울 것이 뭐가 있겠소? 나는 신라로 되돌아가겠오"라고 말하고는, 의상을 당나라로 보내고 신라로 되돌아와서 일반에게 불교를 전파하는 화엄종의 개조(開祖)가 되었다. 원효는 가장 주체성(主體性)이 강한 신라인의 한 사람이었으며 인생의 목표를 확고하게 세운 훌륭한 철인(哲人)이었던 것이다.

사람은 무엇 때문에 사는 것일까? 높은 사회적인 지위를 얻기 위해서 사는 것일까? 아니면 돈을 많이 벌기 위해서 사는 것일까? 이러한 것들도 물론 사는 목표 중의 하나가 될 수 있다.

그러나 돈이나 사회적 지위와 같이 내 자신의 밖에 존재하는 것들을 인생의 목표로 정하는 경우, 그러한 삶은 결국에 가서는 허무한 것으로 끝나는 것이 보통이다. 왜냐하면 돈이나 사회적 지위 등은 모든 사람의 욕구를 다 채워줄 수 있을 만큼 그 양이나 수가 많은 것이 아니며, 설사 이와 같은 목표를 달성했다 하더라도 거기에 결코 만족할 수 없는 것이 인간이기 때문이다.

가장 중요한 것은 숭고한 가치를 지닌 인생의 목표를 자기의 마음속에 설계(設計)하고 그 길을 따라서 산행(山行)을 하듯 한 걸음 한 걸음씩 전진하는 일이다. 이런 사람을 두고 데이빗 리즈맨은 '내부 지향적인 사람'이라고 하였다. 이런 삶이 바로 자아실현이며 보람된 삶이며 '행복한 삶'이 아닐까?

〈태백산 주목에 기대고 서서〉 사색해 봐야겠다.

『동경 128。 북위 37。 해발 1,567m / 환웅이 선택한 성스런 곳 태백산 천제단 / 낙동강 한강 삼척 오십천의 발원지, / 그대는 산과 강의 어머니어라. // 하늘을 밀어내고 정상에 터 잡아 / 살아 천년, 죽어 천년을 끈질기게 지켜온 / 신비스러운 주목군락, / 그대는 우리민족의 영혼이어라. // 봄이면 산철쭉 진달래로 등산객 마음을 휘어잡고 / 여름에는 깨끗한 계곡물로 찌든 마음을 닦아주더니, / 가을에는 형형색색 단풍으로 눈을 기쁘게 하다가 / 겨울에는 주목군락의 천상설경을 보여 주네. // 악귀를 쫓는다는 붉은 색나무 주목(朱木)이 / 기껏 환갑도 채 안된 내게 무언가 말하려는 듯 / 일출과 낙조를 통해 천상계를 보여주더니 / 바람의 끝을 잡고 현세의 안타까움에 파르르 떠네. // 썩고 문드러질 육신 호의호식에 급급하고 / 사랑이라는 이름의 정념에 매달리는 불쌍한 영혼 / 산 자와 죽은 자의 갖은 푸념에도 미소로 감싸주는 그대, / 당신은 나의 은사님이요, 생명의 어머니이어라.』

(2004. 6. 20)

옛 직장 동우회원들과 15년 만의 북한산 등반

옛 직장 동우회로부터 오는 5월 29일 오전 10시까지 전철3호선 구파발역 '인공폭포' 앞에서 집결하여 '진관사-매봉능선-비봉-진관사계곡' 코스의 단합등산행사 초청편지를 받았다. 지난달 김득휘 동우회 사무총장의 끈질긴 권유로 동우회 회원으로 가입한 지 한 달 만이다. 또 계간지인 동우회지에 〈나의 첫 결혼주례사 이야기〉라는 제목의 졸고가 실린 것도 큰 계기가 된 듯싶다.

처음에는 별로 마음 내키지 않았다. 직장 옮긴 지 너무 오래되어서 그랬나보다.

마침 27일 오후부터 전국에 내린 비는 행사 전날인 28일 오전부터는 점차 강해지면서 경기 북부지방 등 많은 곳에서 천둥·번개와 함께 80㎜ 이상의 호우주의보가 발령되었다. 이를 핑계로 등산모임에 빠지기로 마음먹고, 사무총장에게 전화를 했다. 내일 비가 오면 산길이 미끄러워서 나같은 초보자는 짐이 될 뿐이고, 설령 비가 오지 않는다 하더라도 15년여에 걸친 소원함에 따른 꿔다 놓은 보릿자루 신세가 되기는 싫다고도 했다. 결국은 설득하려다 보기 좋게 설득 당하고 말았지만….

여느 때와 마찬가지로 아침 6시에 일어났다. 밖을 보니 비는 완전히 그치고 산들바람이 약간 옷깃을 스치는 것으로 보아 등산하기는 좋은 날씨다. 가지 않기로 마음을 먹었던 때와는 사뭇 다르게 약간의 설렘도 뒤따른다. 10분 정도 일찍 안내된 장소에 도착했다. 도착하는 순간 입행동기였던 몇 분이 반갑게 맞이해 주고, 필자에게서 교육받았던 분, 같이 근무했던 분, 직속은 아니었지만 상급자로 계시던 심상은 회장 그리고 최창호 고문 등 낯익은 선배들도 따뜻하게 맞이준다. 마치 넉넉한 가슴을 지닌 고향선배가 다독거리는 것처럼….

한편 15년에서 20여년 만에 옛 역전의 용사들의 면면을 보니 세월은 속일 수가 없구나 하는 생각이 든다. 그때 그 시절에는 모두 빳빳한 얼굴의 엘리트로서 어깨에 힘도 제법 주었으련만, 박동덕님의 〈지천명(地天命)의 독백〉의 시구를 어렴풋하게 떠오르게 한다.

『주위를 돌아볼 틈도 없이 / 앞만 내다보고 무작정 달려온 길 / 불혹의 강을 건넌 지 벌써 / 유혹에 흔들릴 나이도 이미 지났는데 / 하늘은 낮게 내려앉아 / 허무와 공허의 골만 늘어가는 / 시커먼 구름 덮인 마음 밭에 / 뜨거운 피는 서늘하게 굳어가고 / 욕심스레 구겨 넣은 배는 실룩거리며 / 개기름 번들거리는 얼굴에 / 불거진 핏줄 뒤엉킨 배수로에는 / 날이 갈수록 / 심해지는 변비로 초조한 심사 / 어디로 가야할지 / 흔들리네, 흔들리네 / 더 이상 흐를 수 없어 주저앉고 말았네.』

일찍 도착한 순서대로 우선 15명의 대열에 끼어서 선발대로 길을 나섰다. 입장료를 절감(?)하기 위하여 진관사 부근 어느 오솔길을 따라 북한산을 오르기 시작한다. 그것도 등산에서나 맛볼 수 있는 동심어린 작은 추억거리는 될 성싶다.

햇살도 길섶에 늘어진 울창한 숲가지에 앉아 그네를 타고 있다. 숲도 흥겨워 흥얼거리며 신선한 공기를 듬뿍 듬뿍 내뿜는다. 나보다 젊어 보이는 한 일행은 등산모자까지 벗고는 속알머리 없는 대가리까지 수욕시키며 시원하다 연호한다.

서울의 진산인 북한산(北漢山:836.5m)은 백두산, 지리산, 금강산, 묘향산과 더불어 우리나라 5악에 포함되는 명산이다. 북한산의 최초 명칭은 부아악(負兒岳)이다. 삼국시대에 부아 또는 횡악(橫岳)으로 불렸던 북한산은 고려시대 성종(成宗) 이후부터 1900년대까지 약 1천년 동안 정상의 백운대, 인수봉, 만경대의 세 봉우리를 의미하는 삼각산(三角山)의 산봉이 뿔처럼 뾰족하게 생겨 그렇게 불렀다는 설(說)과 어느 암봉 뒤에 애를 업은 형상의 바위가 붙어있다 해서 불렀다는 설이 있다.

북한산이란 명칭은 1711년 조선 중기의 숙종이 축조한 북한산성을 염두에 두고 남한산(성)과 대비하여 '한강 북쪽의 큰 산'이란 의미로 1900년대 초부터 사용하기 시작했다고 한다. 그 면적은 서울특별시와 경기도에 걸쳐 약 2,373만 평이고, 거대한 화강암으로 이루어진 주요 암봉 사이로 수십 개의 맑고 깨끗한 계곡이 형성되어 산과 물의 아름다운 조화를 빚어내고 있다. 또한 그 속에 1,300여 종의 동식물이 서식하고 있으며, 삼국시대 이래 과거 2,000년의 역사가 담겨진 북한산성을 비롯한 수많은 역사, 문화유적과 100여 개의 사찰, 암자가 곳곳에 산재되어 있어 다양한 볼거리와 생태, 문화, 역사 학습장소를 제공하고 있는 자율 생태 배움터이기도 하다.

산에 올 때마다 지난 나날들을 되돌아보게 한다. 60년대에서 70년대 중반까지 만해도 은행이라는 직장만큼 봉급 많고 안정된 직장도 없어서, 그 좁은 문을 무난하게 통과한 대졸엘리트들이 그리 많지 않았다. 머릿속은 싱싱하나 가난에 찌든 젊은이들은 부득이 상업학교에 입학해서 은행에 취직하는 것을 일차적인 목표로 삼고 살아온 인생들이다. 학연·지연·혈연이 지금보다도 더 성공의 요소였던 그 시절, 본류에 합세하기 위해 앞만 보고 총성 없는 전쟁을 치르면서 상처를 주고받았던 완벽한(?) 사람들이었을 것이다. 또한 명예퇴직이라는 구조조정의 칼 앞에 추풍낙엽처럼 와르르 무너지는 경험도 하였으리라.

가파른 능선이 아닌데도 헉헉거린다. 자연스럽게 과거의 향수와 더불어 지나온 인생을 되돌아보는 이가 많게 마련이다. 나틴 스테어가 85세에 만들었다는 〈인생을 두 번 산다면(if I had my life to live over)〉처럼.

『다음번에는 더 많은 실수를 저지르리라. / 긴장을 풀고 몸을 부드럽게 하리라. / 이번 인생보다 더욱 우둔해 지리라. // 가능한 매사를 심각하게 생각하지 않을 것이며 / 보다 많은 기회를 붙잡으리라. / 여행을 더 많이 다니고 / 석양을 더 많이 구경하리라 / 산에도 더욱 자주 가고 / 강물에서도 수영을 많이 하리라.』

어느덧 북한산 신라 진흥왕순수비를 이고 있는 560m의 비봉이 보인다. 비봉은 언제나 그 자리에 든든히 서 있건만, 길섶의 꽃들은 볼 수가 없어 아쉽다. 오늘 40여 명의 일행 중에서 이곳에는 심완수, 김재형, 차윤섭 회원만 보인다. 아마 등산을 중도에서 포기했거나 지름길로 되돌아가고 있는 듯싶다.

사모바위와 비봉을 우회하여 진관능선 바위에 걸터앉았다. 가지고 온 참외며 오이를 나눠먹으며 기품서린 계곡물 소리와 시원한 전경을 반주로 삼아 순수의 세계로 빠져본다. 벌거숭이 가파른 암석을 맨손으로 오가는 아슬아슬한 장면도 일품이다.

흙도 없는 바위틈에서 이름 모를 나무와 풀들이 끈질기게 살아남았다. 담쟁이처럼 찰싹 달라붙어 강한 생명력을 보이며, 실직 등으로 용기를 접고 싶은 사람들에게 노력하면 된다는 것을 전하려는 듯싶기도 하다. 앉은 자리에서 반대편에 향기가 있는 꽃 중에서도 가장 달콤하고 은은하며 품위 있는 향기를 지녔다는 라일락이 모처럼 보인다. 꽃이라곤 저것 하나뿐이다. 멀리서 보았기 때문에 라일락인지 아닌지는 확실히 모르겠으나, 얼마 전에 확인했다는 차윤섭 회원이 그렇다고 하니 틀림이 없을 게다. 오월 마지막 토요일에 이곳을 찾는 사람들을 즐겁게 하기 위하여 보통보다 20여 일은 참았다가 늦게 핀 것 같다.

이런 저런 생각을 하며 진관사계곡으로 접어든 지 얼마 되지 않아서 진관사 부근에 이르렀다. 일행은 졸졸 흐르는 개울물에서 땀을 실어 보낸다. 시원하다. 차 회원은 웃옷을 젖히고 상체까지 호강을 시킨다.

벌써 진관사 입구에 있는 모 음식점에는 회원들이 많이 와 있었다. 산에서는 안 보이던 분도 있었고, 산에는 같이 오르기 시작했으나 끝내 보이지 않은 회원도 있었다. 오늘메뉴는 보신탕에 소주이다. 모두들 좋아한다. 산정기(山精氣)를 받아서 그런지 활력이 넘친다.

그러나 힘없어 보이는 착한 얼굴도 더러 눈에 띈다. 직업은 속일 수 없는가 보다. 이들에게 '내 인생은 나의 마음먹기에 따라 달라진다'는 진리를 전하고 싶어진다. 어떻게 하면 되지? 이해인 수녀님의 〈나를 키우는 말〉로 대신하면 어떨까?….

『행복하다고 말하는 동안은 / 나도 정말 행복해서 / 마음에 맑은 샘이 흐르고 // 고맙다고 말하는 동안은 / 고마운 마음 새로이 솟아올라 / 내 마음도 더욱 순해지고 // 아름답다고 말하는 동안은 / 나도 잠시 아름다운 사람이 되어 / 마음 한 자락이 환해지고 // 좋은 말이 나를 키우는 걸 / 나는 말하면서 / 다시 알지.』

제일동우회원 파이팅!

(2004. 6. 1)

북한산이 그냥 좋다

『산새도 날아와 / 우짖지 않고, / 구름도 떠가곤 / 오지 않는다. // 인적 끊인 곳 / 홀로 앉은 / 가을 산의 어스름 // 호오이 호오이 소리 높여 / 나는 누구도 없이 불러 보나. // 울림은 헛되이 / 먼 골 골을 되돌아 올 뿐, // 산그늘 길게 늘이며 / 붉게 해는 넘어가고 // 황혼과 함께 / 이어 별과 밤은 오리니. // 삶은 오직 갈수록 쓸쓸하고 / 사랑은 한갓 괴로울 뿐. // 그대 위하여 나는 이제도 / 이 긴 밤과 슬픔을 갖거니와. // 이 밤을 그대는, 나도 모르는 / 어느 마을에서 쉬느뇨.』

이 글은 박두진님의 북한산 줄기의 한 자락인 도봉(道峰)의 가을정경을 주제로 하여 노래한 시이다.

산은 인간의 그 어떠한 오만함과 위선마저도 받아 주지 않지만, 이 세상의 모든 이치를 포용해 주며 우리를 언제나 넉넉한 품으로 인도해 주는 조물주의 걸작품이이란 생각이 든다. 산은 모진 바람이 불고 눈보라가 몰아쳐도 언제나 제자리를 굳건하게 지키며 인간들의 아픔을 따뜻하게 보듬어줄 뿐, 산은 절대로 사람을 속이거나 시기(猜忌)하는 일이 없다.

북한산을 오르지 못할 때는 나의 일터에서 인수봉 자락을 바라보기만 하여도 기분 좋다. 겨우내 추위에서 벗어나 물기 오른 여린 잎들을 싹틔워 내는 즐거움과, 잎보다 먼저 꽃을 피우는 나무들의 즐거워하는 마음을 만끽하도록 분위기를 잡아주고, 파스텔조의 색상으로 산을 물들이니 싱그러워 좋다. 또 꽃들은 여름을 닮아 정열적인 색으로 초록을 장식하는 상큼한 여름의 젊은 기상은 어떠한가.

그리고 가을에 있어서 베짱이같이 알량하게 여름을 보내다가 거두어들일 곡식이 없어 한탄해 마지않는 가난한 마음들은 아니었는지…. 단풍으로 물든 가을의 들과 산을 보며 한번쯤은 자신을 뒤돌아보는 마음의 여유를 갖도록 일깨워 준다.

정호승님의 〈인수봉〉에 대한 글에서처럼, 먼 훗날에 지나온 시간들이 정말 후회되지 않는다고 웃으며 말할 수 있도록 아름다운 많은 사연들을 일구어 준다.

『바라보지 않아도 바라보고 / 기다리지 않아도 기다리고 / 올라가지 않아도 올라가 // 만나지 않아도 만나고 / 내려가지 않아도 내려가고 / 무너지지 않아도 무너져 // 슬프지 아니하랴 / 슬프지 아니하랴 // 사람들은 사랑할 때 / 사랑을 모른다. / 사랑이 다 끝난 뒤에서야 문득 / 인수봉을 바라본다.』

북한산은 서울특별시 북부와 경기도 고양시의 경계에 있는 산이다. 최고봉은 836m 높이의 백운대(白雲臺)이다. 백운대와 그 동쪽의 인수봉(仁壽峰), 남쪽의 만경대(萬景臺: 일명 국망봉)의 세 봉우리로 이루어져 있어 삼각산(三角山)이라고도 하고, 화산(華山) 또는 부아악(負

皃岳)이라고도 한다.

북한산은 중생대 말기에 지층에 파고 든 화강암이 지반의 상승과 침식작용으로 표면에 드러났다가 다시 풍화작용을 받아 험준한 바위산이 되었다고 한다. 이 산은 서울 근교의 산 가운데 가장 높고, 산세가 웅장하여 예로부터 서울의 진산(鎭山)으로 불렸다. 최고봉인 백운대에 오르면 서울 시내와 근교가 한눈에 들어오고, 도봉산·북악산·남산·관악산은 물론, 맑은 날에는 강화도·영종도 등 황해의 섬도 보인다. 인수봉은 암벽등반 코스로 암벽 등반인들에게 인기가 높다. 그 밖에 노적봉(716m)·영봉(604m)·비봉(碑峰:560m)·문수봉(716m)·보현봉(700m) 등 이름난 봉우리만도 40여 개나 된다.

북한산 어느 꼭지에 오르더라도 탐욕에 가까운 인간의 욕심이 서서히 사그라듬이 느껴진다. 정상에 오르면, 서울에서 가장 높은 빌딩인 103층짜리 여의도 명물마저도 발아래 저 멀리 보잘 것 없이 보이고 지상의 모든 것들도 하잘 것 없다는 사실을 일깨워 준다. 정상에 오르면 반드시 내려와야 한다는 사실을 직접 그리고 조용하게 행동으로 옮기도록 가르치는 산이 좋다. 그냥 좋다.

그래서 산은 인간이 정복할 수 있는 대상이 아니라, 인생의 듬직한 길잡이로 삼아야 할 스승이 아닌가 한다. 세계 최초로 에베레스트를 등정한 영국의 맬러리 경은 산을 왜 찾느냐는 질문에 "산이 거기에 있기 때문"이라는 말을 했다.

산은 우리가 뿌리고 노력한 만큼 그대로 되돌려주는 정직한 스승이다. 산에 가면 마음이 그저 편안해진다. 이것이 북한산을 찾는 나의 가장 큰 이유이다. 맑은 공기와 온갖 동식물들이 자유롭게 활동할 수 있게 환경을 지켜주고 있는 산이 좋고, 산에 가면 조용히 내 자신을 되돌아볼 수 있는 시간을 갖게 해 주는 것 같고, 산에서는 나도 그럴듯한 철인(哲人)이 된 것 같아서 좋다.

나이가 들수록 산은 인생의 앞길을 열어 보이고, 즐겁게 사는 법을 가르치는 지혜의 전도사임을 느끼게 한다. 젊어서 앞만 보며 정신없이 일하는 것에만 익숙해 있는 남자들일수록 여유시간을 건전하고 즐겁게 활용하는 방법을 몸으로 익혀야 할 것 같다.

등산은 가장 돈을 적게 들이면서 밝은 표정과 건강을 지킬 수 있어서 좋다. 산은 도시락 하나 달랑 싸들고 머리에 헤드폰을 끼고 인생·역사·생물 등 조물주의 걸작품들을 보고 들으며 즐길 수 있기 때문에, 많이 오르면 오를수록 산은 사람의 마음을 휘어잡는 매력이 가장 크다.

나이를 먹는다는 사실이 인생의 속박에서 벗어나 진정한 자유를 향해 나아가는 것이지만, 그게 그리 쉬운 일이 아닌 것만은 틀림없는 사실이다. 나는 인수봉을 품고 있는 북한산이 그냥 좋다.

(2005. 10. 6)

청계산 시산제

산악인들은 매년 초 상순에 시산제(始山祭)을 갖는다. 시산제란 한 해 산에서의 무사고를 기원하는 신령님께 지내는 제사라는 뜻일 게다.

오늘은 시산제가 두 곳이나 있는 날이었다. 시우회원 산악회창립과 고등학교동문으로 구성된 명륜산악회이다. 오랜만에 행복한 고민에 잠시 빠진다. 평발에 조금만 걸어도 허벅지가 3~4일은 엄살 부리는 나약한 산악인임에도, 시산제에만은 꼭 참석하려고 노력하는 편이다. 십시일반의 정성들이 한 곳으로 모아지고, 낯익은 선배들과 미래의 사회를 짊어질 싱싱한 후배, 그리고 절친한 동창들을 이곳에서 새로운 느낌으로 만날 수 있음이 그냥 좋기 때문이리라.

청계산은 과천 서울대공원을 끼고 관악산과 마주하고 있는 산으로 경기도 고양시에서 다니기에는 다소 멀지만, 과거 고려 말 명신이었던 조윤(趙胤)이 이태조의 반역을 분개하면서 분연히 송도를 떠나 입산했던 곳일 뿐만 아니라, 인파의 시달림을 그리 받지 않고 조용한 산행을 즐기기에 적합한 산이다. 또 야생 밤나무와 도토리나무가 많고 특히 다래와 머루넝쿨이 곧잘 눈에 띄어 필자와 같은 아마추어가 다니기는 안성맞춤인 쉼터이다.

그러나 4개의 시(市)에 걸쳐 있는 이 산은 두 개의 얼굴을 가지고 있다. 양재 인터체인지를 지나 경부고속도로로 접어들 때 오른쪽으로 보이는 모습은 순한 육산이지만, 과천 서울대공원 정문 부근에서 바라보는 산정상인 해발 618.2m의 망경대 주위는 바위로 이루어져 있어 위압감을 느낀다.

지하철 3호선 양재역 7번 출구에서 초록버스 4432번을 갈아타고 오전 9시 30분경에 원터 입구에서 내렸다. 굴다리를 지나 20여 분쯤 걸어서 가니 원골 쉼터가 나왔다. 그 곳에는 임만춘 회장을 비롯한 몇몇의 선배님과 동창 및 후배들이 일찍 도착하여 명륜산악회 시산제라는 플래카드를 걸고 회원들을 기다리고 있었다. 반갑게 인사하고 있는 일꾼들은 제물 등 이것저것을 기획하고 준비하느라고 남모를 고생을 많이 하게 마련인데도 내색을 하지 않는다. 등산할 생각은 아예 접은 듯하다. 시산제는 오후 1시 반에서 2시 사이에 시작할 것이니 그 사이에 먼저 다녀오라고 재촉까지 한다.

일꾼들을 뒤로하고 일행들은 연초록으로 갈아입은 산을 한번 올려다보고, 심호흡 크게 하고 넓은 품속으로 들어갔다. 필자와 석철이 관승이 그리고 일부 일행은 왼쪽으로 오르기로 하였다. 갑자기 학창시절로 되돌아가는 기분이다. 김동환님의 '산 너머 남촌에는'이라는 시구가 입가에 맴도니 말이다.

『산 너머 남촌에는 누가 살길래 / 해마다 봄바람이 남(南)으로 오네. // 꽃 피는 사월이면 진달래 향기 / 밀 익는 오월이면 보리 내음새, // 어느 것 한 가진들 실어 안 오리. / 남촌서 남풍 불제 나는 좋데나….』

582.5m의 매봉에 다다르니 먼저 온 등산객들이 기념촬영을 하느라고 약간 혼잡하다. 그 틈을 비집고 들어서서 사방을 보니 계곡 아래 과천시와 동물원, 식물원이 있는 서울대공원, 각종 놀이기구가 있는 서울랜드, 우리나라의 미술사를 한눈에 감상할 수 있는 국립현대미술관으로 추정되는 건물이 내려다보인다. 또 약간 올려다보니 청계산의 정상 망경대에 이른다. 맑은 공기는 더 없이 청량하고, 산들대는 바람은 투명한 햇살과 어울려 마음속 앙금까지 씻겨 준다.

숨쉬는 숨결마다 초록이 머물고, 여린 풀잎 사이 진분홍빛 진달래며 이름 모를 야생 꽃들이 다소곳이 웃고 있다. 그 옆에는 세월의 풍상을 두른 절벽에 늙은 소나무가 독야청청 푸른 섬 솔방울로 피워낸 생명의 꽃 봄바람에 쏴~아 향기를 낸다.

걱정이 되는지 시산제를 준비하는 운영위원장을 맡고 있는 이규삼 씨에게서 전화가 걸려왔다. 지금 어디쯤이냐고. 시간에 맞추어 내려가겠노라고 답하고는 길을 재촉했다. 시산제 장소에 도착해보니 플래카드 앞에 깨끗한 깔개 위에, 미소를 머금고 입을 크게 벌리고 중심에 자리 잡은 돼지머리 주위로 어림잡아 60여 명의 남녀회원들이 자리를 잡는다.

사회자의 안내에 따라 지난해 11월 마지막 일요일 북한산 산행 길에서 운명하신 진의명 산악회장에 대한 묵념이 시작되었다. 명륜산악회 회장이라는 직책을 끝까지 수행하는데 인색하지 않으셨던 선배영전에 숨소리까지 줄이면서 머리 숙여 명복을 경건하게 바쳤다.

축문순서가 된 듯싶다. 뒤쪽에 앉아 있어서 작은 소리로 읽어 내려가는 축문내용을 들을 수는 없다지만, 유세차(維歲次; 이 해의 차례는)와 비슷한 음성이 들리고 금방 끝나는 것으로 보아 아마 "維歲次 2004年 4月 24日 朔(삭) 會長 ○○○"인 것 같았다. 한글세대인 젊은이들이 그 뜻을 알까? 오히려 이런 내용의 축문은 어떠했을까?

『단기 4337년 4월 24일 오후2시 명륜산악회장 ○○○은 회원 모두와 함께 청계산 기슭에서 우주만물을 창조하신 신령님께 삼가 고하나이다. 우리 명륜산악회 회원일동은 자랑스러운 조국강산의 여러 산곡을 두루 탐방하며 심신을 단련하렵니다. 금년에도 우리를 굽어 살피시어 회원 모두에게 안전한 산행이 계속되게 하시고, 특히 선량하고 참신한 회원이 충원되어 날로 번창하도록 끊임없는 가호가 있으시기를 간절히 소원하나이다. 이제 우리 명륜산악회 회원일동은 보배로운 조국강산을 알뜰히 가꾸어 자손만대에 물려줄 것을 다짐하며 고려 말 명신이 이태조의 반역을 분개하면서 분연히 송도를 떠나 입산했던 청계산 기슭에서 신령님께 이 잔을 올리오니, 신령님이시여 정성을 대례로 흔쾌히 받아주소서.』

이어서 노산 이은상님의 〈산악인의 선서〉로 마무리 다짐을 했으면 더 좋았지 않았을까 하고 생각해 본다.

『산악인은 무궁한 세계를 탐색한다. / 목적지에 이르기까지 정열과 협동으로 / 온갖 고난을 극복할 뿐 언제나 절망도 / 포기도 없다. // 산악인은 대자연에 동화되어야 한다. / 아무런 속임도 꾸밈도 없이, 다만 / 자유, 평화, 사랑의 참세계를 향한 행진이 / 있을 따름이다.』

하얀 봉투를 한입 가득 물고 있는 돼지는 무엇을 말하고 싶은 것인지 그냥 웃는 듯 마는 듯한 정제(精製)된 모습만 띄우고 있다. 회원 상호간에 나누어 마시는 막걸리와 떡 맛은 갈 봄 여름 없이 꽃이 피고 지는 산이 좋아, 산에 사는 작은 새와 큰 새들 노래와 어울려 더욱 일품이다.

오늘은 의미 있는 날인가 보다. 버스정류소 쪽으로 내려오는데, 선배이신 송창우 도민회장 일행이 순두부집에서 기다리다 우리 일행을 따쓰하게 맞이하고는 술과 식사를 하고 가라고 한다. 시큰거리던 허벅지도 금방 거뜬해지는 것 같다.

(2004. 4. 25)

제6부

백목련과 어머님

그대를 만남이
그대를 찾음이
나에게는 축복입니다
우리 함께 가는 길에
동행할 수 있음이
나에게는 행복이기에
밤하늘에 떠오르는
별 하나 하나가
한 떨기 꽃이 될 수만 있다면
그대 가슴에 안겨 주고만 싶습니다
사랑 때문에
눈물을 흘리고 싶지 않습니다
언제나 그대에게만은
별이 되어 빛나고 싶습니다
꽃이 되어 피어나고 싶습니다.

-용혜원 시인 〈우리 함께 가는 길에〉

백목련과 어머님

목련의 감미로운 향기가 코끝을 자극한다. 이곳의 목련은 꽃도 예쁘지만 은은한 향기로 어머님의 혼을 일깨워준다. 이곳은 조선 초기 산과 물과 인심이 맑은 삼청성신(三淸星辰)의 신상을 모시고 제사 드리는 삼청전(三淸殿)이 있던 삼청동에 자리 잡고 있는 내 일터인 한국금융연수원이다. 월척과 더불어 노니는 어린 잉어들의 맑은 연못주변에는 봄을 맞이하는 백목련이 자리 잡고 있다. 운동장주변에도 하얀 목련 네 그루와 자목련 한 그루가 서 있다.

목련꽃은 봄바람이 불기 시작하여 대동강 물이 풀린다는 우수(雨水)를 기점으로 따뜻한 제주에서는 일찍, 그리고 북쪽으로 오면서 다소 늦게 피어난다. 필자는 이 중에서 하얀 백목련 꽃을 특히 좋아한다. 그 꽃은 필 때마다 이 즈음에 소천하신 어머님을 생각나게 하기 때문이다.

이 꽃의 전설 또한 기구(崎嶇)하다. 아주 먼 옛날, 하늘나라에 아름다운 공주가 살고 있었다. 공주의 아름다움과 착하고 상냥한 마음씨에 이끌린 하늘나라의 젊은이들은 저마다 사랑을 구하였지만, 거들떠보지도 않았던 공주는 북쪽 마을의 늠름한 모습의 바다지기를 본 순간 그를 잊을 수가 없었다. 그러던 어느 날 밤 공주는 아무도 몰래 궁궐을 빠져나와 북쪽으로 북쪽으로 먼 길을 물어물어 그를 찾아내고야 말았다.

'아니! 이럴 수가! 그가 벌써 결혼한 몸이었다니…' 그 곳에 도착해서야 공주는 바다지기가 결혼해서 아내가 있다는 사실을 알았다. 공주는 너무나 실망이 커서 안타까운 심정을 혼자서 달래지 못하고 결국 바다에 몸을 던지고 말았다.

바다지기는 뒤늦게야 그런 사실을 알고는, 비록 마음이 바르지 못한 바다지기였으나, 공주의 사랑에 감동하여 시체를 거두어다가 잘 묻어주었다. 바다지기는 그 날부터 기운이 없어 보였고 말도 잘 하지 않고 웃지도 않았다. 아내는 그런 남편이 걱정되어 왜 그러냐고 자꾸 물어보았으나, 그는 그런 아내를 점점 귀찮아하기 시작했고 결국 아내에게 잠자는 약을 먹여 아내를 죽이고 말았다. 그 후 바다지기는 홀로 살면서 더욱 말이 없어졌다.

하늘나라의 왕은 나중에야 딸의 소식을 전해 들었다. 그래서 바다지기를 사모해 죽은 공주와 바다지기의 아내를 꽃으로 태어나게 했는데, 공주의 넋은 하얀 백목련으로 태어났고, 바다지기 아내의 넋은 자줏빛 목련인 자목련으로 탄생되었다는 전설이 봄비가 되어 내 영혼을 적신다.

지난 꽃샘추위는 괜히 심통을 부리는 것이 아니었다. 이제 저 작은 꽃들이 피기 시작하면 겨울이 아니라 봄인데, 겨울의 끝자락을 잡고 싶어서 그렇게 심술을 부려봤니 보다. 여리 계절을 가슴으로 맞이하며 느껴본 사람은 세상이 얼마나 화사하고 희망적인 자태로 우리에게 생명의 환희를 불어넣는지를 안다. 겨우내 꽁꽁 얼었던 땅에서 새싹을 틔우고, 잠든 가지에서 생명이 형형색색 저마다의 색깔을 만들어내는 살아있음의 향연에 취하는 봄의 황홀한 행복도, 하얀 목련꽃의 자태와 가슴 벅찬 생명의 찬란함에 매료되지 않을 수 없게 된다.

내가 사는 세상에서 저마다의 색깔로 생명의 탄생과 화사함을 느끼게 해주고, 어둠을 뚫고 오르는 쑥쑥 자라는 희망을 깨닫게 해주는 봄이 지나면, 푸르게 출렁이는 넓고 깊은 바다가 속살 온전히 보여주며 햇살과 하늘빛을 받아 푸르른 물감 풀어 치장하고는, 금빛 은빛 눈부신 수줍음으로 제 몸 드러내는 여름을 겪어보면서 내 젊었던 삶을 연상케 한다. 겨울이 되면 무거운 짐을 가능한 가볍게 하고 혹한을 이기며 봄을 맞을 준비를 하게 되는 자연의 이치에서, 이순(耳順)의 나이에 접어들어 바라보는 즈음에 다가올 부활의 신비를 묵상하게 됨은 필자만의 생각은 아니리라.

잎사귀보다 꽃을 먼저 피우는 나무가 목련이다. 물론 잎사귀보다 먼저 꽃을 피우는 나무는 많다. 동그란 봉오리를 돌돌 말고 있는 벚꽃도 그렇고, 방금 때지어 피어나다가 꽃샘추위에 놀라 노란 얼굴을 오소소 움츠리고 있는 개나리도, 이제 막 기지개를 켜고 있는 진달래도 그렇다.

이 중에서도 백목련을 더 좋아하는 것은, 진흙탕에서도 흙탕물에 더렵혀지지 않는다고 해서 옛날부터 '군자'라 불려져 왔던 꽃이기 때문이기도 하지만, 현대의 많은 젊은이들은 상상하기도 어려울 정도의 가난과 어려움에, 흘러내리는 눈물을 안 보이시려고 등을 돌리고 자식들에 무관심한 듯하면서도, 자녀들이 꿋꿋이 자라게 하는 것을 자신인생의 전부로 알고 살다 가신 어머님의 사연과 너무나 흡사한 전설의 꽃이기 때문이다.

서울로 올라갈 비행기 탑승시간을 머릿속에 그리며 3년이나 욕창으로 누워계신 어머님 방으로 집사람과 함께 하직인사를 드리려고 들어갔다. 진동하는 심한 냄새는 어머님의 참기 어려운 고통의 응축에서 발원한 것이었기에 내 눈물샘을 간질거렸다.

그 때였다. "선희 아빠야, 나 오래 살지 못할 것 같다"라고 하시며, 지금까지 어머님이 손수 관리하다 남은 용돈을 어머님을 모시고 계셨던 큰 형님과 형수님께 맡기겠다고 하셨다. 이 돈은 자식들이 어머님께 드린 것을 모아두었던 것인데, 어머님 입장에서는 지니고 있어야 할 유익한 큰 재산이었고, 인간의 아름다운 본성을 지키는 데 든든한 버팀목 역할도 하였었던 것 같다. "잘 생각하셨어요"라며 즉각적인 동의반응을 보여드렸다.

드디어 어머니는 소녀처럼 해맑은 미소를 지으며 고향의 봄과 찢어지도록 가난했던 젊은 시절, 그리고 자식들에 대한 희망으로 막연하게나마 행복했던 그 때를 회상하고 계신 듯 했다.

'빨리 통증이나 줄어들어야 할 텐데….'

눈물을 보여서는 안 되겠기에 얼굴을 돌려 어머님 시선을 피해야 했다. 어머님은 미리 세상을 떠날 준비를 마쳤나 보다.

봄이면 파란 잎들을 내밀어 우리들에게 산소를 공급하고, 가을이 되면 아름다운 단풍으로 물들었다가, 어느새 잎을 훌훌 털어 버리고 엄동을 맞을 비장한 차비로 의연하게 버티고 서있는 삼청동 연구실 옆에서 500년 가까이 버텨온 느티나무처럼, 내 어머님은 여생을 마무리하고 계셨던 것이다.

또 무언의 행동으로 자식들에게 시범을 보이고 계셨던 것이다. 한창일 때는 아름다웠다가 나중에는 허름한 모습으로 널려있는 목련의 꽃잎처럼 보이지는 말라고 하시며, 항상 '언제 쓰게 될지 모르는 손수건 준비, 언제 될지 모르는 빈자(貧者)될 준비, 언제 올지 모르는 죽음 맞을 준비 등을'해야 함을 깨닫도록 몸소 실천하고 계셨던 것이었다.

시린 비바람 속에서도 얼마나 곧고 많은 준비를 해야만 고통 중에도 환하게 웃을 수 있나요. 어머님! 어머님이 떠난 자리는 그 무엇으로도 채울 수 없습니다.

(2006. 2. 17)

탐라국 시조이야기

2004년 4월 2일부터 6일까지 4박 5일 동안 첫째와 둘째 딸 내외와 손자 의현이까지 포함한 일가족은 9인승 렌트카로 그 옛날 탐라국(耽羅國)이었던 제주도 일주를 다녀왔다. 가족 중에서 셋째와 막내가 직장과 대학원관계로 참석할 수 없는 아쉬움 속에서 계획을 세운 지 6개월 만이다. 창피한 이야기이지만, 우리부부는 제주에서 태어나 고등학교까지 마쳤고 몇 년간의 직장관계로 그 곳에서 생활하긴 했어도, 무엇에 시간과 혼을 빼앗겼었던지 제주전역을 살펴볼 기회가 없었다. 특히 둘째 사위는 제주도 땅에 한번도 발을 디뎌본 적이 없다. 그래서 이번에 큰마음 먹고 가족행사 차원에서 가족제주여행을 마련했던 것이다.

예산편성과 관광일정 등 모든 것은 둘째 사위내외가 맡기로 하였다. 그 일정에 의하면 처가나 본가 어른들은 물론 형제들도 찾아볼 수가 없을 정도로 빽빽하게 짜여져 있다. 모두 꼭 들러보아야 할 곳들이다.

그러나 교육적인 차원에서도 그렇고 인륜적인 차원에서도 부모와 형제 친척을 찾는 일은 생략할 수 없는 노릇이 아닌가. 궁여지책으로 제주에 도착하는 날 저녁 7시에는 처가어른과 형제조카들과 만찬을, 그 다음날 잿빛 으스름 저문 저녁에는 본가쪽 형제와 조카들과 만찬을 하며, 그간 자주 찾아뵙지 못한 점과 일일이 찾아뵙지 못한 점에 대해서 이해와 용서를 구하기로 하였다.

이러한 염려는 기우였었다. 이래서 피는 물보다 진하다고 했는가보다. 부모와 형제자매, 조카와 손자들은 한자리에 모였다는 그 자체만으로도 흐뭇한 표정들이다. 거기에다 반백만 원이나 되는 식사비 일체를 애들 셋째 고모부가 선뜻 먼저 치러버리는 바람에, 선심만 쓴 꼴이 된 필자의 모습이 조금은 머쓱하긴 했으나, 훈훈한 심성에서 부는 바람이 이 사람과 저 가족들의 마음을 이어주었으니 돈의 가치로 환산할 수 없는 소중하고 값진 선물이었다.

제주도는 한반도에서 약 130km 남쪽에 위치한 화산도로 한라산을 중심으로 섬 전체가 흑갈색의 화산암과 화산토로 덮여있다. 한라산 보호구역을 중심으로 동북사면은 기생화산군과 용암동굴지대, 서남사면의 법정악(서귀포자연휴양림인 법정이오름) - 병악(竝岳, 쌍둥이오름) - 산방산 - 송악산 지대와 오백나한 자연경관 등은 제주도의 형성과정을 이해하는데 귀중한 지료로서 자연유산적 가치가 크다.

제주도에는 '오름'이라고 불리는 약 360여 개의 측화산(側火山:寄生화산)이 독특한 경관을 보여주고 있다. 특히 산굼부리 분화구는 특이한 모양과 식물상으로 유명하다. 또한 천연용암동굴이 세계적인 규모로 존재한다. 이중 만장굴은 총 길이가 8,924m로 세계적 규모의 화산동굴이며, 동굴속 지형·지물들은 그 규모와 특수성이 세계적이다. 이처럼 제주도는 수많은 측화산과 세계적인 규모의 용암동굴, 다양한 희귀

생물 및 멸종위기종의 서식지가 분포하고 있어 지구의 화산생성과정 연구와 생태계 연구의 중요한 학술적 가치가 있으며, 한라산 천연보호구역의 아름다운 경관과 생물·지질 등은 세계적인 자연유산으로서 가치를 지니고 있다.

또 다행하게도 제주는 제주만이 가지고 있는 독특한 언어와 수중자원, 그리고 식물보고를 빼놓을 수 없다. 또 제주도의 집과 마을, 갈옷, 애기구덕, 신구간, 돌하르방 등은 물론이고, 산악, 해안, 동굴, 폭포, 초원, 희귀식물, 계곡, 농원, 목장, 민속촌, 선사유물, 역사유적, 신화, 전설, 민요, 해수욕장과 빛나는 태양 등 마치 섬 전체가 거대한 자연 박물관이다. 그리고 마을마다 한 가지 이상의 전설을 간직하고 있는 것도 국제관광자유도시를 구성하는 주요한 요건을 충족하고 있다.

그러나 구슬이 서 말이라도 꿰어야 보배가 된다. 제주의 수려한 천혜의 보물을 가지고 있다는 사실만으로는 보배가 될 수 없는 것이다. 끊임없는 이미지화로 고부가가치 창조를 계속해 나가야 할 부분이 상당하다는 느낌을 받았다.

서울행 비행기를 타러가면서 방문할 요량으로 맨 나중에 일정을 잡았던 삼성혈방문 계획이 차질을 빚게 되어서 매우 안타까웠다. 비록 전설이지만, 탐라국 왕손(?)의 한사람인 부모로서, "21세기는 지구촌 전체가 총 없는 경제전쟁으로 무한 경쟁시대이다. 경제전쟁은 다름 아닌 문화전쟁이다. 문화는 우리 인간에게 있어서 과거와 현재 그리고 미래의 삶을 의미 있게 가꾸어내는 청량제이다. 반만년 역사를 가진 국가로 찬란한 문화를 자랑하는 뛰어난 민족이란 자긍심은 계속되어야 하지 않겠는가? 고조선 시대부터 고구려, 그리고 발해시대에 이르기까지 그 막강하던 한민족 기상은 도대체 어디에 숨어있는 것인가? 이것은 우리 탐라인 조상인 삼신인(三神人)이 가졌던 열린 마음이 닫혀서 그런 것은 아닌가?"라고 점잖게 일갈하면서 삼성혈에 대한 역사적인 전설을 들려줄 절호의 계획에 차질이 난 것이다.

고(高)·양(梁)·부(夫) 3성(三姓)의 시조탄생에 관한 설은 여럿 있다. 삼성신화라는 명칭에 대해서도 어느 학자는 '탐라국 개국신화'로 바꿔 불러야 한다고 주장한다. 그것은 고조선 건국신화인 '단군신화'처럼 탐라국이라는 한 나라의 건국신화 역할을 하기 때문이다. 그런데 고려나 조선정부가 제주의 독립성을 약화시키기 위한 방편으로 이러한 건국신화의 개념을 일종의 세 씨족신화로 바꿔놓았다는 것이다. 그리고 삼성혈(三姓穴)이란 이름 대신 원래의 이름인 毛興穴(모흥혈)이라는 지명으로 불러야 맞다는 주장이다.

전해 내려오는 신화의 내용을 보면,

『약 2650여 년 전 양을나, 고을나, 부을나 라는 세 신인(神人)이 삼성혈에서 솟아나와 가죽옷을 입고 사냥하며 살았다. 어느 날 벽랑국에서 오곡의 씨앗과 여섯 종류의 가축의 종자가 든 돌함을 가지고 온 세 공주와 혼례를 올리고 활을 쏘아 서로 살아갈 땅을 정하였으며, 그 때부터 씨앗으로 농사를 짓고 소와 말을 키우며 자손도 번창했다』

는 것이다.

그런데 벽랑국의 공주들이 오곡의 씨앗과 송아지 등을 가지고 왔다는 것은 선진문물을 일찍부터 받아들였다는 것을 뜻한다. 나이 차례에 따라 나누어 장가를 들고, 물이 좋고 땅이 기름진 곳으로 나아가 활을 쏘아 거처할 땅을 점쳤던 것이다. 그래서 양을나(良乙那)가 거처하는 곳을 제1도(第一徒; 현제 제주시 일도동)라 하고, 고을나(高乙那)가 거처하는 곳을 제2도(第二徒; 현재 제주시 이도동), 부을나(夫乙那)거처하는 곳을 제3도(第三徒;현재 제주시 삼도동)라고 지명을 정하였다.

비로소 오곡의 씨앗을 뿌리고 소와 말을 기르게 되니 날로 백성이 많아지고 부유했다고 전해지고 있다. 이후 양을나(良乙那)는 탐라개국왕으로 군림했으며 그 자손이 대대로 왕위를 계승, 고려 태조21년(938년)까지 탐라를 통치해왔다. 양(梁)씨는 원래 '양(良)'을 성자로 쓰다가, 신라 내물왕(奈勿王)이 양을나(良乙那)의 후손 양궁(良宮)왕자가 광순사(廣巡使)로 신라를 예방한 자리에서 많은 상을 내리고 '양(梁)'의 성을 하사한 이후에 계속 사용하여 오고 있는 것이다.

《고려사고기(高麗史古記)》에는

『원래 사람이 없던 제주의 毛興穴(모흥혈)에서 3신인(三神人)이 솟아나왔으니, 장(長)을 일컬어 양을나(良乙那)라 하고, 차(次)를 일컬어 고을나(高乙那)라 했으며, 셋째를 일컬어 부을나(夫乙那)라 하였다. 3신인은 사냥으로 생업을 개척하고 가죽옷에 고기를 먹었다고』

라고 전하여 신인용출설(神人湧出說)과 그 서열을 정하고 있다. 또한 동국여지승람(東國輿地勝覽)의 "제주목건치연역조"나 세종실록의 상소문(上疎文)에서도 '양을나, 고을나, 부을나'의 순으로 그 서열을 정한 것을 보아서도 씨족장인 시조는 양을나(良乙那)인 梁씨였다는 것을 말해주고 있다.

탐라(耽羅)의 개국을 뒷받침하는 대표적인 '삼성개국설화(三姓開國說話)'는 여러 가지 문헌을 통하여 보편화되고 가장 널리 알려져 있으나, 고양부(高梁夫) 3성의 서열과 분거지(分居地) 등에 관해서는 기록에 따라 많은 차이점을 드러내기에 이르러, 일부 학자들과 씨족들 간에 심각한 대립상을 보여 온 것은 사실이다.

그러나 《고려사고기(高麗史古記)》, 《왕조실록》, 《조선사》, 《耽羅誌(동경제국대학 소장)》, 《耽羅志(이원진 저)》, 《新增東國輿地勝覽(신증동국여지승람)》 등 정사(正史)와 많은 고전이 '長曰良乙那…' 또는 '양을나, 고을나, 부을나'의 순으로 그 서열을 명기하고 있을 뿐만 아니라, 현대에 와서도 사학의 대가인 이병훈(李丙薰)이 저술한 《한국사(韓國史)》를 비롯한 제주도 사학의 권위인 김태능(金泰能)이 펴낸 《濟州道史論攷》, 《학습인명대사전(유홍렬 감수)》, 《濟州島誌(박용후 저)》, 《한국사대사전》, 《국사백과사전》, 《국사대사전(이홍식 편)》 등 권위 있는 역사문헌이 거의 한결같이 양을나(良乙那)를 첫째로 기록하거나 앞세우고 있어 '3신인용출설(三神人湧出說)'과 관련한 그 서열을 정립함으로써, 처음의 씨족장은 양을나(良乙那)였다는 사실을 밝혀주고 있다*.

고양부의 후손들은 지금도 삼신인(三神人)인 삼성(三姓)을 위한 제사를 매년 삼성혈에서 지내고 있다. 이렇게 현재의 수령 500여 년 된 노송들과 녹나무, 백일홍, 조록나무 등으로 울창하게 펼쳐져 있는 제주도 제주시 일도동에 위치한 삼성혈의 성역화작업을 시작한 사람은 조선 중종 21년(1526년)에 이수동(李壽童) 목사라고 한다. 주위에 울타리를 쌓고 북쪽에 홍문(紅門)과 혈비(穴碑)를 세워 삼성의 후손에게 제사를 지내도록 하였다. 그 뒤 숙종 24년(1698년) 유한명(柳漢明) 목사가 혈의 동쪽에 삼을나조(三乙那廟; 지금의 三姓殿)를 세워 삼신인(三神人)의 위패를 모시게 하였다.

---

* 《乇羅遺事》, 탐라유사편찬위원회, 1987, 165~233면 참조

지금은 춘계대제(양력 4월 10일)와 추계대제(양력 10월 10일)때 삼 성씨의 후손들이 위패를 모신 삼성전에서 제사를 지내는데, 삼헌관은 양, 고, 부 3성씨가 윤번제로 모신다. 또 12월 10일에는 건시제(乾始祭; 穴祭)를 제주도민제로 모시고 있다. 삼성혈은 혈단을 중심으로 탐라시조 삼을나(三乙那)의 위패가 봉안된 삼성전과 분향소, 제향을 받드는 전사청, 서원이었던 숭보당이 들어서 있는 〈국가지정문화재 사적 134호〉로 보호받고 있는 성스런 곳이란다.

어느덧 일행을 실은 렌터카 벤이 비행기 탑승시간에 가까스로 공항에 대고는 우리보고 잘 가라고 한다. 선중관(宣重觀)님의 〈백록담의 환상〉이라는 시를 음미하면서 눈앞 멀리에 보이는 한라산 백록담이 생각나거든 또 오라고….

『바닷바람 품에 안고 / 뜬구름을 밟고서니 / 용암을 잉태한 태고(太古)의 / 심해(深海)여. // 백두대간 이어 흐른 저 장엄함. / 용솟음치는 고동소리 / 도도하게 자맥질한다. / 매끈하게 골져 흐른 / 저-어 분화구는 / 여인의 자궁인가? / 천년의 순결을 지켜온 듯 / 구름으로 휘장 삼아 범인(凡人)들을 거절한다. //불현듯, / 저 구멍 깊숙이 뛰어들어 / 묻히고픈 충동! // 탐욕의 환상을 바람에 날리우고 / 산을 내릴 제 / 저-어 멀리 바다엔 고깃배 하나.』

(풍자문학, 2004년 여름호)

어머님 사랑이 그립습니다

『어머님 은혜 높고 높은 하늘이라 말들 하지만 / 나는 나는 높은 게 또 하나 있지 / 낳으시고 기르시는 어머님 은혜 / 푸른 하늘 그 보다도 높은 것 같아 / 넓고 넓은 바다라고 말들 하지만 / 나는 나는 넓은 게 또 하나 있지 / 사람 되라 이르시는 어머님 은혜 / 푸른 바다 그 보다도 넓은 것 같아』

5월이면, 옛날에 비해 많이 불리지는 않는 것 같지만, 윤병춘님이 작사하신 〈어머님 은혜〉라는 노래가 귓가를 방문한다. 이럴 때마다 3년 전 욕창으로 오랫동안 고생하시다가 돌아가신 어머님 생각에 잠시 콧등이 시큰거린다.

사람은 기억에 의해서 사는 존재인가 보다. 학생시절에 들은 적이 있는 관성의 법칙이 생각난다. 물건을 한번 밀면 그 에너지에 의해서 계속 앞으로 나아가게 되는데, 과거가 우리 손에 잡히지도 않고 만질 수도 없는 것이지만 에너지가 내 안에서 강물처럼 흘러가고 있는 듯하다.

그 옛날에 내 어머니는, 극단적으로 말한다면, 자신의 행복을 위해 사신 것이 아니라 4남 5녀 자식들을 살리기 위해 사셨던 것이다. 바람직하지 않은 아버지 술주정 버릇이 거의 매일 식구들을 괴롭혔고, 밤중에 쫓겨나게 만들었던 일들이 지금도 내 마음의 가장 깊은 곳에 아스라이 남아있다.

그 반대편엔 인자하신 어머님의 생전 모습이 내 마음을 편안하게 보듬어 주신다. 아버님께 노름 밑천을 대어주며 아버지를 빚쟁이로 만들었던 몹쓸 놈들의 무례한 소리를 들으면서도 내 어머님은 침묵을 지키셨다. 눈보라가 사지백체를 누르고 목을 조여와도 침묵을 지키셨다.

나는 나의 어머님을 이 세상에서 가장 존경한다. 내 어머니는 학교교문 안으로 들어가 본 적도 없었고 뚜렷한 종교도 없었지만, 창조주 하느님의 뜻에 순응하며 살아오신 예수님과 부처님을 많이 닮으신 분이셨다. 산소를 내보내고 탄소를 빨아들이는 나무처럼 어머님은 우리를 낳아주시고 우리들을 위해서 평생 무거운 십자가를 지셨다. 어머니는 그간 우리 식구 모두가 의지하며 쉬어 가는 바위요, 숲이며, 옹달샘이셨기 때문이기도 하다.

내가 오늘날까지 살아오면서 이 세상에 진 빚은 무엇일까?

참으로 여러 각지가 주마등처럼 스쳐 지나가지만, '이것이다' 하고 지적할 수 있는 것은 역시 어머님 은혜였다. 내가 초등학교 시절에는 윤병춘님의 노래가사와 비슷하지만 부모은중경(父母恩重經)의 내용을 보다 많이 넣어서 만든 어머님 은혜라는 노랫말이 더욱 생각난다. 그 첫 번째가, 낳으실 제 괴로움 다 잊으신 은혜, 쓴 것은 삼키시고 단 것은 뱉어 먹이시는 은혜, 진자리 마른자리 갈아 뉘신 은혜, 열 말 이상의 피를 젖으로 먹이신 은혜, 손발이 다 닳도록 고생하신 은혜, 불결한 것을 날마다 씻어주신 은혜, 끝까지 자식을 기다려 주시는 은혜, 이상 일곱 가지는 나이를 한 살 먹어 갈수록, 자식을 낳고 길러 보니 더욱 새롭게 내 가슴에 와 닿는다.

이러한 부모님의 은혜를 어찌 다 돈으로 계산할 수 있겠는가마는, 몇 년 전에 미국의 시사주간지 유에스 뉴스 앤드 월드 리포트는 미국 가정에서 태어난 자녀 1사람이 대학을 졸업할 때까지 22년 동안 들어가는 비용이 최저 761,871달러(약 10억5천만 원, 1달러 1390원 기준)에서 최고 2,783,268달러(약 38억6천만 원)에 이르는 것으로 추산했다. 우리 돈으로 환산하면 연평균 4,700만원에서 17,500만 원씩 아이에게 돈을 쏟아 부어야한다는 계산이 나온다. 한마디로 어머니가 아이를 출산하는 순간부터 낳고 기르는 데까지는 그야말로 천문학적인 액수의 돈이 들어간다고 보면 된다. 더구나 이 같은 비용은 갈수록 늘어나고 있는 추세다.

내가 초등학교 4학년 때였던 것으로 기억되는데, 집에서 농사해서 따낸 참외며 수박을 등에 짊어지고 어머님을 따라서 2km쯤 떨어진 외도동에 터 잡은 오일시장(五日市場)에 따라갔던 일이 있다. 그 시장에서 물건을 흥정하시는 어머님 곁을 지켜보면서 분통이 터졌던 일도 한두 번은 아니었다.

손님들은 억지로 흠집을 들먹이며 값을 깎으려고 들었던 것이다. 우리 식구들이 얼마나 많은 고생을 하면서 일궈낸 것인데…, 내가 얼마나 많은 땀을 흘리면서 등짐으로 날아온 건데….

어쩌다가 내 얼굴이 일그러진 것을 발견하고는 배고프냐고 하면서 딴청을 부리기도 하신다. 그러나 어머님의 모습은 손님이 관심을 가져주는 것만으로도 감사하는 듯한 태연한 모습을 하고 계셨다. 이런 엄마의 모습조차도 그 당시에는 이해할 수가 없었다.

그러다 한나절이 지나도록 물건이 다 팔리지 않자, 어머니는 허름한 음식점에 들어가 설렁탕이 짜다며 국물을 좀 더 달라고 주인에게 청했다. 주인이 갖다 준 국물을 어머니는 심술부리는 아들의 그릇에 얼른 부어주시면서, "더울 때일수록 고기를 먹어야 더위를 안 탄다. 고기국물이라도 많이 먹어두어라"고 하신다.

조건 없는 어머님의 사랑, 대가를 바라지 않고 자신의 모든 것을 희생하는 어머님의 사랑을 너무나 당연한 것으로 생각하기도 했었다. 어머니가 늙으셔서 일을 할 수 없게 된 후에는 굳이 사양을 하시며 받지 않으시려는 쥐꼬리만 한 용돈만 건네 드리면 그것으로 자식된 도리는 어느 정도 다한 것으로 알고 있었으니, 참으로 미련하기 짝이 없는 골통이었던 것이다.

그러나 조금 더 일찍 이러한 어머님의 사랑을 깊이 헤아릴 줄 알았더라면, 어머님을 조금 더 행복하게 해드릴 수 있었을 텐데 하고 때늦은 후회를 해본다.

우리는 부모 은혜를 다 갚지 못한다. 그러나 잘 사는 부모들 중 정직하게 돈 번 사람은 거의 없다는 것이 이 사회에서의 일반적인 시각인 것 같다. 누군가가 그 피해를 봐야 하는 것이다. 그렇지 않고는 절대 부자가 될 수 없는 것이다. 즉 누군가를 속이고 이득을 취하게 되었다는 말이다. 몰래 정보를 제공받은 사람들이 시골 사람들에게 땅을 팔게 해서는 그 사람들이 땅을 팔면 오른 값으로 이득을 보고, 그렇게 되면 시골 사람들은 약이 올라서 복창 터져 죽는 경우도 있었을 것이기에….

우리 가정은 풍족하게 살지는 못했었다. 아버지께서는 돌아가시기 직전 1~2년 정도를 제외하고는 노름과 술을 벗 삼아 사시다가, 돌아가시면서 남겨주신 것이라고는 가난밖에 없었던 우리 식구들은 똥구멍이 찢어지게 가난하게 살았었다. 소작농을 하면서도 매일 나무뿌리를 캐어서 시장에 내다 팔고는 많은 식구들의 목구멍에 풀칠을 할 양식과 바꿔야하는 나날이 연속이었다. 제일 큰 형님과 두 번째 누나는 일찍 돌아가셔서 나는 얼굴조차 모른다. 그 후 큰누나와 둘째 형님이 주로 어머님을 도와 실질적인 가장노릇을 해오셨다. 그들은 안 해본 일이 없을 정도로 돈이 되는 것이라면 무엇이든지 하셨다.

이러한 열악한 환경에서도 어머님은 가슴속에 남모르는 희망의 씨 하나씩 묻고 살아가셨다. 그 희망이 언제 싹틀 지 아무도 모르면서도, 열심히 노력하면 우리는 잘 살 수 있다는 확신이었다. 그것을 식구들에게 행동으로 보여주시려고 하셨고, 막내아들에게만은 일을 하라고 시키기나 돈을 벌어오라고 하지 않고 공부하면서 학생시절을 보낼 수 있도록 배려를 해주셨다. 당신은 희망의 싹이 트기를 기다리면서 검소하고 소박하면서도 독립심이 강한 아름다운 삶의 표본을 몸소 보이시려고 노력하셨다. 이승에서의 마지막 숨결을 거둘 때까지도 평온하신 평상시의 모습을 그대로 유지하시면서, 자식들에게서 오늘의 건강한 모습을 이끌어 내셨던 것이다.

어머님
내 가슴속 깊이 자리 잡고 계신 어머님
어머님께서 나를 사랑하셨던 것에 비해
얼마나 사랑을 할 수 있을지는 몰라도
가슴으로 새겨주신 어머님 은혜를 기리며
어머님께서 심어주신 희망의 씨앗을 가꾸면서
어머님께 못 다한 사랑을 그리워할 것입니다, 어머님.
만나는 그날까지 편히 있으세요.

(2003. 9. 17)

아버님, 제가 옹졸하였습니다

나의 아버지는 45년 전에 운명하셨다. 어머님께서는 슬픔보다는 오히려 안도감을 느끼시는 것 같으셨다. 동시에 그간의 시달림에 너무나 섭섭한 연민의 정을 음미하시는 표정을 지으시던 모습이 어렴풋하다.

아버지와 어머니 관계는 돌아가시기 한두 해를 제외하고는 원만하지 않으셨다. 아버지는 육체적인 힘의 우위논리에 의해서 어머니를 마치 자신의 하녀쯤으로 대했다고 해야 사실에 보다 근접한 표현이 될 듯싶다. 아버지는 아버지로서 또는 가장으로서 그의 역할은 일찍이 포기하셨나. 아니 난순하세 포기하는 것으로 끝나지 않고 가족들을 못살게 굴면서 자식들의 교육을 방기하셨다. 또한 그나마 실질적인 가장역할로 힘겹게 하루하루를 이어가기도 벅찬 어머님께 노름 종자돈까지 조달해 오도록 강요하는 학대를 하고 있었던 것이다.

영국의 시인 C. 스와인 (1801~1874)의 다음 시의 내용과 같이, 가정은 식구들의 영원한 보금자리요 희망이다. 우리에게 쉼과 행복을 주는 유일한 곳이다. 아름다운 인간성과 인간다운 삶을 위한 최후의 보루이기도 하다.

『가정은 사랑하는 사람들이 있는 곳입니다. / 어떤 것이든 마음을 기쁘게 하는 속삭임이 있는 곳입니다. / 아무도 반갑게 맞이할 사람이 없는 곳을 어찌 집이라고 할 수 있을까요. / 가정은 우리를 만나주고 사랑해 주는 사람들이 있는 곳입니다.』

그래서 가정을 책임지고 있는 나의 아버지는 기분이 좋을 때 헛기침을 하고, 겁이 날 때 너털웃음을 웃는 사람이었으면 좋겠다고 생각해 본적이 있었다. 당신이 기대한 만큼 아들・딸의 학교성적이 좋지 않을 때 겉으로는 '괜찮아, 괜찮아' 하는 인자하신 사람이었으면 좋겠다고 생각한 적도 있다.

자식들이 해야 할 일을 스스로 하는 일, 문제를 스스로 해결하는 일, 가정 안에서 안정감을 갖고 가정 밖의 다른 사람들과 좋은 관계를 맺는 일 등은 아버지와 함께 할 때 더 잘 배울 수 있었음에도 불구하고, 내 아버지에게 있어서 그것은 남의 일이었던 것이다. 아버지는 노름으로 돈을 날리며 젊은 날의 꿈을 묻어버리셨고, 소주로 곤드레만드레 취해 그 분풀이로 동네방네 소리 지르다가 분이 안 풀리면, 집 식구들에게 더함으로써 당신 하루의 피곤과 근심을 삼켜버리려고 하셨다.

아버지는 자식들의 교육으로 돈 들어가는 것을 매우 아까워하셨던 것 같다. 돈 하면 '가정유지 및 교육비 우선'이라는 개념보다는 노름자금 우선으로 여기셨으니까. 아버지는 노름과 술로 가산을 탕진하면서도, 쥐도 얻어먹을 것이 없어 불쌍히 여길 정도로 찌들게 가난하셨던 3

급 상이용사한테 큰누나를 빈손으로 시집보내면서도 섭섭한 기색을 보이지 않으신 분이시다. 큰누나는 지금도 그 때를 생각하면, 오늘의 삶이 행복 그 자체인 천당이라고 하신다.

가정은 내 아버지 몸에 잘 맞지 않는 옷처럼, 부대끼는 공간이었나 보다. 그런 아버지에게 사랑을 받기 위해 필사적으로 몸부림치던 추억들을 돌이켜보면 아직도 가슴이 아려오곤 한다.

그러나 그 후 약 50년이 지난 21세기인 오늘날에도 부모는 산타클로스로 만족해서는 아니 되는데도 불구하고, 산타클로스로 만족하려는 아버지들을 생각보다 많이 발견할 수 있음은 큰 충격이 아닐 수 없다. 하느님께서 아버지를 통해 인생반면교사(人生反面教師)로 삼도록 했었을 것 같다는 생각에 미친다. '부모를 효도로 공경하며 은혜로 갚으라'는 주님의 가르침을 잊고 있었던 것은 아닌가?

그것은 아버지처럼 일확천금을 꿈꾸지 말고 가정에 충실하면서 작은 것에 만족할 줄 알라는 무언의 가르침이었다. 내 아버지는 노름에 대한 욕심을 제외하고는 마음을 비우셨다. 아버지는 나에게 꼭 필요한 것을 제외하고는 욕심을 버려야 한다는 것을 가르치고 있는 것은 아닌가 하는 생각까지 든다.

내 서재 곳곳에 쌓인 물건이나 자료들을 볼 때면 나의 쓸데없는 욕심이 무척 한심스럽다. 매사에 꼼꼼하지도 못하면서도 날마다 다른 사람과의 경쟁 앞에서 질투와 시기의 먼지를 많이 올린 적도 있고, 나보다 약한 사람 앞에서 권위와 허세의 먼지를 날린 적도 있다. 가까운 친구라서 나의 자잘한 걱정 근심 따위는 당연하게 모두 수용할 것이라는 안일한 생각으로 생채기 낸 아픔의 먼지는 또 어느 정도나 될지 가늠할 수도 없다.

아버지란 자식들을 결혼시킬 때 한없이 울면서도 얼굴에는 웃음을 나타내는 사람이다. 아들・딸이 밤늦게 돌아올 때에 어머니는 열 번 걱정하는 말을 하지만, 아버지는 열 번 현관을 쳐다본다. 아버지의 최고의 자랑은 자식들이 남의 칭찬을 받을 때가 아닌가 싶다.

그러나 나도 자식들에게 늘 그럴듯한 훈계를 하면서도 실제 자신이 모범을 보이지 못하는 편이기에, 남모르는 잔잔한 콤플렉스를 가지고 있다. 또 이중적인 태도도 곧잘 취한 적도 있는 것 같다. '내 딸・사위들이 나를 닮아 주었으면'하고 생각하면서도, '나를 닮지 않았으면'하는 생각을 동시에 하고 있을 때도 있다. 그래서 〈내 자식들에게 남기고 싶은 이야기〉에서 나와 네 엄마가 죽거든 화장을 하고, 전통적인 제사는 안 해도 좋다고 쓰기로 했다. 가능한 한 일찍 잊으려고 노력하라고….

인류 역사상 첫 번째로 달 위를 걷는 위대한 모험을 했던 암스트롱의 말대로 '달에서의 삶과 죽음의 차이는 1/100인치만큼이나 얇은 우주복의 고무의 간격과 같은 것'이듯이, 삶과 죽음은 언제나 지척에 있다. 언제 죽음이 다가올지 모른다. 그러므로 우리의 시간이 다 지나가기 전까지 오늘이 우리의 마지막 날인 것처럼 최선을 다해 이 세상을 살아가야 하지 않겠는가?

"발을 동동 구른다고, 자기가 탄 인생 열차가 더 빨리 달리는 것도 아니다. 걱정하면 할수록 행복의 열차도 불행의 열차가 되고, 자족하면 행복의 열차가 되는 것을, 굽이굽이 인생의 협곡을 휘돈다고 너무 상심하는 것은 아닌지!"라는 고도원의 〈아침편지〉 중에서 읽었던 글귀가 방금 내 마음의 창을 두드리고 있다.

매일 식구들과 서로 얼굴만이라도 많이 대하려고 노력하고 있는 것도 어쩜 아버지께서 남기신 무언의 살아있는 교육덕택입니다.

용서하세요, 아버님. 제가 옹졸하였습니다. 만나 뵐 때까지 천상에서 편안히 지내소서!

(2004. 6. 22)

장모님께 띄우는 첫 편지

안녕하세요, 장모님!

저 사위 선희 아빠예요. 저희 가족은 모두 잘 지내고 있습니다. 어머님께서 예뻐해 주시는 손녀들과 손녀사위들도 모두 하루하루 최선을 다하는 삶을 살고 있고요, 증손자 의현이도 이쁘게 무럭무럭 잘 크고 있습니다. 둘째 손녀도 오는 11월에 자손을 볼 것 같네요. 그리고 잘 아시겠지만, 선희 엄마 55번째 생일이 바로 오늘이거든요

장모님, 고맙습니다.

어머님은 고귀한 딸을 낳고 고이고이 키우셔서 저와 짝 지어 주셨습니다. 그러고도 모자라는지 텃밭에서 고추와 마늘 등 푸성귀를 손수 심으시고 잡풀을 뽑으면서도 딸자식에 대한 따뜻한 마음 씀씀이에 다시 한번 감사드립니다. 무더운 여름날, 머리에 찢어진 수건을 동여매고 소금 맛 나는 땀방울을 흘리면서도 내 손으로 직접 가꾼 무공해 고추와 마늘만 먹으니 병에 걸리지 않고 오래 살 것이라고 하시며, 허리 구부

려 채소밭 잡풀을 뽑는 삶의 주름살 하나를 가지신 분이 바로 어머님이니까요. 우리가 지금 큰 몹쓸 병에 걸리지 않고 건강하고 행복하게 살아가는 것도 어머님의 구부러진 허리와 쭉 펴시지 못하는 무릎, 그리고 거칠어진 손끝에서 묻어나는 아름답고 진한 사랑의 향기 덕분이지요. 여름의 끝자락에 선 오늘따라 웬일인지 장모님 생각이 더 나네요.

그리고 어머님! 지난 번 이곳에 머무르실 때에는 아침저녁으로 하루에 두 번은 묵주기도를 드리면서 우리나라에서 가장 크다는 일산호수를 한 바퀴씩이나 도셨죠? 참 보기 좋았습니다. 연세가 팔순에 가까우셨는데도 어머님 딸인 선희 엄마보다도 훨씬 더 건강하심을 옆에서 확인하게 되니 마음이 흐뭇했었습니다. 연세가 있을수록 건강이 최고의 재산이기 때문입니다. 매일 걷는 운동을 하셨으면 하네요.

장모님! 이 사회에서는 아직도 며느리가 시어머니에게서 느끼는 부담보다 사위가 장모님에게서 느끼는 부담이 훨씬 가벼운 것이 사실인 것 같습니다. 이런 점에서 한국사회에서 생활하는 데는 남자로 태어난 그 자체가 큰 혜택입니다.

그러나 이 사위는 지금까지 우리사회를 지배해 왔던 "뒷간과 처가는 멀수록 좋다"는 말에 지금까지 동의해 본 적이 없습니다. 뒷간이 가까우면 냄새가 나듯이 처가도 가까우면 여자 쪽 집안의 입김이 강해서 필요 이상의 말썽이 많이 생기기는 것을 경계하기 위해 그런 얘기가 나왔을 것이라는 점은 이해를 하지만, 누가 뭐라고 해도 뒷간은 침실 옆에 바로 붙어 있는 게 오늘의 현실이 아닙니까? 아니 가까이 붙어있는 차원을 지나 뒷간에서 컵라면 먹어가며 담요를 깔고 고스톱을 칠 정도로 깨끗하고 향기 있는 곳으로 바뀐 지도 제법 오래되었습니다. "뒷간과 처가는 멀수록 좋다"는 말을 용도 폐기 처분한 지도 오래됩니다. 중요한 것은 처가가 멀든 가깝든 본가와 처가에 대한 균형 잡힌 마음 씀씀이와 관심이 중요한 것이 아닐까 합니다. 남편과 아내가 주종관계가 아닌 하나의 독립된 인격체로서 만난 평등관계인 것과 같이 두 사람을 낳아준 양 부모님들과 식구들에 대한 변함없는 애정과 사랑을 갖는 것은 당연하다는 생각입니다.

그럼에도 불구하고 한국 근대사에서 65세 이상 노인세대가 가장 불행하다고 합니다. 왜냐하면, 이 세대는 1960~70년대에 '잘 살아보자'고 피땀을 흘렸건만 막상 노인이 된 이후 현재 나이 65세 이상 되는 노인들은 국민연금을 한 푼도 받지 못하고 있다고 합니다. 어머님세대는 그 이전 부모세대의 부양을 책임졌고, 마찬가지로 자신들의 노후는 지금의 30대에서 50대의 자식들이 책임져줄 것으로 생각했었지요. 그런데 현재 대부분의 65세 이상의 세대는 안타깝게도 자식들의 눈치만 보고 있다고 합니다.

이런 영향을 받아서 그런지 어머님께서도 사위나 손녀들이 어머님께 어울릴 만한 옷이나 신발 또는 어머님이 좋아할 것으로 생각되는 음식을 사오면, 속으로는 좋아하면서도 "무사 사완디?*" 라고 되묻는 습관이 생기셨는지도 모르겠군요. 단순히 묻는 것이 아니라 미안해서 또는 고마워서 하는 인사말이라는 것도 알고 있습니다. 마음이 찡하네요. 장모님, 이제부터는 "무사 사완디?"라는 말을 하지 마시고, 자식이나 손자들 앞에서도 계속 당당하셨으면 합니다.

장모님은 저희들의 어머니요, 선생님이십니다. 장모님께서 몸소 행한 일 중에서 아무나 쉽게 행하기 어려운 일을 한 가지만 우선 꼽으라

---

* '무사 사완디'라는 말은 "왜 사왔느냐?"라는 의미로 쓰는 제주지방에서 쓰는 방언.

시면, 그것은 버려진 하느님의 은총을 거두어다가 살리신 일입니다. 하느님께서 강조하신 말씀 중에 가장 가치 있는 일이 바로 이 세상에서 가장 보잘것없는 사람의 생명을 구하는 일입니다. 장모님께서는 탯줄도 떨어지지 않은 갓 태어난 생명을 데려다가 어여삐 키우셨습니다. 장모님이 보살피지 아니 했더라면 불쌍한 생명은 꽃피어보지도 못했을 것입니다. 어머님께서는 하찮은 일로 여기시고 계시겠지만, 친자식보다 더 애지중지 키워서 결혼까지 시키신 일은 정말 장하신 일을 하신 것입니다.

또한 어머님께서는 가진 것 없이도 나눌 수 있다는 가르치심을 몸소 실천하고 계십니다. 어머님은 딸이 생활비를 아껴 마련한 용돈 몇 푼을 보내드리면 쓰지 않고 모아두는 모양입니다. 지난번 손녀결혼식 때 딸에게 ○십만 원, 손녀에게 ○십만 원의 거액의 축의금을 주셨습니다. 어머님 형편에서의 그 규모는 이 사위에게 1천만 원 아니 2천만 원에 해당하는 큰 돈일 수 있는데도 말입니다. 그리고 항상 명랑하고 고운 미소로 상대방에게 맑은 기분을 선물하고 계십니다.

마지막으로 한 말씀만 더 드린다면, 장모님은 인생살이에 있어서 세월이 그대를 속이더라도 슬퍼하거나 노여워하기는커녕 많은 연약하고 불쌍한 가지들이 머물다 갈 수 있도록 징검다리 역할도 훌륭하게 실천하고 계십니다. 이 모든 것이 한 사람의 깨끗한 마음이 이 세상을 맑게 할 수 있다는 가능성을 보여주고 계십니다. 어머님. 마지막으로 잡보장경(雜寶藏經) 중에 나오는 〈가진 것이 없어도 나눌 수 있다〉는 글은 장모님을 두고 하는 말씀 같아서 다시 새겨보고자 합니다.

『어떤 사람이 석가모니 부처님을 찾아가 여쭈었습니다.

"저는 하는 일마다 제대로 되는 일이 없습니다. 무슨 이유입니까?"

"그것은 네가 남에게 베풀지 않았기 때문이니라."

"저는 가진 것이 아무것도 없습니다."

"가진 것이 아무것도 없어도 나누어 가질 수가 있다."

"부드럽고 편안한 미소와 눈빛으로 사람을 대할 수 있고 공손하고 아름다운 말로 사람을 대할 수 있으며, 예의 바르고 친절한 몸가짐으로 사람을 대할 수 있다.

착하고 어진 마음으로 사람을 대할 수 있고, 다른 사람에게 자리를 양보할 수도 있고, 다른 사람의 무거운 짐을 덜어 줄 수도 있다."』

편지를 써본 지는 몇 십 년 되는 것 같네요. 그 놈의 전화가 있어서 편리하기는 한데 감사의 편지를 띄워보려고 하니 어색하고, 전화로 안부를 전해드리는 것과는 많이 다르네요. 앞으로 글 쓰는 연습을 많이 해야겠구나 하는 생각이 듭니다.

장모님!

오늘은 선희 엄마를 저의 가장 친한 친구로 맺어주신 장모님께 감사의 편지를 쓰고 싶어서 저의 생각을 조금 장황하게 적어보았습니다.

어머님. 건강하게 오래 오래 사세요.

(2003년 선희엄마 55회 생일날)

영원한 짝꿍

언제인가 누군가가 장난삼아서 내 짝꿍에게 '움직이는 종합병원'이라고 한 실언이, 나를 당황하게 만들었던 것도 어느 덧 여러 해가 지나고 있다. 그도 그럴 것이 그녀는 오래 전부터 매일 혈압 약, 혈전방지 약, 콜레스테롤 약, 협심증 약, 소화제, 갑상선 약, 우울증 약, 신경안정제 등을 복용하고 있다. 그것도 달력에 매월 일정을 잡아놓고 서울대학병원과 강북성심병원 등 병의 종류에 따라 각기 전문가가 다른 병원이나 의원에서 처방한 약들인 것이다.

그녀는 무쇠 몸체의 건강체질이었다. 그런데 직장 따라서 생활근거지를 제주에서 서울로 옮기면서 녹슬기 시작한 것 같다. 그녀는 네 명의 딸을 낳고 길렀다. 큰애는 부모가 희망한 성을 갖고 이 세상에 태어나 많은 사람들에게 웃음꽃을 선사하고 있는 화가(畵家)이면서 늠름한 조의현 엄마인 만능예술가 선희(先希)이고, 두 번째는 대학원졸업 개인전에서 독특한 기법으로 응용미술대학 교수들과 수준 높은 관람객들의 관심을 끌었던 끈기와 성실의 대명사 디자이너인 애란(愛蘭), 그리고 세 번째는 대학교전체 차석에다 단과대학을 수석으로 졸업한 10개의 자격증우먼 진희(眞希), 항상 여유를 갖고 학교생활을 하면서도 이화여자대학교에 특차로 거뜬히 들어가 현재 동대학원 분자생명공학전공 전학기 장학생으로 대학원에 재학 중인, 일명 워킹 다이아몬드, 미란(美蘭)이가 이들이다.

제주지역 이외에는 처가나 친가의 어른이 없다. 그렇기 때문에 애들은 엄마 혼자서 낳고 기르지 않을 수 없었다. 특히 산후에 몸조리를 잘했어야 했으나, 나의 무식과 게으름 그리고 산모를 돌보아줄 어른이 없었던 관계로 부실할 수밖에 없었다. 현재 병명을 숨긴 채 내 짝꿍을 괴롭히고 있거나 이미 병원에서 알아낸 병들은 모두 산후병으로부터 영향받은 바가 큰 것으로 추정된다. 그러니까 내 짝꿍은 심장병을 일으키는 3대 인자인 고혈압, 심근경색증, 협심증을 모두 갖추고 있는 셈이다. 그래서 종합병원이라고 불렀고, 지금은 나도 가끔 그렇게 부르기도 한다.

여느 사람 같았으면 그 말에 제법 성깔을 피웠을 법도 한데, 그래도 "내 남편과 자식들과 함께 지낼 수 있는 것만으로도 행복하다"고 한다. 작달막하고 아담하지만 여러 병으로 이미 산성화된 몸 어디에 그런 아름답고 환경오염이 안 된 약수 같은 샘물을 저장했다가 목마른 사람들에게 무료로 공급하고 있을까? 이러한 향기를 머금은 그대를 만남이 나에게는 큰 축복이요 행복이 아닐 수 없다. 용해원 시인은 이러한 나의 심정을 미리 헤아려 「우리 함께 가는 길에」라는 시를 읊어주었나 보다.

『그대를 만남이 / 그대를 찾음이 / 나에게는 축복입니다 / 우리 함께 가는 길에 / 동행할 수 있음이 / 나에게는 행복이기에 / 밤하늘에 떠오르는 / 별 하나 하나가 / 한 떨기 꽃이 될 수만 있다면 / 그대 가슴에 안겨 주고만 싶습니다 / 사랑 때문에 / 눈물을 흘리고 싶지 않습니다 / 언제나 그대에게만은 / 별이 되어 빛나고 싶습니다 / 꽃이 되어 피어나고 싶습니다.』

고등학교 2학년 때 수학과 영어에 호기심이 왕성한 학생들의 정기적인 자문에 응해주었던 적이 있다. 내 짝꿍은 그 때 가끔 나의 공짜자문을 받는 몇 안 되는 여학생 중에 포함되어 있었는데, 그게 인연이 되어 지금은 이 세상에서 가장 친한 친구의 인연을 맺고 있다.

그 당시 그녀는 수녀님들이 가르치는 천주교부속학교에서 영향을 받아 그런지는 모르겠지만, 보통학생들보다는 일부 어른들에 대해서 약간 비딱한 듯하면서도 초지일관으로 지키는 그 무엇이 있었는데, 그것이 내가 그녀를 생각해내게 한 요소였던 것 같다. 특히 그녀는 자주 '인간의 주목을 받는 사람이 아닌, 하느님의 주목을 받는 사람으로 나아가시는 수녀님의 삶'에 무척 동경하고 있었다. 이런 그녀의 깨끗하고 순수한 마음이 나의 영혼을 자극하여 결혼까지 이어진 것 같다.

그녀는 결벽증에 가까울 정도로 위생에 철저하다. 어느 정도냐 하면, 마루를 닦고 난 걸레를 빨고 난 후에 맑은 물 그대로 있어야 합격이지, 그렇지 않으면 하루 종일이라도 빨 정도이다. 그리고 아침햇살이 비출 때 마루바닥에 먼지가 보이면 안 보일 때까지 청소를 한다. 그러니 나 같이 게으른 놈에게는 성가심으로 작용할 것은 뻔한 일이었다. 나는 시골에서 나고 자라서 그런지는 몰라도 위생에 대해서는 천성적으로 무뎠기 때문에 그녀와의 마찰은 당연하게 빚어지기 마련이었던 같다.

어느 공휴일에 집에서 쉬면서 애들과 함께 나들이를 갔다 오던 어느 날 아내가 하는 일을 우연히 관찰하게 되었다. 한마디로 쉬는 시간이 없다. 무엇을 하는지 계속 움직인다.

그녀에 비해 나는 TV를 보든지 아니면 잠을 자든지 한가롭게 지내면서 몇 푼 안 되는 봉급을 타다 준다는 이유 한 가지 때문에 약간의 거들먹거림도 있을 수 있었지만, 그녀는 그녀 마음대로 할 수 있는 것이 거의 없어 보였다. 부적절한 극단적인 용어로 표현을 하자면, 그녀는 무료로 봉사하는 우리 집의 식모요 유모요 내 애인이었던 것이다. 그러면서도 그녀는 불평이 없다. 가끔 한량한 남정네의 입에서 절망하는 듯한 말이 튀어나오기라도 하면 당신은 잘할 수 있다고, 당신이 하고자하는 일은 모두 이룰 수 있는 능력을 가지고 있다고 격려를 한다. 맹목에 가까울 정도로 믿어주고 의지하고 있으니 불쌍하고 안 되었다는 생각이 들기 시작했던 것 같다.

항상 손해 보는 생활을 하면서도 그런 줄도 모르는 셈 어두운 마누라의 격려와 칭찬의 힘은 그 누구의 것보다도 컸다. 이런 값비싼 보물을 또 어디에서 구할 수 있겠는가? 거의 거저 얻은 그녀가 나의 가장 소중한 보물 1호로 자리 잡을 줄이야!

나이를 먹으니 결국 '내가 아니라 우리가 되는 구나'라는 생각이 든다. 지금까지 살아온 날보다 빠른 속도로 죽음이 다가오고 있다는 것을 어렴풋이 깨달은 후부터는 당신에 대한 애착이 강해지는 것 같다. 삶이란 늘 아쉬움 속에 살아가는 것이지만, 당신이나 나나 우선 건강해야지. 그래야 우리 집 막내둥이인 워킹 다이아몬드까지 자립하여 이 사회에서 한몫을 하는 것을 건강한 눈으로 지켜볼 수 있지 않겠는가?

서양에서는 반려자를 '(나보다) 더 나은 반쪽(better-half)'이라고 부른다고 한다. 인생길에서 나보다 나은 짝꿍과 평생 동행할 수 있다는 것을 하느님께 감사드리지 않을 수 없다. 왜냐하면 내 짝꿍만큼 힘들 때 서로 기대기 편하고, 아플 때 곁에 있어주고, 어려울 때 힘이 되어 줄 수 있는 친구는 이 세상 어느 곳에서도 찾을 수 없을 것 같기 때문이다.

오늘따라 평생 혼자 사시는 신부님이나 수녀님들이 조금은 쓸쓸해 보인다. 나는 아리스토텔레스가 말했던 대로, 어쩔 수 없는 '신도 아니고 야수(野獸)도 아닌 중간자적 존재'인가 보다.

몽테뉴는 '부부 사이는 너무 내내 함께 있으면 냉각되는 것'이라고 말했고 T.S.엘리엇 역시 '부부간이란 서로 지나치게 자주 얼굴을 맞댈 것은 아니다'고 주장했다지만, 나는 부인과 함께 있는 것이 행복하다. 없으면 보고 싶고 있으면 편안하니까, 나는 영락없는 경처가(敬妻家)체질로 낙인찍히기 안성맞춤일 듯싶다.

그렇다면,

『내가 사랑하는 사람아 / 이 한 목숨 다하는 날까지 / 사랑하여도 좋은 나의 사람아 / 봄, 여름, 그리고 가을, 겨울 / 그 모든 날들이 다 지나도록 / 사랑하여도 좋을 나의 사람아 / 내가 사랑하는 사람아 / 내 눈에 항상 있고 / 내 가슴에 있어 / 내 심장과 함께 뛰어 / 늘 그리움으로 가득하게 하는 / 내가 사랑하는 사람아 / 날마다 보고 싶고 / 날마다 부르고 싶고 / 늘 함께 있어도 더 함께 있고 싶어 / 사랑의 날들이 평생이라 하여도 / 더 사랑하고 싶고 / 또다시 사랑하고 싶은 / 내가 사랑하는 사람아』

라고 나보다 한 술 더 떠서 노래한 용해원 시인은 공처가이시겠네?

(월간 문예사조, 2004년 11월호)

예쁜 우리 인동초들 이야기

우리 부부는 첫돌 지난 큰딸 선희와 출생한 지 한 달도 채 지나지 않은 둘째 애란이와 더불어 1973년 7월 직장을 따라서 서울로 급하게 올라오면서, 아내 이름으로 사 둔 60평 집터 잔금을 치르고 난 잔여금 30만원과 식기와 이불만 달랑 들고 사당동에 위치한 어느 이층집 방 2칸을 전세로 얻었다. 그 집주인의 큰딸과 장남의 학교공부를 가끔 도와준다는 조건으로 방 한 칸을 공짜로 더 얻은 것이다. 집세가 싸서 그런지 그 집은 외풍이 심하여 보온이 잘 안 되는 부실덩어리였다. 한 겨울에 전기히터를 켜도 방안 온도가 영하 4도 내외였을 때도 있었으니 말이다.

세든 지 2년여 지난 초봄 어느 날 산동네 옆 텃밭 한구석에 꿋꿋이 푸름을 간직한 채 추위를 이겨내고 있는 풀 한 포기를 우연히 발견하였다. 내 나이보다 15년 정도 선배인 집주인에게 여쭈어 보았더니 '인동초(忍冬草)'라고 했다. 인동초는 북풍한설에도 잎이 시들지 않고 푸르다고 해서 붙여졌으며, 인동초는 송죽(松竹)과 마찬가지로 절개를 상징하는 선비정신의 대명사로 불린다고도 했다. 그러면서 지금까지 이

집에 세 들어 살았던 가족들 중에서, 우리 가족을 보면 인동초와 같구나 하는 생각을 하게 된다는 것이었다. 그는 그 후 내가 인동초에 관심을 갖고 있다는 것을 알고 나서부터는 인동(忍冬)이라 부르기도 했다가, 막걸리로 거나해지면 은행장이라고 부르다가, 가끔씩 교수님이라고 부르기도 했다.

우리 딸들은 서양화가 겸 동판화가와 디자이너 겸 섬유예술가, 그리고 은행원과 분자생명공학을 국비장학생 자격으로 입학한 대학원생으로 구성되어 있다. 나는 가끔 딸들을 인동초라고 부른다. 그 이유는 어렵고 혼란스러운 환경에서도 큰 흔들림 없이 원하는 관련대학에 혼자 힘으로 꿋꿋하게 입학한 송죽과 같은 곧은 정신이 인동초와 흡사하다고 생각하기 때문이다. 여느 애들처럼 과외다운 과외를 한번 시켜 본 기억도 없고, 애들의 응석을 받아 본 적도, 받아들여 본 적도 없는 것 같다. 대학은 물론 대학원 학과선택도 스스로 결정하도록 했다. 부모가 정해 준 것은 오직 "예술계통은 제외하고, 앞으로 가장 하고 싶은 직업과 관련지어 선택하라"는 기준뿐이었다. 왜 예술계통은 안 된다고 했었는가 하면, 그 당시 나의 머릿속에는 예술을 한다고 하면서 다니던 그들의 눈빛과 그 불확실한 생의 줄타기 모습이 안쓰러웠었고, 예술비용은 밑 빠진 독에 돈 붓기여서 직장봉급 가지고는 거의 불가능할 것이라고 각인되어 있었기 때문이었다.

큰딸인 선희가 고등학교 3학년 1학기가 시작될 무렵의 어느 날, 미술대학에 꼭 가고 싶으니 허락해 달라는 것이었다. 처음에는 반대를 했었으나 학교성적이 계속 떨어진다는 소식과 엄마의 압력까지 받기에 이르렀다. 선희(先希)라는 이름은 내가 일방적으로 지은 이름이다. 이는 부모가 바라는 대로 여자로 태어났고 그 총명함에 부모의 희망을 걸고 싶다는 의미에서 지은 이름이다. 그런데 부모의 희망과는 반대로 가고 있지 않은가? 지금 미대입학을 허락한다고 해도 입시준비기간이 너무 짧고 될성부른 예술그릇인지 알 수도 없었기 때문에 난감했다. 그래서 할 수 없이 "신촌 소재 일반 미술학원에서 몇 개월 과외는 시켜줄 테니, 재수(再修)를 해서는 안 된다"는 조건으로 승낙을 하기에 이른다.

그 후 그녀가 이 약속을 지키기 위해 노력하는 처절한 모습은 눈물이 날 지경이었다. 아빠는 큰애가 어려운 여건 속에서도 주위를 즐겁게 만드는 데는 탁월함을 잃지 않고 있었음은 늘 자랑스럽게 생각한다. 결국 그녀는 자기 뜻대로 참신한 화가가 되었고, 귀엽고 힘찬 조의현이라는 살아 있는 영특한 걸작품까지 만들어낼 정도의 만능예술가로 착각된다.

둘째인 애란이는 언니와 한 살 차이인 관계로 그녀의 옷은 언니의 헌 옷을 많이 물려받는 것이었다. 내색은 하지 않지만, 부모사랑을 언니보다 덜 받고 있다고 생각하는 것 같았다. 난초의 청초한 아름다움을 의미하는 꽃말을 상기하면서, 매화·대나무·국화와 함께 사군자(四君子)를 이루고 있는 소중한 꽃이라는 의미와 상통하는 애란(愛蘭)이라는 이름은 잘 지어진 것 같다.

둘째도 미술에 대한 소질은 있다. 그러나 언니가 대학에 입학하는 전 과정을 보면서 미술대신 디자인분야를 선택한 것이다. 디자인 쪽은 대단히 유망한 분야이다. "디자인 투자를 1로 본다면 그 수익은 5배를 창출할 수 있다"는 영국 디자인 카운슬(Design Council)의 연구결과가 아니더라도 디자인은 저비용으로 단기간에 고부가가치를 창출할 수 있는 전망이 밝은 분야이다.

그녀도 대학원 석사학위 논문 제출에 앞선 독창적인 개인전으로 많은 사람들로부터 주목을 받았었고, 동시에 선경(주), 갑을(주) 등 여러 회사를 통해 그녀가 만든 섬세하고 실용적이면서 독창적인 디자인제품이 세계시장으로 많이 수출하는 데 기여해 온 국가공인 컬러리스트기사 1급자격증의 재원이다.

셋째는 진희(眞希)라는 이름을 가진 깜직한 인동초이다. 나는 딸과 아들을 차별하지 않는다. 나와 아내는 딸딸이 부모가 되면서 이 두 딸만 잘 키울 생각을 하고 있었다. 그러던 중 장모님을 비롯하여 아들선호사상이 강하셨던 그녀 할머님의 마지막 소원으로 손주를 하나 더 낳으라는 간곡한 부탁을 받아서 탄생된 인물이 있었다. 그는 진정 양가의 희망대로 낳았으니, 그 뜻을 기리기 위하여 진희(眞希)라는 이름을 붙인 것이다.

진희는 표현은 하지 않지만, 부모가 두 언니 뒷바라지 관계로 힘들어하는 것을 알고 있는 애였기에, 장학생이 되어 부모의 짐을 덜기 위해 그 나름대로 많은 노력을 한 것 같다. 그리고 어학연수를 1년 보내주었더니 보통학생들이 2여 년 간 배운 것보다도 더 많이 배우고 돌아왔다. 그녀는 사회생활에 필요한 국제영어교사자격증을 비롯하여 유아원과 유치원원장자격증까지 무려 10개의 자격증을 획득함과 동시에 대학교 전체차석과 단과대학수석으로 졸업하고, 모 선진은행에 수백 대의 1의 치열한 공개경쟁에서도 당당하게 뽑혀 은행에서 꼭 필요한 존재로 성실하게 봉사하고 있는 능력 있는 깜직한 인동초이다.

막내 이름은 미란(美蘭)이다. 그녀는 셋째와의 터울이 6년이며, 일명 워킹 다이아몬드라고도 불린다. '미란'이라는 이름은 세 명의 언니들의 이름인 진희, 선희의 이니셜 眞善과 바로 연결되는 美자에 둘째 애란의 끝 글자 蘭을 합성하여 만든 이름이다. 이렇게 언니들의 이름과 성격의 장점을 모두 지닌 우리 집 막내는 밖에서는 첫째로 태어난 것으로 착각한다. 왜냐하면, 생각하는 것이든 행동하는 것이든 부엌일을 하는 것이든 일거수일투족이 여느 집의 장녀와 흡사하기 때문이다.

막내를 워킹 다이아몬드라고 칭하는 것은 그녀가 큰 고민 없이 순탄하게 성장하면서 언니들과는 달리 이빨교정과 얼굴에 생긴 여드름치료로 과외비용을 들인 유일한 몸이라는 의미로 '걸어다니는 돈(金)'이라고 붙인 애칭을 내가 Walking Diamond로 업그레이드 한 것에서 유래한다. 이 애칭 덕도 본 모양이다. 올봄 대학 졸업앨범 사진을 찍기 위해 같은 과 친구 10명과 함께 지정된 사진관으로 갔었다고 한다. 그곳에서 덤으로 주는 손톱화장티켓 1장을 나누어 가질 수가 없자, 나이가 어리고 손톱도 예쁜 다이아몬드가 가져야 한다고 했던 모양이다. 그때, 무의식적으로 "나에겐 필요 없어. 오늘 집안청소와 세차를 하고 나면 손톱화장이 자동적으로 지워질 테니까 티켓이 아깝다"고 하자마자, 이구동성으로 "다이아몬드도 청소와 세차 하니? 너, 다이아몬드 맞아?"

인동초의 꽃은 티 없이 깨끗한 맵시가 있고 향기도 좋으며 꿀이 많아 벌이 많이 모여든다. 무성한 잎과 덩굴, 기품 있는 꽃이 어울리는 계절은 초여름으로 인동꽃이 핀 것을 보고 여름이 온 것을 짐작하기도 한다. 인동은 이름 그대로 엷은 잎 몇 개로 모진 겨울을 이겨내는 식물이다. 처음에는 흰 꽃으로 피었다가 며칠 지나면 노란색으로 변한다. 그래서 흰 꽃과 노란 꽃이 섞여 피는 것처럼 보인다. 인동은 부위마다 약성이 다양하여 줄기, 잎, 뿌리까지 약으로 쓰므로 버릴 것이 없다. 거기다 우리 주변 어디에서나 잘 자라기 때문에 구하기 쉬운 약물이기도 하다. 그리고 덩굴이나 꽃을 약효에 맞게 활용하는데 꽃은 꽃송이가 피기 직전에 따서 그늘에 말리고, 잎과 줄기는 가을철에 베어서 말려 두고 쓰는 유용한 꽃이다.

소동파는 "계곡을 흐르는 물소리가 부처의 설법인데, 저 푸른 산이 어찌 법신부처의 몸이 아니랴(溪聲便是長廣舌 山色豈非淸淨身)"라고 읊었다고 한다. 이는 부처가 따로 있는 것이 아니라 오묘한 자연의 모습이 바로 부처이니, 설법을 따로 들으려 하지 말고 계곡의 물소리에서 진리의 말씀을 들어야 한다는 것이다.

자연에서 진리의 몸을 보고 깨달을 수 있는 너희들은 이미 행복의 길 위에 선 인동초의 혼을 이어받은 딸들이어라!

(2004. 5. 29)

내 딸들에게 남기고 싶은 이야기

이 나라는 금수강산이라 불릴 정도로 아름다운 곳이기도 하지만, 추한 구석도 많은 재미있는 나라이다.

아직까지도 여자라는 성(姓)으로 떳떳하게 능력을 발휘하며 살아가기는 어려운 실정이고, 정직하게 살아가기는 남자들도 어려운 사회에서 여식만을 둔 아버지로서는 걱정이 앞서는구나.

그나마 국민의 정부라는 DJ(김대중)정부에서마저 공인(公人)들의 뻔뻔한 거짓말은 나를 더욱 슬프게 한단다. DJ는 특검이 추진되던 지난(2003년) 2월 담화에서 대북 송금이 '현대의 대북 경협 대가'라고 주장했다. 그는 당초 대북 송금을 투명하게 하지 못한 이유가 대북 신뢰의 손상을 우려한 때문이라고 변명했다. 그간 대북 신뢰는 지켜야 하고 자기 국민은 속여도 된다는 사고(思考)이다 보니, 그 참모들도 여러 거짓말을 습관적으로 하면서도 양심가책을 느끼지 않는가 보다.

2002년 10월 국회에서 대북 송금문제가 제기됐을 때, ○○○ 전 대통령 비서실장은 "단돈 1달러도 보낸 적이 없으며 그런 사실이 밝혀지면 처벌을 달게 받겠다"고 주장했었다. 또 그는 송호경 아태평화위 부위원장과의 싱가포르 비밀접촉에 대해서도 휴가를 간 것이라고 일관되게 주장했었다. 그러다 사실이 드러나자 '대북신뢰'를 방패막이로 내밀었다.

△△△ 전 국정원장도 "현대가 환전 편의제공을 요청했다는 보고는 받았으나, 이후 어떻게 됐는지 모른다"고 부인했다고 한다.

이런 식의 돈과 권력을 좇아다니는 해바라기성 속성을 가진 사람들이 거짓말하는 것을 밥 먹듯이 하며 거들먹거리는 현세에서도, 하느님 말씀대로 정직하게 살아야 한다는 나의 교육철학이 옳다는 점에서는 변함이 없으나, 이 땅에서의 속세적인 고행은 불 보듯 뻔하니 염려되는 마음을 떨쳐버릴 수 없단다.

그래서 너희들에게 당부하고 싶은 말은 우선 가파른 이 세상에서 '민들레처럼 살아 달라'고 당부하고 싶구나.

이 사회를 바른 길로 인도하기 위해서는 비록 관료주의에 물든 음흉하고 사나운 사딘들이 뻔뻔한 거짓말을 할지라도, 민들레처럼 웃으면서 지혜롭게 잘 견뎌 내어야 한다. 왜 하필이면 이런 보잘것없고 초라해 보이는 민들레처럼 살라고 하느냐 하면, 민들레는 우리 인간이 갖추어야 할 덕목인 「忍剛禮用情慈孝仁勇(인강예용정자효인용)」의 덕(德)을 행동으로 가르치기 위해 온몸을 던지고 있는 보기 드문 봄꽃이기 때문이다.

사람에게 밟히거나 말과 소의 발굽이나 수레바퀴에 짓밟혀도 죽지 않고 살아남는 끈질긴 생명력은 인(忍)의 덕(德)이요, 뿌리를 난도질

해서 심어도, 뿌리를 캐내어 닷새고 이레고 햇볕에 말려도 싹이 돋아나니 강(剛)의 덕을 지녔다. 또한 돋아난 잎의 수만큼 꽃대가 올라오고 꽃이 한꺼번에 피지 않고, 한 꽃대가 피었다 지고 나서야 다른 꽃이 피는 차례를 아니 예(禮)의 덕이 있음이요, 여린 잎은 나물로 무쳐 먹고 뿌리는 김치를 담가 먹으니 온 몸을 바치는 용(用)의 덕을 지녔다. 꽃에는 꿀이 많아 벌을 끌어들이니 정(情)의 덕을 지녔음이요, 잎이나 줄기를 자르면 하얀 젖이 나니 사랑(慈)의 덕을 베푸는 것이다. 그리고 약재로서 머리를 검게 하여 늙은이를 젊게 하니 효(孝)의 덕이요, 모든 종기에 민들레 즙이 으뜸이니 인(仁)의 덕이며, 씨앗이 되어 바람을 타고 멀리 날아가 자수성가하니 용(勇)의 덕이다.

그 옛날 노아의 대홍수 때 온 천지에 물이 차오자 모두들 도망을 갔는데 민들레만은 발이 빠지지 않아 도망을 못 갔다고 한다. 사나운 물결이 목까지 차오자 민들레는 그만 너무 무서워서 머리가 하얗게 세어버린 것이다.

민들레는 마지막으로 구원의 기도를 했는데 하느님은 가엾게 여겨 그 씨앗을 바람에 날려 멀리 산 중턱 양지바른 곳에 피게 해 주었던 것이다. 그래서 민들레는 하느님의 은혜에 감사하며 오늘까지도 얼굴을 들어 하늘을 우러러보며 살게 되었다고 하니, 너희가 앞으로 나가야 할 삶과 어찌 흡사하지 않다고 하리! 안도현님의 〈사랑한다는 것〉이란 시처럼 말이다.

『길가에 민들레 한 송이 피어나면 / 꽃잎으로 온 하늘을 다 받치고 살듯이 / 이 세상에 태어나서 / 오직 한 사람을 사무치게 사랑한다는 것은 / 이 세상 전체를 비로소 받아들이는 것입니다 // 차고 맑은 밤을 뜬눈으로 지새우며 / 우리가 서로 뜨겁게 사랑한다는 것은 / 그대는 나의 세상을 / 나는 그대의 세상을 / 함께 짊어지고 / 새벽을 향해 걸어가겠다는 것입니다』

오늘날 교회나 기업 그리고 관청이나 사회 할 것 없이 규모가 커지고 나이가 들면서 변화에 대응하지 못하는 병리현상이 곳곳에서 보인다. 이른바 관료주의 병이다. 켄토니는 《기업의 잡초》라는 책에서 기업 관료주의를 민들레에 비유하며 아무 데서나 자라기 쉬우며, 뿌리째 뽑지 않으면 다시 자라난다고 했다. 불어로 민들레는 dandelion로 사자이빨(dent de lion : Tooth of lion)이란 뜻으로 치유방법이 사자의 이를 빼는 만큼 어렵다는 말이다. 이 관료주의라는 병은 인간의 동맥경화증과 유사하다. 이 병은 치료보다 예방이 중요하다. 만성병이어서 완치가 곤란하다, 단일 증상이 아닌 합병증상이다. 자각증상이 나타나면 뒤늦다, 방법은 정기진단 뿐이다. 동맥은 우리 신체 전신에 퍼져 있다. 또 동맥에도 신경이 분포한다. 수도 파이프도 오래 쓰면 더께가 끼듯이 동맥에 지방질이 축적되면 피가 흐르지 못한다. 이런 사회에서는 비정상이 정상을 압도하는 현상이 벌어지게 되므로, 마음씨 곱고 힘이 약한 자는 불리한 대우를 받을 가능성이 높은 병든 사회가 된다.

그러나 좋은 꿈을 품고 살면 좋은 삶을 살게 된다고 옛 성현들은 한결같이 말하고 있단다. 왜냐하면, 사람은 누구나 자기중심에 소중한 무엇인가를 품고 살아가기 마련이기 때문이다. 슬픈 기억을 품고 살아가는 사람이 있는가 하면, 아픈 상처를 안고 평생을 살아가는 사람도 있을 것이다. 이런 사람들보다는 기쁜 일을 즐겨 떠올리며, 반짝이는 좋은 일들을 되새기며, 감사하면서 살아가는 사람들이 분명히 행복을 느끼며 아름답게 살고 있다는 점을 말해주고 싶다. 그러므로 맑고 푸른 하늘을 가슴에 품고 살려면, 좋은 삶을 살려면, 세상이 아무리 어렵더라도 박노해님의 시 〈민들레처럼〉 잘 살아가야 할 것으로 본다. 민들레의 삶은 사랑하며 사는 하느님의 진정한 삶과 너무 흡사하기 때문이다.

『민들레꽃처럼 살아야한다 / 내 가슴에 새긴 불타는 투혼 / 무수한 발길에 짓밟힌대도 민들레처럼 / 모질고 모진 이 생존의 땅에 / 내가 가야할 저 투쟁의 길에 / 온몸 부딪히며 살아야한다 민들레처럼 / 특별하지 않을지라도 결코 빛나지 않을지라도 / 흔하고 너른 들풀과 어우러져 / 거침없이 피어나는 민들레 / 아아 민들레 뜨거운 가슴 수천 수백의 꽃씨가 되어 / 아아 해방의 봄을 부른다 민들레의 투혼으로』

그러므로 너희들의 부모가 언제 어느 때 하늘나라로 되돌아가더라도, 이 세상에서 서로 아끼고 용서하면서 후회를 줄이는 방향으로 마음 비우는 연습을 지금처럼 계속 쌓아가길 바란다.

엄마 아빠는 지상에서 너희들을 항상 사랑하였듯이 하늘나라에 가서도 변함이 없을 것이라는 점을 항상 생각하며 긍정적인 인생을 꾸려나가기 바란다. 내 몸보다 더 아픈 게 자식의 아픔이다. 그게 부모다. 그래서 혼나는 자식보다 혼내는 부모의 마음이 더 쓰린 법이다. 이 점에서는 세상 어느 부모도 대동소이할 것이다.

그러나 자식사랑과 부부사랑 간에 경합관계에 있을 때는 부부사랑을 우선적으로 생각하여야 한다. 그래야 모든 것이 잘 풀림과 동시에 손자들의 인격도 정상적으로 성장할 수 있기 때문이다.

그리고 화가 났을 때 남의 탓을 하지 말았으면 한다. 우리는 대개 화가 치미는 순간에 그 원인을 타인에게 돌리기 쉽다. 왜냐하면 누구나 의식의 깊은 곳에 화의 씨를 갖고 있기 때문이다. 그러나 자세히 들여다보면 바로 자기 안에 들어 있던 어떤 화의 씨앗이 고통을 일으킨 주요 원인이라는 것을 이내 알 수 있을 때가 많다.

또한 남의 허물을 들추려 하지 말아라. 부득이 남의 허물을 들추지 않을 수 없을 때에는 다음 다섯 가지를 갖추었는지를 점검해 본 후에 생각해 보기 바란다.

첫째는 반드시 사실이어야 하고,
둘째는 말할 때를 알아야 하고,
셋째는 이치에 합당해야 하며,
넷째는 부드럽게 말해야 하며,
다섯째는 사랑의 심정으로 말해야 한다.

또한 할미꽃 선설의 의미를 잘 생각하면서 지혜롭게 살아갔으면 한다.

옛날 한 마을에 홀어머니에 딸 셋을 둔 집이 있었다. 비록 아버지는 없었지만 너무나 정답게 살아서 이웃 사람들이 부러워 할 정도였다. 세월은 흘러 셋 딸들은 혼기가 다가와 모두 시집을 가게 되었다. 백발이 된 어머니는 어쩔 수 없이 혼자 살게 되었는데, 처음에는 자주 찾아오던 딸들도 시간이 지나자 연락조차도 오지 않았다.

그렇게 시간이 흘러 이젠 어머니가 일도 할 수 없는 나이가 되자 어쩔 수 없이 첫째 딸에게 가서 몸을 의탁하였다. 처음에는 반갑게 맞이하던 첫째 딸도 시간이 지나자 어머니를 구박하기 시작하였다. 견디다 못한 어머니는 둘째 딸에게 몸을 의탁하였다. 역시나 둘째 딸도 몇 달이 지나지 않아 구박을 하기 시작하였다. 결국 셋째 딸에게 갔지만 역시 셋째 딸도 얼마 지나지 않아 일도 하지도 않고 밥만 많이 먹는다는 둥 어쩐다는 둥 구박을 하였다.

결국 어머니는 원래 자신이 살던 집으로 향했다. 가는 길은 겨울이라 몹시도 추웠다. 걷고 걷다 지친 어머니는 어느 이름 모를 산을 넘다 얼어 죽고 말았다. 다음해 이른 봄에 어머니가 죽은 자리에는 이름 모를 꽃이 피었는데 온 몸에 추위를 이기려는 듯 하얀 털을 품고 고개를 떨군 꽃이었다. 이것이 할미꽃이란다.

이 아빠는 이 전설의 교훈과 너희들의 짐을 덜어줄 요량으로 몇 개의 부동산과 연금을 아빠엄마의 노후대책으로 마련해 두었단다. 만약 부모사후에 남는 재산이 있거든 서로 의논해서 가장 보람된다고 생각하는 방향으로 지혜롭게 처리하기 바란다.

또한 너희 부모가 죽어서 묻힐 납골묘도 한강변을 내려다보이는 절두산성지에 이미 마련해 놓았다. 나와 너희 엄마가 죽은 후에는 전통적인 제사를 별도로 지낼 필요는 없다. 교회에서 미사를 드리고 가족들과 기도하면서 너희부모의 생전의 절제된 삶의 모습을 손자들에게 그대로 들려주면 좋겠다. 그리고 3대에 이르면 산골(散骨)해도 무방하다.

마지막으로 우리민족은 저력 있는 민족이라는 긍지를 가졌으면 한다.

한민족에게는 사대주의(事大主義)나 파벌주의(派閥主義)와 같은 일반적인 단점이 없는 바는 아니지만, 역사상 950여 회에 달하는 외침도, 최근 IMF 외환위기도 극복해 온 저력 있는 민족이라는 긍지를 가슴에 품고 살아갔으면 한다.

사랑하는 내 딸들아, 너희들이 무척 자랑스럽단다.

(2003. 8. 4)

둘째 딸과 신경전 끝에 사위를 얻다

큰딸과 둘째 딸은 연년생이다. 큰딸은 결혼을 한 지 4년이 넘어가는데 둘째 딸은 73년 생으로 결혼적령기에 차 있음에도, 일을 너무 좋아한 나머지 웬만한 남자들은 눈에 들어오지도 않는 모양이다.

왜 남자친구를 소개하지 않느냐고 물어보면, 아는 남자들은 많은데 결혼대상자로 생각하는 남자는 없기 때문이라고 했다. 가끔 접근하는 데이트신청자가 없는 바는 아니지만, 이들의 공통점은 마마보이성격을 가진 나약한 남자들이거나 자기의 장래에 대한 비전도 갖고 있지 않은 타인의존형의 나약한 영혼들뿐이었다는 것이다. 이런 남자와 어떻게 행복한 인생길을 같이 갈 수 있겠느냐는 항변이었다.

요즘 과보호로 키워진 사내아들이 많다고 생각은 하고 있지만, 나는 내 딸애들의 말을 믿는다. 내 딸들을 자랑하려는 것은 아니지만, "외모는 물론 마음씨도 여성다운 부드러움을 지녔을 뿐만 아니라 인간에 대한 사랑이 충만한 여성, 허영심이나 낭비벽이 없는 여성, 그리고 일찍

자고 일찍 일어나는 평화로운 마음을 가진 여성"으로 키운다는 집사람의 가정교육지침을 기준으로 생활을 해왔고, 애들도 잘 따라주었기 때문이다.

나는 아들과 딸을 차별하지는 않았지만, 딸을 둔 아버지가 아들을 둔 아버지보다 자식들의 결혼에 대한 걱정을 더 많이 해야 할 것 같은 심증을 둘째로 인해 알게 된 것 같다.

정년퇴직제도란 것이 예부터 있어온 것은 사실이지만 실제는 죽은지도 제법 된 세상이고, 결혼적령기의 딸들을 많이 둔 아비로서는 무한정 기다릴 수만도 없을 듯싶어서, 스트레스를 점차 높여가기로 마음먹게 됨은 나만의 조바심이었을까?

우선, 결혼순위를 연공서열 중심에서 실적 중심으로 바꾸기로 선포를 했다. 그러니까 9살 터울인 대학교 2학년인 막내(넷째 딸)라도 참한 신랑감을 데려온다면, 먼저 결혼을 시키겠다는 선언부터 했다.

그런데도 둘째는 요지부동이다. 그렇다고 결혼을 않겠다는 것도 아니다. 아버지와 같은 성격과 능력을 가진 남자(?)를 소개해 주면 결혼하겠다고 오히려 선수를 친다. "아빠엄마는 밀린 숙제를 해치우듯 아무 남자한테라도 시집보내지 못해 앙탈부리고 있다"는 다소 짜증 섞인 역공까지도 편다.

그 말에 일리도 있다. 속담에 "헌 짚신도 짝이 있고, 제 눈에 안경"이란 말도 있으니 당분간 기다리면서 지켜보는 수밖에….

그 후 2개월이 지난 2003년 4월 초순에 이르러서는 둘째로부터 남자친구가 생길 것 같다는 말을 들었다. 계속 미소를 잔잔하게 띠우면서 말하는 모습이 결혼상대로 상당부분 점찍고 있는 듯싶었다.

(부): 마음에 들어?
(딸): 마음에는 드는데, 이마가 많이 보여서 40대로도 보이는 것만 빼고는….
(부): 부모는?
(딸): 안 계셔. 엄마는 작년에 돌아가셨고, 아버님은 3년 전에 돌아가셨데. 그리고 여동생 한 분이 있데….

부모입장에서 마음에 썩 내키지는 않는다. 허나 섬세하고 높은 눈을 가진 딸이 모처럼 남자로 인정한 첫 사람일뿐만 아니라 이번에 아버지로서 최선을 다한다는 것을 보여주지 않으면, 다음 연결이 어렵겠다는 복합적인 생각에까지 미친다. 아버지로서의 의견을 빨리 내리기로 하고 그 남자를 데리고 오라고 제안하였다.

2003년 4월 20일 오후 6시 30분, 일산 집 근처에 위치한 고급 중국음식점에서 만나는 날이 다가왔다. 그 날은 하루 종일 흐린 가운데, 보슬비도 간간이 내리고 있었다. 이 비가 축복의 비가 될는지 결별의 비가 될지는 모르지만, 셋째만 참석을 못하고 큰딸 내외와 지난 3월 23일 백일을 갓 지난 첫 외손주 의현이까지 모든 식구가 참석했다.

식당에 도착하여 예약된 방에 들어서자 주인공들은 미리 와 있었다. 꽃바구니까지 준비하고 어른에게 하는 첫인사치고는 너무 자연스러웠다. 그 젊은이의 얼굴을 보는 순간 애란이 말과는 달리 31세의 나이수준의 젊은 총각이었다. 딸애의 고차적인 심리 전술에 말려들었다는 밉지 않은 생각이 스치면서, 용해원 시인의 〈함께 있으면 좋은 사람〉이라는 시구(詩句)까지 생각나는 것을 보면, 오늘의 보슬비는 축복의 비가 될 듯한 예감이다.

『그대를 만나던 날 / 느낌이 참 좋았습니다. // 착한 눈빛, 해맑은 웃음 / 한 마디 한 마디의 말에도 / 따뜻한 배려가 있어 / 잠시 동안 함께 있었는데 / 오래 사귄 친구처럼 / 마음이 편안했습니다. // 내가 하는 말들을 / 웃는 얼굴로 잘 들어주고 / 어떤 격식이나 체면 차림 없이 / 있는 그대로 보여주는 / 솔직하고 담백함이 / 참으로 좋았습니다. // 그대가 내 마음을 읽어주는 것만 같아 / 둥지를 잃은 새가 / 새 둥지를 찾은 것만 같았습니다. / 짧은 만남이지만 / 기쁘고 즐거웠습니다. // 오랜만에 마음을 함께 / 맞추고 싶은 사람을 만났습니다. // 마치 사랑하는 사람에게 / 장미꽃 한 다발을 받은 것보다 / 더 행복했습니다. // 그대는 함께 있으면 있을수록 / 더 좋은 사람입니다』

성격도 활발하면서 건전하여 좋았고, 외국회사의 과장이라는 그의 나이에 맞는 직책과 일을 하고 있었음은 물론, 진심으로 내 딸을 아끼고 가정을 이룩할 것 같은 느낌이 가는 건강한 청년이란 생각이 들었다. 부모가 없다는 것이 한 가지 흠이라면 흠일 수 있겠으나, 그 분들은 성실한 신앙심을 갖고 사시다가 애들이 모두 성장한 후에 하늘나라로 소천하신 점을 감안하면 문제가 될 것 같지는 않는다.

제법 신경을 많이 쓴 흔적이 보인다. 5월 8일 둘째 사위 후보에게서 선물과 함께 마음이 담긴 카드를 받고 보니 믿음이 보태진다. 갓 백일 잔치를 마친 큰 외손자까지 기뻐한다.

어버이날을 맞이하여 처음으로 인사를 드리게 되는 행운을 가지게 되었습니다. 항상 좋은 모습만을 보여드리도록 노력하겠습니다. 많은 애정으로 지켜봐 주십시오. 내년 어버이날에는 장인·장모님으로 찾아 뵙고 인사를 드리겠습니다. 어버이날을 진심으로 축하드리며 항상 건강하시기를 하느님께 기도하겠습니다.

2003년 5월 8일. 예비사위 박병철 드림

평범 속에서 사랑과 행복을 일구는 농부의 심정으로 살기를 기대하면서, 예비사위 후보를 우리 집 새 식구로 맞아들이기로 결정하였다.

결혼은 조물주의 섭리를 확인하고 따르는 일이기도 하거니와 자신의 반려를 사랑하는 것은 세상을 사랑하는 일이며, 자신의 반려와 가정을 사랑하는 것은 뜻있고 가치 있고 올바른 모든 일의 기본 조건이 아닌가? 그러므로 "지금부터는 어떤 경우이든 상대방을 인정하고 받아들이는 자세를 보다 더 가졌으면 좋겠다"는 부모로서의 당부로 끝을 맺었다.

애란아, 병철아, 파이팅!

(2003. 6. 30)

큰딸 결혼 5년간 지켜본 아버지의 바람

큰딸이 결혼한 지 어언 4년을 지나면서 의현이를 낳았고, 현재 5년째를 맞이하고 있다. 큰딸 내외는 당산동 성당 주일학교 학생 때부터 같은 반원으로 알고지내다가, 대학생시절부터 서로 좋은 감정을 키우고 있었던 것 같다. 큰딸 내외는 결혼하기로 결정되기 전까지 여건이 더 좋은 후보들이 가끔 나타났었음에도 불구하고 철저히 무시할 정도였다. 서로가 결혼을 전제로 연애를 하고 있는 줄은 몰랐었다.

선희는 미대와 동 대학원을 디니는 동안에는 자품에 푹 빠져버렸고, 훈(철훈)이도 카이스트와 동 대학원에서 공과전문분야에 몰두함으로써 다른 생각을 할 틈을 주지 않았던 것 같다. 이들 전공분야의 큰 특성으로만 보아서는 결혼생활이 잘 조화될 것 같지 않은 젊은이들이었지만, 가끔 집에 왔을 때나 이들이 하는 언행 그리고 전화를 하거나 받을 때의 느낌을 종합하여 볼 때 꽤 안정적이며 포근한 느낌을 준다.

결혼한 이후에도 지금까지 그 분위기를 계속 유지하고 있는 것을 보면, 이들은 "수레바퀴가 소의 발자국을 따르듯이 모든 일은 마음이 근본이다. 마음에서 나와 마음에서 이루어진다. 그림자가 그 주인을 따르듯이 마음이 천당도 만들고 지옥도 만든다"는 법구경의 말씀을 언행으로 실천하여 온 역전의 용사들이 아닌가 싶다.

그간 내가 직장생활 30여 년 동안에 2번 직장을 옮긴 것에 비해, 큰사위는 직장생활 5년여 만에 3번이나 옮겨 다녔다.

그러나 큰딸이나 양가의 부모들은 염려하지 않는다. 그만큼 큰사위의 성실함과 치밀함 그리고 실력을 믿기 때문이다. 전직(轉職)은 아들 의현이를 얻고서 책임감이 더 커진 것과도 무관하지 않은 것 같다. 현 시점에서 정확하게 평가할 수는 없는 일이지만, 큰사위는 부와 성공과 사랑의 3마리 토끼를 한꺼번에 잡고 싶어 하는 것 같다. 이 부분이 조금은 걱정되는 부분이다. 왜냐하면, 이 3마리는 그 특성상 한꺼번에 모두 초대할 수는 없는 성격을 지녔기 때문이다. 따라서 이들 중 하나를 초대할 수밖에 없다.

그러면 어떻게 결정하는 것이 좋을까?

『한 여인이 집밖으로 나와 그녀의 정원 앞에 앉아 있는 하얗고 긴 수염을 가진 3명의 노인을 보았다. 그녀는 그들을 잘 알지 못했다. 그렇지만 그들은 배가 고파 보였기에 그녀가 말했다.
"나는 당신들을 잘 몰라요. 그러나 당신들은 많이 배고파 보이는군요. 저희 집에 들어 오셔서 뭔가를 좀 드시지요."

"우리는 함께 집으로 들어가지 않는다"라고 그들이 대답 하였다.

"왜죠?"라고 그녀가 물었다.

노인 중 한 사람이 설명하였다.

"내 이름은 부(富)입니다."

다른 친구들을 가리키며 "저 친구의 이름은 성공(成功)이고, 다른 친구의 이름은 사랑(Love)입니다."

그러고 나서 이렇게 이야기했다.

"자, 이제 집에 들어가셔서 남편과 상의하세요. 우리 셋 중에 누가 당신의 집에 묵으면서 살기를 원하는지…."

부인은 집에 들어가 그들이 한 말을 남편에게 이야기했고, 남편은 매우 즐거워했다.

"굉장하네."

남편이 말했다.

"이번 경우, 우리 '부'를 초대합시다. 그를 안으로 들게 해 우리 집을 부로 가득 채웁시다."

부인은 동의하지 않았다.

"여보, 왜 '성공'을 초대하지 않으세요?"

그들의 며느리가 구석에서 그들의 대화를 듣고 있었다. 그 며느리가 그녀의 제안을 내놓았다.

"사랑을 초대하는 것이 낫지 않을까요? 그러면 우리 집이 사랑으로 가득 차게 되잖아요."

"우리 며느리의 조언을 받아들입시다."

남편이 부인에게 말했고, 부인도 동의했다.

부인이 밖으로 나가 세 노인에게 물었다.

"어느 분이 '사랑'이세요? 저희 집으로 드시지요."

'사랑'이 일어나 집안으로 걸어가기 시작했다.

그러자 다른 두 사람(부와 성공)도 일어나 그를 따르기 시작했다.
부인이 놀라며 부와 성공에게 물었다.
"저는 단지 '사랑'만을 초대했는데요. 두 분은 왜 따라 들어오시죠?"
두 노인이 같이 대답했다.
"만일, 당신이 부 또는 성공을 초대했다면, 우리 중 다른 두 사람은 밖에 그냥 있었을 거예요. 그러나 당신은 '사랑'을 초대했고, 사랑이 가는 곳에는 우리 부와 성공은 그 사랑을 따르지요. 사랑이 있는 곳이라면 '부'와 '성공'이 따라가게 됩니다."』

<'솔로몬 좋은 글' 매거진 중에서>

이 예화는 "남편과 아내의 사랑은 인륜의 시초며 온갖 행복의 근원이다. 또한 부부간은 비록 지극히 친근하고 지극히 밀접하더라도, 역시 지극히 바르고 지극히 삼갈 처지이기도 하다. 그런데 세상 사람들은 다 예절과 공경을 잊고서 급히 서로 어울려 친해졌다가, 드디어는 업신여기고 능멸하는 데 이르며 못하는 짓이 없게 되는 것은 다 서로 손님처럼 공경하지 않는 까닭에서 생기는 것이다"라는 퇴계 이황 《언행록》과도 뜻이 통하는 듯하다.

성격과 취미와 사고방식을 달리하고 또한 자란 환경을 달리한 두 남녀가 서로 합하여 사랑과 조화와 행복을 이룬다는 것은, 상호간에 깊은 이해와 창조적 노력 없이는 가능한 일이 아니다. 그러므로 좋은 남편이 되고 좋은 아내가 되려면 성실을 바탕으로 쌍방의 공동노력이 있어야 가능하다는 점과 행복은 쉽게 얻어지는 것이 아니라는 점은 이미 몇 년간의 결혼생활을 해본 사람이면 누구나 공감할 것이다.

지금까지 살아온 세월보다 살아갈 세월이 더 길뿐만 아니라 더 소중함으로, 오늘의 행복 없는 내일의 행복을 보장하기 어렵다는 의미에서 현재를 'present(선물)'이라고 하지 않는가? 그러므로 가능한 서로 기쁨이나 희망의 말을 많이 하도록 노력하는 것이 행복의 지름길이 될 성싶다.

이를 테면, 남편에게 힘을 주는 부인의 말 몇 마디의 예를 들어보자.

① 여보, 내가 남이야? 당신 마음고생이 더 심했지?

② 난 당신만 있으면 돼. 건강 해치지 않게 너무 무리하지 마.

③ 여보, 당신 굉장하다~~!

④ 여보, 요즘 옛날 친구들 많이 만나지?
다음달 굶어도 되니까 당신 기죽지만 마.

이번에는 부인을 감동시키는 남편의 말로 조사된 몇 마디를 예시해 보자.

① 저는 너무 결혼을 잘 했어요.
다시 태어나도 이 사람이랑 결혼하고 싶어요.

② 명절날 어깨를 주물러주며 "미안해!"

③ 장모님, 예쁜 딸 주셔서 감사합니다. 잘 살겠습니다.

④ 너 없으면 못 살아. 우리 아무 일 없겠지?

우리 큰외손자 의현이는 자기가 하고 싶은 일을 하면서, 이 사회와 국제사회에 보탬이 되는 자랑스러운 한국인으로서 행복하게 사는 지혜를 가진 사람으로 자랐으면 좋겠다. 자식은 부모의 영향을 많이 받는다고 하는데, 아들은 아버지를 많이 닮을 가능성이 있고, 딸은 어머니의 영향을 많이 닮는다고 한다.

그러므로 자식을 위해서나 부부 각각을 위해서라도 〈잡아함경(雜阿含經〉의 '좋은 벗'의 의미를 가슴속 깊이 새기면서 행복하게 삶을 엮어갔으면 한다.

『어느 사람이 부처님께 물었다.
"어떤 사람이 객지에서 가장 좋은 벗입니까?"
"먼 길을 가는 사람에게는 친절한 길을 안내해 주는 사람이다."
"집안에서 가장 좋은 벗은 누구입니까?"
"정숙하고 어진 아내는 집안의 가장 좋은 벗이다."
"세상을 살아가는데 가장 좋은 벗은 누구입니까?"
"서로 화목하게 지내는 일가친척이니라."
"그렇다면 미래의 가장 좋은 벗은 누구입니까?"
"평소에 닦은 선행이 미래의 가장 좋은 벗이니라."』

(2003. 7. 2)